철학은 이렇게 공부한다

학생을 위한 실용 지침서

철학은 이렇게 공부한다

학생을 위한 실용 지침서

클레어 손더스•데이비드 모슬리•조지 로스•다니엘리 램 지음

줄리 클로스 편집 | 박준호 옮김

서광사

이 책은 Clare Saunders, David Mossley, George MacDonald Ross, Danielle Lamb
의 *Doing Philosophy : A Practical Guide for Students* (The Tower Building,
London ; The Continuum International Publishing Group, Ltd., 2007)를
완역한 것이다.

철학은 이렇게 공부한다
학생을 위한 실용 지침서

클레어 손더스 ● 데이비드 모슬리 ● 조지 로스 ● 다니엘리 램 지음
줄리 클로스 편집 | 박준호 옮김

펴낸이—김신혁, 이숙
펴낸곳—도서출판 서광사
출판등록일—1977. 6. 30.
출판등록번호—제 406-2006-000010호

(413-756) 경기도 파주시 교하읍 문발리 534-1
대표전화 · (031) 955-4331 / 팩시밀리 · (031) 955-4336
E-mail · phil6161@chol.com
http://www.seokwangsa.co.kr / http://www.seokwangsa.kr

제1판 제1쇄 펴낸날 · 2010년 8월 25일

ISBN   978-89-306-0017-0   93100

옮긴이의 글

철학을 특별하다고 말하는 사람이 많습니다. 이는 철학의 주제가 갖고 있는 근본성과 일반성에 관한 말이라면 맞는 말입니다. 철학의 방법에 관한 주장이라면 곧장 "그래요!"라고 맞장구치지 않아야 합니다. 이 책에서는 주로 이 특별하지 않은 면에 대해서 많은 말을 하고 있습니다. 어떤 공부든 공부에는 왕도가 없습니다. 철학하는 일은 철학을 공부하지 않고는 해내기 어렵습니다. 제대로 읽고 쓰지 못한다면 어떤 공부라도 해내지 못합니다. 이 책은 이 기본에 대해서 말하고 있습니다.

학문은 일방적 선언이 아닙니다. 절대 고독의 침잠도 아닙니다. 고만고만한 사람들이 말과 글로 서로의 의견을 나누는 것입니다. 의견이 의견에서 그치지 않습니다. 그 가운데 더 좋은 의견, 더 좋은 신념, 더 좋은 명제를 찾아가려는 노력이 학문입니다. 객관적인(적어도 간주관적인) 기준에 맞추어 서로의 말과 글을 나누고 평가해갑니다. 이는 철학에도 그대로 해당합니다. 철학적 의견, 신념, 명제를 선언한다고 해서 철학을 하는 것이 아닙니다. 철학적 신념을 사랑한다고 해서, 철학적 신념 때문에 고뇌한다고 해서 철학을 하는 데 충분하지 않습니다. 말과 글로 드러난 다른 사람의 철학적 신념의 의미, 근거, 사실 적합성을 이해하고, 논의함으로써 철학하게 됩니다. 자신이 생산한 철학적 신념을 말과 글로 제시하고, 이를 토론에 부쳐 시험함으로써, 더 명확한 의미를 갖는 신념, 더 튼튼한 근거를 거느린 신념, 더 사실에 부합하는 적절한 것으로 만들어가는 것이 철학하기의 고갱이입니다.

철학 공부하기는 철학하기의 일부입니다. 그래도 철학 공부를 소홀히 하고는 철학을 제대로 하기 어렵습니다. 저자들은 아마도 이런 점을 강조하고 싶었기에, 책의 제목을 "철학하기"로 정했을 것입니다. 번역서의 제목이 저자들의 원대한 의도를 다소 축소시키고 있기에 걱정입니다만, "철학하기"는 너무 밋밋한 제목이고, 이를 풀어 살린 "철학, 이렇게 한다"는 비슷한 제목의 책이 출간된 바 있어서 피했습니다. 독자들의 양해를 바랍니다.

또한 저자들이 영국에서 활동하고 있어서 우리의 현실과 어긋나는 대목이 있습니다. 여러 철학 관련 협회, 인터넷 사이트, 도서관 체제 등이 그런 예입니다. 우리나라 학생에게 실질적인 도움이 되려면 이런 내용을 모두 우리의 것으로 개작했어야 합니다만, 다른 나라와 우리의 차이를 아는 것 역시 공부의 일부라 생각해서 그대로 뒀습니다.

일부는 우리식으로 개작했습니다. 이를테면 "튜터"(tutor)는 "강의자"로 일괄해서 바꿨습니다. 이는 정확한 번역이 아닙니다. 본문의 역주에서도 밝혔듯이 튜터는 개인이나 적은 수의 학생을 담당하여 토론 위주의 수업을 진행하는 사람입니다. "강의자"라는 명칭이 일방적인 강의 위주의 수업을 진행하는 사람이라는 뜻만을 갖는다면 이는 적절한 번역이 아니지만, 요즈음의 강의자는 강의만을 진행하는 사람은 아닙니다. 여러 방식의 교수·학습 모형을 시험하고 사용하기 때문입니다. 또한 우리말에서는 누가 보아도 뚜렷한 주어는 생략하는 경향이 강합니다. 이를 지키며 번역하려다 보니, 말은 부드러워졌지만 때로 주어-술어 호응 관계가 흐려지기도 했습니다. 문맥을 통해 드러나기를 기대합니다.

철학을 공부하겠다고 결심한 사람에게 이 책이 도움을 주었으면 합니다. 철학책이나 철학 강의를 처음 접했을 때 느끼는 막막하고 아득한 느

낌이 줄었으면 합니다. 철학에도 왕도는 없습니다. 보통 사람인 우리에게
이는 좌절이 아니라 희망입니다.

좋은 책을 소개하고 번역을 권한 김찬우 부장님, 꼼꼼하고 알찬 교정으
로 책을 다듬어준 편집부 신미진 씨께 감사드리며, 최종 교정을 도와준
정다애 군에게도 감사를 전합니다.

2010년 7월
박준호

차례

옮긴이의 글 __ 5
서문 __ 13
머리말 __ 15

1. 철학을 공부하기 __ 19
  철학이란 무엇인가? __ 19
    철학자들이 생각하는 것 22
  왜 철학을 공부하는가? __ 27
  철학 공부에는 어떤 것들이 포함되는가? __ 30
  요약 __ 33

2. 철학 읽기 __ 35
  읽을거리 __ 35
    독서목록 36
  읽는 방법 __ 51
    철학적으로 읽기 52 ● 철학적인 글을 읽기 어려운 이유 81
  요약 __ 106

3. 노트 정리 __ 109
  필기의 중요성 __ 109
    학습 내용 기록 109 ● 자료에 참여하기 110
  내용 — 무엇을 적어야만 하는가? __ 110
    자료의 요약 111 ● 자료의 평가 112 ● 출처의 기록 112

필기의 방법 — 어떻게 적어야만 하는가? __ 113
　　자기 자신의 언어를 사용하라 114 ● 인용을 신중히 사용하라 115 ● 노트
　　각 면에 충분한 여백을 두라 115 ● 다른 유형의 정보를 구분하라 115 ●
　　서로 다른 정보의 관계를 파악하라 116
효과적인 필기 사례 __ 117
자신의 처지에 맞는 방법을 갖춰라 __ 119
　　수업 시간의 필기 119 ● 독서 필기 124
자신의 필기를 최상으로 사용하기 __ 128
　　필기 재검토하기 128 ● 필기 비교하기 129 ● 노트 보관하기 130
요약 __ 131

4. 토론 __ 133
토론의 가치 __ 133
　　적극적 학습 134 ● 논란이 많은 주제 134 ● 철학의 뿌리 135
토론 세미나 __ 138
　　준비 138 ● 토론 그 자체 142
다른 형태의 토론 __ 147
　　발표 147 ● 전자 토론 148
요약 __ 150

5. 철학 쓰기 __ 151
글감 __ 152
　　논제목록 152 ● 글쓰기 준비 159

글 쓰는 방법 __ 160

    철학의 글쓰기란 무엇인가? 160 ● 논술문 작성 절차의 구조화 161 ●

    논술문 작성계획 166 ● 표절을 피하는 방안 170 ● 논술문 쓰기 180

논술문 사례 __ 184

    논술문 사례 A 185 ● 논술문 사례 B 192 ● 논술문 사례 C 197 ●

    논술문 사례 D 207 ● 논술문 사례 E 215

평가와 피드백 __ 224

    평가의 목적 224 ● 왜 피드백을 꺼리는가? 225 ● 피드백 공급원 227 ●

    피드백을 이해하기 228 ● 피드백을 이용하기 233

요약 __ 235

6. 자료 __ 237

도서관자료 __ 237

    서적 238 ● 학술지 241 ● 데이터베이스 242 ● 저작권 243 ●

    참고서지 작성 244

인터넷자료 __ 246

지원 체제 __ 250

    학생 지원기관 250 ● 경력개발기관 250 ● 장애인 지원기관 251 ●

    철학과 학생회 251 ● 철학에 관련된 협회 251

유용한 철학 용어 __ 252

    형이상학 용어 253 ● 인식론 용어 254 ● 의미론적/논리적 용어 256

찾아보기 __ 259

서문

이 책을 엮으면서, 우리 자신의 경험과 전문가의 조언에 의존했을 뿐만 아니라 영국을 포함한 세계 각국 여러 대학교의 철학 종사자와 학생의 조언에서 배운 바 크다. 이들의 이름을 모두 열거하면 다시 책 한 권은 족히 되고 남을 것이다. 그렇지만 다음에 언급하는 개인과 단체에는 특별한 감사를 전하고 싶다.

무엇보다도 먼저, 동료인 줄리 클로스에 감사한다. 이 책을 엮는 내부 편집자 역할을 했으며, 제각각 흩어진 저자들의 생각을 하나로 묶어 통일하는 큰일을 해냈다. 그녀의 통찰력, 전문성, 근면한 일 처리가 없었다면, 그리고 더 말할 필요도 없지만 각 저자의 독특하고 괴팍한 저작 습관에 대한 그녀의 인내심이 없었다면, 이 책은 빛을 못 봤을 것이다.

또한 이 책의 초기 원고를 보고 검토해준 철학자 크롬(Keith Crome, Manchester Metropolitan University), 데식(Betsy Decyk, California State University, Long Beach), 그레펜스테트(Edward Grefenstette, British Undergraduate Philosophy Society), 리얼(Dave Leal, University of Oxford)의 논평과 제안, 비판에 크게 신세를 졌다. 또한, 우리에게 이 책의 내용과 양식 면에서 소중한 지침을 제공한 리즈대학교(University of Leeds)의 수많은 철학과 학생 및 철학과목 수강학생에게도 감사드린다. 물론 책에 어떤 결함이라도 남아 있다면 저자인 우리들의 탓이다.

이 책이 독자에게 쓸모 있기를 바라며, 독자의 반응을 고대한다. 어떠한 논평, 제안, 질문이든 다음 주소로 전자우편을 보내주시기를 바란다.

enquiries@prs.heacademy.ac.uk

머리말

이 책은 학부 수준의 철학 공부에 실제적 지침을 주고자 한다. 독자에게 철학의 방법과 기법을 소개하는 데 초점을 두기는 하지만, 가전제품 사용 설명서와는 다르다. 철학하는 단 하나의 방법이 있다는 듯이 말하지 않을 것이기 때문이다. 철학을 하는 데에는 여러 방법이 존재한다. 이 책에서는 대부분의 대학 신입생이 부딪칠 수밖에 없는 걱정스러운 과제를 잘 처리하도록 도와주는 다양한 실제 전략을 제공하고자 한다.

철학 공부에 도움이 되는 일반적인 여러 입문서와 안내서가 있으며, 독자들은 이 가운데 일부를 제6장 '자료'에서 확인할 수 있다. 이렇게 소개한 자료를 그대로 본뜨고 싶은 생각은 없다. 여기서는 주로 철학에서 학위를 따는 과정에 중점을 두고, 더욱 구조적으로 학습하는 데 도움이 되고자 한다. 이 책은 여러 이유로 학부 수준의 철학 학습에 진입 장벽을 느끼는 독자에게 다양한 도구를 갖게 해준다는 점에서 독특하다.

교수법이 바뀐다 해도, 아직도 철학을 배우는 학생은 주로 책을 읽으면서 공부하고 있으며, 대부분 논술문>1을 작성하여 철학에 접근해간다. 읽

>1 [역주] 원문에는 'essay or paper'이다. 'essay'는 모든 종류의 논술문과 논문을 통칭할 수도 있다. 이 책에서는 바로 이런 통칭의 의미로 사용되었다. 하지만 바로 이 대목처럼 대학의 강좌 수강 중에 작성해야 하는 논술문을 자세히 구분하는 경우, 'essay'가 다섯 문단 내외의 논술문을 의미하기도 한다. 우리가 흔히 아는 논술이 이것이다. 이에 비해 'paper'는 다섯 매 내외의 논술문이다. 대학에서 essay는 수시로 작성하지만, paper는

어보면 알겠지만, 여기서는 철학적으로 읽기와 철학적으로 쓰기에 관한 장이 가장 길다. 철학을 배우는 학생은 이런 활동을 하는 데 대부분 학습 시간을 할애하고 있으며, 그래서 해야 할 말이 많기 때문이다.

이 책은 대개는 시간 순서를 따르는 구조로 되어 있다. 신입생이 대학에서 학위과정을 밟아 공부하면서 만나게 될 과제와 도전의 순서에 맞췄다.

제1장 '철학을 공부하기'에서, 독자가 직면하게 될 도전, 얻게 될 이득을 설명했으며, 독자가 이전에 공부한 다른 주제의 학문과 철학이 어떻게 다른지도 설명했다. 또한, 철학에서 학위취득을 결정할 때 글감으로 쓸만한 철학의 여러 쟁점을 소개했다.

대학에서 철학을 공부하기 시작하면, 첫 과제는 대개 철학책을 읽으라는 요구다. 학과 사무실에 들르기도 전에 이미 독서목록을 받기도 하는데, 대학에서 맞이할 새로운 학기를 준비하는 데 도움이 된다. 그래서 제2장 '철학 읽기'는 독서목록을 받은 뒤에 해야 할 일과 교재를 포함한 여러 문서자료의 분석 방법을 소개한다.

책을 읽고, 강좌를 수강하고, 강의자 지도 토론(tutorials)을 받는 동안에 독자는 필기를 해야 하기 때문에, 제3장 '노트 정리'에서 이를 위한 전략을 설명하겠다.

철학 수업에 출석하기에 앞서, 책을 읽고 그 결과를 적어내라는 과제를 받게 될 텐데, 제4장 '토론'은 이런 요구가 포함되게 마련인 세미나와 강

대개 학기말에 제출한다. 학기말에 제출하는 paper는 특히 term paper라 한다. 경우에 따라 essay는 인용이나 참고문헌목록이 요구되지 않기도 한다. 하지만, 철학 시간에 쓰는 essay는 이를 포함해야 한다. 그리고 paper에 대해서는 엄격히 이를 포함할 것이 요구된다. 여기서는 이 두 양식의 글 모두에 해당하는 사항을 설명하고 있으므로 특별히 구별해야 하는 맥락을 제외하고는 '논술문'으로 통칭하겠다.

의자 지도 토론을 다루었다. 교실 안팎에서 철학 토론에 드는 시간 대부분을 확보하는 방법을 제시했다.

철학을 읽고 철학을 말하는 일의 정점은 대개 짧거나 긴 논술문 쓰기라서 철학 쓰기를 다음 화제로 삼는 게 자연스럽다. 제5장 '철학 쓰기'는 독자가 부딪칠 여러 다른 질문을 제시하고, 논술문을 작성할 때 생각해야만 할 거리를 더 잘 생각하도록 돕는 예시 논제[>2] (essay questions)를 제시했다.

제6장 '자료'는 이전 장에서 언급된 책과 논문에 관한 정보와 독자가 교과 과정을 밟아 나가는 동안 유용한 자료를 포함하며, 이 자료를 찾아내고 효과적으로 이용하는 방법을 제시한다. 또한, 독자가 철학 공부를 시작할 때 도움이 될만한 용어집을 짧게나마 제시했다.

철학 학위과정에 관련된 다양한 활동에 초점을 두고, 학생 대부분이 겪게 될 순서에 맞춰서 이를 두루 살펴보았다. 그러면서 독자들이 장차 해내야 할 일을 잘 준비하리라고 희망한다. 또한, 더 나은 생각을 해보려는 사람, 그래서 철학 공부를 해볼까 하는 사람에게도 이 책이 도움을 줄 것이라고 기대한다. 학업배경이나 학업경험에 상관없이 주로 대학교 신입생에게 도움이 되었으면 해서 이 책을 기획하였다. 대학에서 철학을 전공으로 삼아 공부하려는 데 도움을 주려고 내놓은 정보와 조언이 교과과정을 밟아 대학을 졸업할 때까지 내내 유용하기를 바란다.

>2 [역주] 한자말 "논제"(論題)는 일상적으로는 "논설이나 논문, 토론 따위의 주제나 제목"을 뜻하도록 사용되고 있다. 그런데 대학입시에 논술이 출제되면서 동일한 용어를 "논술하기를 요구하는 질문"을 뜻하도록 사용하고 있다. 여기서는 후자의 뜻으로 사용하겠다.

1. 철학을 공부하기

철학이란 무엇인가?

철학은 다른 학문과 달라도 많이 다르다. 하지만 전문 철학자조차도 철학을 정의하는 데 큰 어려움을 겪으며, 자신들이 다루는 여러 가지를 예로 제시하는 선에서 '철학이 무엇인지' 얘기하고 끝낼 정도로 조심하게 된다. '철학'의 사전적 정의(그리고 이 번역 용어에 해당하는 서양 언어의 어원인 그리스어의 의미)는 '지혜를 사랑함'인데, 이렇게 되면 거의 모든 것을 의미하게 되어서 의미파악에 도움이 안 된다. 물론, 생각할 수 있는 어떤 주제에 대해서든 그 주제에 '관한 철학'이 성립하기는 한다. 과학에 관한 철학(과학철학), 예술에 관한 철학(예술철학), 언어에 관한 철학(언어철학) 등이 예이다.

그렇다면 철학은 무엇 때문에 다른 학문분야와 구별되는가? 철학에 독특한 탐구 영역이 있기는 하지만, **주제**보다는 **방법**이 철학의 가장 독특한 특징이며, 이 점 때문에 철학을 공부하는 경험은 다른 어떤 주제를 공부하는 경험과도 차별화된다. 철학에서 우리는 자신의 가장 기초적인 관념과 이론, 즉 다른 주제 영역에서 추구하는 다른 모든 지식을 밑받침해주는 것들을 확인하고 면밀하게 생각하는 방법을 배운다. 이런 면 때문에, 철학을 '개념 배관'(conceptual plumbing) 또는 '개념 공학'(conceptual engineering)이라고 특징짓기도 한다.[1] 우리의 사고(와 일상적으로 당연하다고 가정하는 생각)를 뒷받침해주는 체계와 구조를 검토하고 그것의 건전성을 시험하기 위해서 일상 관심사의 배후를 살핀다.

이러한 독특한 접근 방식 때문에, 철학의 연구 분야를 정의하기보다는 '철학하기'의 예를 들게 되면 철학의 본성을 더 쉽게 파악할 수 있다. 이를 통해, 우리는 세계에 관한 지식 및 이해를 증진시키는 데 이바지하는 철학의 독특한 방식을 보다 충실하게 이해하게 된다. 물론, 이런 연구 목적이 몇몇 학문분과에 공통되지만, 철학에 대해서 여전히 성립한다.

사례연구

리즈는 백화점 물건을 훔치다가 붙잡혔는데, 여러 주에 걸쳐 벌써 세 번째 일이다. 경찰이 달려왔고, 그녀는 체포되어 절도죄로 고발당했다. 법정에 서게 되자, 변호사는 리즈가 병적인 도벽이 있다면서 그녀를 변호했다.

이 주장이 왜 재판과 상관이 있으며, 이 소송에 어떤 차이를 일으키는가?

이 사례는 대학에서 연구하고 가르치는 여러 학문분야에서 논의할법한 대상이다.

>1 철학을 배관에 유비한 사람은 미즐리(Mary Midgley)이며, '개념 공학'으로 정의한 사람은 블랙번(Simon Blackburn)이다. 두 사람의 글은 읽기 쉬우면서도 흥미롭다.

Midgley, Mary (1992), 'Philosophical plumbing', in A. Phillips Griffiths (ed.) (1992), *The Impulse to Philosophise*. Cambridge : Cambridge University Press. pp. 139~152.
Blackburn, Simon (1999), *Think : A Compelling Introduction to Philosophy*. Oxford : Oxford University Press.

제3장에서 미즐리의 논증에 대해서 더 다루겠다.

- 법을 배우고 있다면, 독자는 적절한 형사 판결을 결정할 때 리즈의 도벽이 고려되어야 할지를 탐구한다.
- 심리학 시간에 독자는 도벽이 정신병에 해당하는지, 그리고 효과적인 치료 방법이 무엇인지 조사한다.

하지만 철학에서 우리는 이 사례에 의해서 제기된 **근본** 물음 즉 인간의 자유의지와 책임에 관한 질문을 탐구한다.

도벽은 '절도하려는 억제불능의 충동'이라고 정의된다. 리즈가 도벽을 갖고 있다면 그녀는 절도할 수밖에 없었는가? "… 할 수밖에 없었다."라는 구절은 이 맥락에서 무슨 뜻인가? 누군가 총을 겨누고 도둑질을 시킨 일과 어떻게 다른가?

리즈의 도벽이 진정으로 강박적인 행동이라면 그녀는 다른 방식으로 행위를 하지 못하며, 이것이 사실이라면 그녀는 달리 행위하도록 선택할 수 없었다. 자신이 선택하지 않은 행위에 책임을 져야 하는가? 독감의 고통을 선택하지 않으며, 내가 앓는 동안 (내 가족과 친구, 건강보험 등) 여러 자원을 고갈시키려는 선택을 하지 않는다. 이렇게 선택하지 않는다고 해서 비난받지 않는다. 그렇다면, 리즈의 상황은 어떤 방식으로 이와 다른가?

이런 근본 물음을 묻고 답하려는 과정에서, 철학은 리즈의 사례를 달리 이해하도록 도와준다. 또한, 철학은 이 이상을 해준다. 철학은 리즈의 특정한 상황 배후에 있는 더욱 큰 그림을 탐색하도록 힘을 북돋아준다. 다시 말해, 이런 사례에 얽혀 있는 관념과 원리 즉 인간의 자유와 행위에 대한 책임, 그리고 이 둘 사이의 연관 관계를 검토하도록 격려하고 북돋아준다.

다음과 같은 질문은 다름 아니라 철학적 물음이다. '내가 유전적인 소인으로 위험을 감수하고, 공격적일 만큼 적극적으로 행동하려 한다면, 이 일에 책임을 져야만 하는가?' 또는 이런 극단적인 질문도 던져볼 수 있다. '과학이 궁극적으로 나의 모든 행위를 완벽하게 설명할 수 있다면, 나는 진정으로 자유로운가?'

이런 근본 물음은 다른 분야의 탐구를 진행하는 과정에서 제기되는 실제적 쟁점을 해결하는 기반을 제공한다. 따라서 철학적 물음을 전개하는 일은 실제적 문젯거리 해결에 결정적으로 중요하다. 인간의 행위와 관련된 여러 쟁점에 대해 사려 깊게 판단할 수 있으려면, 우리는 행위의 책임 개념을 먼저 이해해야만 한다. 예를 들어 다음과 같은 문제를 제대로 판단하려면, 책임 개념을 먼저 이해해야 한다. 누가 자율적인 판단을 내릴 수 있는가? 어린이, 학습장애를 가진 어른, 약에 취한 사람은 자율적인 판단을 내릴 수 있는가?

그래서 이런 사례연구를 통해서, 철학이 거대한 추상적 이론을 다루는 방식을 파악하게 되며, 일상생활에서 실제로 부딪칠만한 상황을 미리 겪어 보게 된다.

철학자들이 생각하는 것

철학 공부와 그 방법은 어떤 주제 영역에도 적용될 수 있지만, 일부 철학 물음은 그 자체로 큰 연구거리이다. 다음이 그 예이다.

- 존재하는 것은?
- 알려질 수 있는 것은?
- 어떻게 살아야 하는가?
- 좋은 추론은?

짐작했겠지만, 이 목록은 논란의 여지를 갖고 있다. 다시 말해, 일부 철학자는 다른 물음을 여기에 포함해야 한다고 말하기도 하고, 다른 철학자는 이 중에 어떤 물음은 무의미하기에 제거해야 한다고 말한다. 하지만 오늘날 활동하는 철학자 대다수는 이 물음들이 철학의 핵심 역할을 맡는다고 생각한다. 더구나 이 물음들은 독자가 철학도로서 공부하게 될 여러 종류의 쟁점을 개관하도록 도와준다.

존재하는 것은?

이 물음은 철학 분야의 기초인 **형이상학**의 주제이다. 물리학자는 우리에게 물리적 실재의 본성을 알려줄 수 있으며, 사회학자는 인간 사회의 특성을 알려줄 수 있지만, 형이상학자는 근본적 개념과 이론을 다룬다. 이 개념과 이론은 물리학, 사회학, 그뿐만 아니라 일상생활에서 해당 사안에 관한 물음이 제기되는 방식을 규정짓는다. 개별자란 무엇인가? 사건이란 무엇인가? 원인은 어떻게 작용하는가? 또한, 개별 탐구 분야에 관련된 형이상학적 질문도 있다. 수란 무엇인가? 인간이란 무엇인가? 쿼크 (quark)와 같은 관찰 불가능한 이론적 대상은 진정으로 실존하는가? 사회의 부분은 실재하는가? 공허한 공간으로 이루어진 우주라는 개념은 의미를 형성하는가? 철학적 탐구의 맥락에서 제기되었을 때 이런 질문은 모두 형이상학적 물음이다.

어떤 철학자는 존재 자체의 본성에 관해 물어왔다. 이들은 인간이 자신의 실존에 관해서 반성할 능력이 있는 탐구자의 자격으로 실재와 연관되는 방식에 관해서 의미 있게 말할만한 것이 있는지를 발견하고자 했다. 다른 철학자들은 아무것도 존재하지 않는 대신에 왜 무엇인가 존재하는지 물었다. 또 한편 다른 철학자들은 신과 신들의 개념, 정신, 시간, 예술, 역사, 그리고 인간 경험과 탐구의 모든 국면을 탐색하기 위해서 형이상학적 개념을 사용해왔다. 마지막으로, 형이상학적 사고가 무의미하거나 기껏해야 거의 무가치하다고 논증한 철학자도 있었으며, 반면에 다른 철학자는 **모든** 탐구가 형이상학을 요구한다고 증명하고자 했다. 형이상학의 역사는 풍부하며, 우리가 평생 연구해도 부족하지 않은 연구 과제를 그 자체로 갖고 있다.

알려질 수 있는 것은?

이 제목은 **인식론**, 즉 지식에 관한 연구의 핵심 물음이다. 여기에 속하는 기초 물음은 다음과 같다. 지식이란 무엇인가? 지식은 단순한 신념과 어떻게 다른가? 경험에 의존하지 않고도 무엇인가를 알 수 있는가? 더 나아가, 우리가 무엇을 알 수 있기나 한가? 마지막 물음은 철학사에서 형태를 바꿔가며 여러 차례 제기된 회의주의의 문제이다. 형이상학처럼, 인식론 역시 다른 분야에서 추구되는 지식의 격위에 관해 질문할 수 있다. 과학 지식의 본성은 무엇인가? 우리는 수학 지식을 어떻게 획득할 수 있는가? 종교적 신념은 무엇인가? 타인의 정신에 관한 지식을 어떻게 얻을 수 있는가? 등등. 우리는 이런 질문을 철학 자체를 향해서도 제기할 수 있다. 그래서 철학적 지식의 격위가 무엇인지 물을 수 있다. 인식론적 물음은 철학사에서 대부분 기간에 걸쳐 철학의 중심 지위를 누렸다. 인식론 관련 논증은 철학사에 넘쳐난다. 그래서 철학사를 살펴보면서, 인식론적 쟁점을 파악해가면 성과도 있고 재미도 있다.

어떻게 살아야만 하는가?

윤리학에서 제기되는 문제는 형이상학이나 인식론의 문제와 비교해서 보면 일상생활에서 더 친숙하다. 우리는 참전이 정당화될 수 있는지, 거짓말이 항상 그릇된 것인지에 관해서 스스로 질문하곤 한다. 또한 안락사,

낙태, 사회적 평등과 정치적 평등, 동물에 대한 처우, 채식주의, 성 행동 등에 관해서 어려운 도덕적 선택을 해야 했던 경험을 가져봤을 것이다. 철학은 더 나은 선택을 할 수 있도록 도와주는 기본 틀을 찾으려 하기에 이런 물음을 제기한다. 그리고 더 나아가, 이를 통해 도덕성 자체와 연관된 깊은 쟁점을 드러내고자 한다. 무엇이 인간의 전반적인 번영을 가져오는가? 도덕적 행위의 기초는 무엇인가? 덕스러움은 무엇인가? 다수에게 좋은 것이 한 사람이나 소수에게 좋은 것보다 중요한가? 타인에 대한 도덕적 의무를 져야 하는가? 세속의 가치와 종교의 가치 간의 관계는 무엇인가?

덧붙여 이런 질문의 연장선에서, 누구나 한 번쯤은 부딪칠법한 물음을 제기하게 된다. 사회의 본성이나 가치의 본성에 관한 정치 철학적인 탐구에 접어들게 된다. 사회 질서나 공정성보다 개인이 원하는 행위를 할 수 있는 자유가 더 중요한가? 부를 가난한 사람에게 재분배해야 하는가? 자신의 지위와 역할을 모르는 상황이라면 우리는 어떤 종류의 사회를 고안할 것인가? 법률이란 무엇인가?

도덕철학과 윤리학은 철학에서 중심 화제이며, 철학 외부에 있는 사람들 사이에서 논쟁과 논란을 가장 많이 일으키는 분야이다. 그리고 도덕이나 윤리뿐 아니라 가치 일반으로 관심을 확장할 때, 우리는 미적 경험의 격위와 예술의 본성을 물을 수 있다. 가치 있는 삶, 즉 살만한 삶을 영위하는 방법을 탐색하다 보면 이런 질문은 자연스럽다. **미학**은 가장 넓은 뜻으로 예술철학이며, 지금까지 결코 철학자들의 관심을 벗어나 본 적이 없는 분야이다. 또한 가치에 관해서도 형이상학적 물음과 인식론적 물음도 제기할 수 있기 때문에, 윤리학이나 미학과 관련된 형이상학적 물음, 인식론적 물음이 존재한다.

좋은 추론이란?

명료하고 비판적인 사고는 철학에서 성공하기 위해서 결정적으로 중요하며, 그래서 추론에 관한 물음이 철학에 속한다고 해서 놀랄 일이 아니다. 모든 좋은 추론이 공유하는 것은 무엇인가? 합리성은 뇌 속에 자리 잡고 있는가? 추론은 언제 어디서나 똑같은가? 진리란 무엇인가? 이들은 기초적인 물음의 일부이다. 추론에 관해 생각할 때 먼저 생각나는 분야는 **논리학**이다. 이는 초현대적 기술이 직간접적으로 필요한 고도 전문 분야, 예를 들어 전산과학(computer science) 분야 등에서 활용되고 있다. 그러나 논증 형식을 표현하기 위해 기호를 사용하는 형식 논리학은 철학자들이 관여하는 일부의 영역이다. 철학자들은 좋은 사고를 보다 일반적으로 정의하는 방법을 찾고자 한다. 심리학의 서술적(descriptive) 접근방법과 달리, 비판적 사고에 관한 철학적 탐색은 좋은 사고와 나쁜 사고를 구분하는 최선의 방책을 찾아내고 정의하려 한다.

언어를 통해 사고가 표현되므로 철학자는 논리와 관련해서 언어의 본성과 역할에 관심을 둘 수밖에 없다. 그들은 의미가 진리나 세계와 관계 맺는 방식을 궁금하게 생각한다. **언어철학**은 주로 현대에 들어서서 성립된 철학의 분야인데, 언어의 작동 방식, 의미를 획득하는 방식, 세계를 지시하는 방식, 세계에 대한 경험을 규정짓거나 구조화하는 방식을 살핀다. 이들은 철학의 다른 모든 문제와 연관을 맺을 만큼 근본적인 쟁점이다.

물론, 철학할 때 독자가 관심을 두고 발언하는 어떠한 쟁점이라 해도, 그에 대해서 고려해야 할 형이상학, 인식론, 윤리학, (넓은 의미의) 논리학적인 화제가 서로 다른 비율로 배합되어 등장하게 마련이다.

이렇게 간략하게 윤곽을 개관하면 철학하게 되었을 때 벌어질 일을 조금이나마 짐작하게 된다.

왜 철학을 공부하는가?

철학을 본격적으로 공부하려고, 또는 철학에 대해 더 알아보려고 이 책을 집어 들었다면, 철학에서 다루는 주제 자체 즉 철학의 물음과 방법에 관심이 있었으면 좋겠다. 또한, 철학자 되려는 일이 특별히 중요하다고 생각했기 때문이기를 바란다. 철학이 가치 있는 이유, 즉 독자가 철학을 통해 무엇을 얻을 수 있는지를 알아보고자 한다면 철학 공부를 조금 더 자세히 살펴보자.

철학 공부는 중요한 쟁점에 대해서 우리로 하여금 더욱 사려 깊고 명료하게 생각하도록 해준다. (앞에서 보았던 도벽의 경우처럼) 특정 상황의 근원에 놓인 사안이나 이것이 다른 사안에 어떤 영향을 미칠지 볼 줄 알아야 한다. 그리고 우리의 신념, 이론, 논증이 보증되지 않은 결론에 도달하거나 부정합한 의견을 갖도록 할 수도 있는 숨겨진 가정이나 비약을 포함하는지 검토할 줄 알아야 한다. 평소에는 이런 가정을 생활의 지혜 정도로 수용할 수도 있지만, 관련 논점을 비판적으로 검토할 줄 아는 능력, 잠재된 의견 가운데 어떤 부분이 우리의 사고에 (좋게 또는 나쁘게) 영향을 주는지 짚는 능력, 신념을 변경하게 되었을 때 오게 될 귀결을 확인하는 능력은 매우 중요하다.

바로 이 대목에서 철학이 고유의 업무를 시작한다. 철학을 공부하면서 우리는 일상생활의 사고방식에서 물러나서, 자신의 사고 내용에 토대를 이루는 더 깊고 더욱 큰 물음을 탐구하는 법을 배우게 된다. 감춰진 연관관계와 결함 있는 추론을 확인하는 법을 배우게 되고, 자신의 사고 내용과 이론이 실수, 비약, 부정합성을 갖지 않도록 발전시키게 된다. 이는 인류의 지식 발전에 커다란 기여이다. 또한 그 자체로 결정적인 생존 기술이다.

대학교에서 철학을 공부할 때, 오로지 지식 자체 또는 주로 지식 자체만을 배우지는 않는다. '철학의 심장부는 사유 양식이다.'[2] 철학 공부의 초점은 믿고자 하는 내용을 배우는 일이 아니라 사고하는 방법을 배우는 것이다. 이는 철학 공부의 독특한 강점이자 핵심 장점이다. 다른 분야에서 배우는 지식은 새로운 발견 덕분에 구식이 되어가지만, 철학에서 단련하는 비판적 사고 능력은 이런 굴절을 겪지 않는다. 사실, 철학은 변화무쌍한 상황에 잘 대처하도록 사유의 도구를 마련해준다.

철학을 공부하게 되면 분석능력이 향상되며, 이런 능력 덕분에 어떤 입장이 되었든 그것의 강점과 약점을 파악하고 평가할 수 있게 된다. 또한 설득력 있는(cogent) 논증을 스스로 구성하고 펼쳐보일 수 있는 능력을 갈고 닦아 준다. 여러 분과학문의 경계를 넘나들 수 있도록 해주며, 즉각적인 해결책을 찾기 어려운 문제에 관해 유연하고 창조적으로 생각하도록 돕는다. 철학은 하나의 지식 체계에 그치지 않는 활동이기 때문에, 스스로 사고하고 일하는 능력을 발전시킨다.

철학적 탐구가 미치지 못하는 영역은 없으며, 철학에서 사용되는 기법은 보편적으로 적용 가능하다. 서로 다른 철학 학파가 인생의 모든 측면을 아주 대조적인 방식으로 묘사하는 체계를 주장해왔다. 유신론자가 아니라 무신론자라면, 경험과 이성의 조합이 아닌 순전히 경험을 통해서 지식이 성립된다고 믿는다면, 또는 인간의 의지가 그 자체의 자유로운 행동

>2 이 인용문은 영국의 대학교에서 철학을 전공하여 학위를 취득했을 때 (학위과정 중에 학생이 발전시켜야 할 기술과 개인적 특성을 포함하여) 습득할 수 있는 것을 개관한 다음 문서에서 따왔다.

Quality Assurance Agency for Higher Education (2000), *Philosophy Subject Benchmark Statement*. Gloucester: Quality Assurance Agency for Higher Education.

전체 문서는 다음 사이트에서 볼 수 있다. http://www.qaa.ac.uk/academicinfrastructure/benchmark/honours/philosophy.asp

을 하게 되어 있지 않고 완전히 인과적 법칙에 의해서 결정된다고 믿는다면, 우주와 인간에 대해 자연스럽게 서로 다른 견해를 갖게 될 것이다. 비록 이런 쟁점에 대해 판단을 유보한다고(물론 일부 철학자는 정당한 근거에 따라서 이런 입장을 취한다고 주장하고 있다.) 해도, 이에 관한 철학적 논의를 공부하게 되면 물리과학이나 인문학의 복잡한 논점들을 더욱 훌륭하게 이해하게 된다. 다른 분과학문의 전공자가 갖추기 어려운 장점이다.

이런 모든 능력은 더욱 풍부한 학습 경험을 가능하게 만들어주며, 나아가 학생에게 평생 지속되는 차이를 만든다. 세상은 이런 자질을 요구한다. 모든 부문의 고용주는 분석력, 판단력, 문제해결능력, 설득능력, 유연성, 창조성, 높은 수준의 의사소통능력을 갖춘 차세대 지도자를 채용하고자 한다.[3] 비록 대학의 모든 학위과정이 학생의 이런 능력을 신장시키고자 하기는 하지만, 철학 이외의 어떤 다른 분야도 이런 능력을 탁월성이라고 여기지는 않는다. 이런 능력은 철학과 뗄 수 없기 때문이다.[4] 따라

---

[3] 고용주가 졸업자를 대상으로 채용할 찾아내고자 하는 자질에 대해, 그리고 철학 분야에서 취득한 학위가 이런 요구를 어떻게 충족시킬 수 있는지를 더 자세한 내용을 확인하고 싶다면, 다음을 보시오.

Employability : Where next? Unlocking the Potential of your Philosophy Degree, (2007), Leeds : Subject Centre for Philosophical and Religious Studies.
이 문서는 다음의 사이트에서 내려받을 수 있다. http://prs.heacademy.ac.uk/publications/emp_guides.html

[4] 철학 학위를 취득하는 일이 이런 영역에서 독특한 강점을 갖는다는 주장을 뒷받침하는 독자적인 증거가 있다. 다름 아니라 영국의 산업 및 고등교육 위원회(Council for Industry and Higher Education)에 의해 수행된 비교분석에 제시되어 있다. 이 분석은 여러 분야의 졸업생에 관한 비교 보고서를 포함하고 있다.

Kubler, Bianca and Forbes, Peter (2006), *Degrees of Skill: Student Employability Profiles : A Guide for Employers*. London : Council for Industry and Higher Education.

전체 보고서는 다음 사이트에서 전산 주문으로 구할 수 있다. http://www.cihe-uk.com/publications.php

서 철학 학위는 학생의 미래에 든든한 기반을 제공한다. 특히 비판적 사고 능력을 신장시키는 데 초점을 둠으로써 평생에 걸쳐 가장 소중한 것을 얻게 해준다.

철학 공부에는 어떤 것들이 포함되는가?

이 책의 나머지 부분에서는 철학 학위를 취득하려 할 때 해야 할 일을 소개한다. 그리고 학위 취득에 성공하는 데 필요할 철학 능력을 발전시키도록 하고자 한다. 그래서 철학 공부에 수반되는 것이 무엇인지 조금 더 살펴보자.

먼저, 그리고 어떤 의미에서 가장 중요한 점은 학위를 위해 철학을 공부하는 일이 이전의 학교생활에서 맛본 학습경험과는 매우 다르다는 사실이다. 비록 예전에 철학을 공부했다고 해도, 학위과정이 발전시키고 보여주기를 원하는 철학적 능력의 수준과 범위는 많이 다르다. 그리고 철학을 처음 접한다면 이전의 독서 경험만으로는 학위를 취득하는 데 필요한 독서 습관이 충분히 습득되었다고 하기 어렵다. 철학의 독특한 특징에 주의를 기울인다면, 이런 차이는 대개 예측 가능하다. 하지만 방금 지적한 차이를 한 번쯤 짚어야 한다. 많은 학생이 학위 취득을 목적으로 철학 공부를 시작하면서 일상경험을 토대로 삼는데, 일상경험과 철학의 전환 과정에서 어려움을 겪기 때문이다.

가장 큰 차이는 학위과정으로서의 철학 공부는 논증을 분석하고 구성

일부 문서는 다음에 공개되어 있다. http://www.heacademy.ac.uk/assets/ps/documents/Student_Employability_Profiles.pdf

하는 능력을 무엇보다도 중요하게 여긴다는 점이다. 이미 말했듯이, 철학은 지식의 체계이기보다는 활동이며, 그래서 사실에 관한 정확한 지식 역시 중요하기는 하지만 이것만으로는 좋은 성적을 얻기 어렵다.

당연히 철학 학위과정에서 과거의 위대한 철학자와 그들의 이론을 다루는 일은 필수적인 부분이다. 다른 분야와 마찬가지로 해당 관심 영역에 핵심 화제를 총괄해서 이해하는 일은 중요하다. 하지만 철학 학위과정은 관념의 역사 이상이다. 철학 교사는 논의 중인 이론을 학생이 어떻게 분석하는지, 그리고 학생 자신의 논증을 어떻게 구성하는지에 관심을 둔다. 그리고 다른 사람들이 해당 주제에 대해서 생각해둔 내용을 학습하는 능력보다는 학습 당사자의 생각을 듣고자 한다. 학생은 철학에 관해서 배우는 데 그치지 않고 철학 하는 방법을 배운다. 그리고 자신의 논증을 실제로 펼쳐보일 때 이런 일에 최선을 기울일 수 있다.

물론 이 대목에서 적절한 균형점을 찾을 수 있다. 다시 말해, 우리는 자신의 생각을 진공 속에서 발전시키지 못하며, 다른 사람의 철학 이론에 대한 정보를 바탕으로 발전시킨다. 철학 학위를 취득하기 위해서 공부한다면, 철학하기를 시도해야 하며 철학자를 배우는데 그쳐서는 안 된다. 이는 철학하는 일의 독특한 특징이다. 성공하려면 지식을 흡수하는 데 그치지 말고, 쟁점인 문제에 대한 자신의 비판적 이해를 보여주고 발전시켜야 한다. 그 문제와 상호작용하는 능력을 보여주고 발전시켜야 한다. 철학은 지식 전달 면에서는 제한적이기 때문에, 자연스럽게 지식이라는 결과물보다는 이를 얻어가는 활동과 과정을 강조하게 된다. 숨겨진 가정을 파헤치고 검토하며, 개념상의 혼란을 찾아내어 이를 제거하고 명료화하며, 모순을 드러내어 해소하는 능력이 철학을 해서 갖추게 되는 덕목이며, 철학 학위과정을 통해 이를 더 체계적으로 습득하게 된다.

다른 인문학과 마찬가지로, 철학은 논쟁에 열려 있다. 다시 말해, 누구나 수용할만한 단일한 지식의 체계가 존재해서 이를 편안하게 가르칠 수 있는 대신에, 상충하는 이론의 영역이 늘 존재하고, 그래서 각 이론의 상대적인 장점을 추론하고 논증하도록 교육한다. 대개 철학적 문제에는 완벽한 해결책이 존재하지 않는다. 어떤 답변이 다른 것보다 더 좋을 수 있다. 쟁점을 더 잘 다루도록 해준다. 그러나 어떤 답도 모든 철학자의 생각 속에 영원하고 고정불변하여 논란의 여지가 없는 자리를 차지하지 못한다. 그래서 처음부터 철학이 우리 자신과 세계, 그리고 세계 안에 존재하는 모든 것에 관한 사고방식을 변경시킬 수 있는 잠재력을 갖는다는 사실을 이해해야 한다. 학위과정을 택한 학생은 자신의 생각과 더불어 다른 사람의 생각 및 이론에 도전하도록 요구받는다. 그 생각이나 이론들이 어떻게 작동하는지, 그리고 어떻게 발전할 수 있는지 검토해야 한다.

철학 공부를 제대로 하려면 이전보다 더 신중하게 생각하고, 더욱 엄밀하게 질문해야 한다. 이런 일이 처음에는 어려워 보이겠지만, 안심하라! 철학적으로 생각하고 일하는 기술은 식별될 수 있고 또한 연습을 통해 습득할 수 있다. 이 책에서는 철학 공부를 하는 데 필요한 독특한 요구 사항을 분석하고, 이 요구에 부응하기 위한 기술을 발전시키는 전략을 제시하겠다.

복수전공 학위를 취득하려면, 철학 공부가 특히 힘들 수 있다. 다른 분야에서 장려되는 자질이 철학 할 때 반드시 좋은 것은 아니다. 여러 전공에 도전하는 학생 스스로 각 분야의 관심거리가 무엇인지 그리고 강조점이 무엇인지 잘 파악해서 조절할 필요가 있다.

이미 철학적으로 생각해왔기 때문에 철학 전공을 택할 수도 있다. 반면에 아무런 사전 준비도 없이 철학 전공을 결정했을 수도 있다. 한마디 주의 사항! 깔끔하고 말쑥하며 확정된 답을 좋아하는 사람이라면, 또는 '인생의 의미'를 발견하려고 공부에 뛰어든 사람이라면, 더구나 둘 다에 해당하는 사람이라면, 철학 공부에 실망을 느끼게 되도다! 비록 이 말이 궁극적으로 만족스럽고 보람 있는 답을 찾지 못할 것이라는 의미는 아니지만, 명심해야 할 대목이다. 어떤 것을 철학적으로 바라보는 방법을 배우게 되면, 너무 뻔해서 명백해 보였던 논점들 가운데 많은 것이 실은 문제를 갖고 있다는 사실을 깨닫게 된다. 알려진 것 이상을 알게 되며, 좋은 것과 나쁜 것의 선명한 구분이 더 흐려질 수 있다. 철학은 지식의 총량을 증가시키기보다는 우리가 아는 것과 무지한 것을 파악하는 능력을 증진시킨다. 이런 종류의 불확실성을 잘 대처하고, 이런 종류의 불확실성의 토대 위에서도 번영을 누릴 수 있는 능력은 틀림없이 철학 공부를 도와준다.

요약

이 장에서는 학문으로서의 철학을 형성하는 여러 종류의 탐구를 소개했다. 그리고 철학자가 되는 법을 배우고자 할 때 발전시켜야 할 기술을 소개했다. 앞으로는 이런 기술을 더 심도 있게 살피고, 연습하고 향상시킬 수 있는 여러 전략을 제시하고자 한다.

2. 철학 읽기

대부분의 인문학처럼 철학은 문자 기반의 학문이며, 그래서 대부분의 공부 시간을 철학 관련 문서를 읽는 데 할애하게 된다. 이 장에서는 무엇을 언제 읽을지 정하는 방법, 철학 문서를 읽을 때 얻고자 하는 바를 제대로 얻게 해주는 다양한 전략, 철학적 분석 능력을 향상시키는 방안을 제안하고자 한다.

읽을거리

어떤 규모의 강좌[1]에 임하든 매주 독서에 대한 안내를 받는다. 대개 이런 독서목록은 강의계획서에 자세히 명시되어 있다. 강의계획서만 보면 읽을거리가 쉽게 결정된다. 하지만 철학 과목을 처음 수강하는 모든 학생이

>1 [역주] 여기서 강좌는 'lectures and tutorials'이다. 전자는 중대형 규모의 강좌이며, 진행방식 역시 교사에 의한 강의가 주를 이룬다. 그에 비해 후자는 개별지도이거나 소규모 강좌이다. 개인지도의 성격을 유지하는 대학교나 나라는 없다. 나라별로 또는 대학의 형편에 따라 수강생 수는 다를 수 있다. 그리고 진행방식은 대개 토론이다. 우리나라에서는 대학별로 형편의 차이가 있으나 대다수 대학의 학부에서는 이 둘이 행정상으로 구분되지 않는다. 강좌의 수강인원에 따라 교사가 교수법을 적절히 구사한다. 여기서는 공부 방법에 관한 논의에서 강좌의 수강 규모 또는 진행방법이 큰 차이를 일으키지 않으므로, 특별히 구별할 사유가 없는 한 '강좌' '강의' 등으로 옮기겠다.

이렇게 느끼지는 않는다. 또한 독서안내는 학교마다 크게 다를 수 있다.

비록 학기가 시작되면서 독서안내를 받았다 해도, 강의가 진행되는 동안의 일정 시점, 특히 시험기간에 학생은 자신의 독서 계획을 스스로 세우고, 읽을거리를 정해야 한다.

독서목록

철학 학위과정을 시작할 때, 전공 안내 책자 또는 강의나 세미나 시간에 배부하는 첫 유인물은 십중팔구 기가 질릴 정도로 길다. 그 가운데 어떤 것은 유명하고, 어떤 것은 알쏭달쏭하며, 어떤 것은 둘 다에 해당한다. 아마 그 안내 유인물은 다음과 비슷할 것이다.

윤리학 입문 – 독서목록

Rachels, J. (2007), *The Elements of Moral Philosophy* (5th edn). New York: McGraw–Hill.

Benn, P. (1997), *Ethics: Fundamentals of Philosophys*. London and New York: Routledge.

Glover, J. (1990), *Causing Death and Saving Lives*. London: Penguin.

Singer, P. (1993), *Practical Ethics* (2nd edn). Cambridge: Cambridge University Press.

Mackie, J.L. (1977), *Ethics: Inventing Right and Wrong*. Harmondsworth: Penguin.

Norman, R. (1983), *The Moral Philosophers: An Introduction to Ethics*. Oxford: Clarendon Press.

Williams, B. (1972), *Morality: An Introduction to Ethics*. Cambridge: Cambridge University Press.

Blackburn, S. (2002), *Being Good: An Introduction to Ethics*. Oxford: Oxford University Press.

Mill, J.S. (1861), *Utilitarianism*. Repr. in J.S. Mill and J. Bentham

---

(1987), *Utilitarianism and other Essays*. ed. A. Ryan. London: Penguin.

Hume, D. (1777/1975), *Enquiry Concerning the Principles of Morals*, ed. L.A. Selby—Bigge (3rd edn). Oxford: Clarendon Press.

Kant, I. (1993), *Groundwork for the Metaphysics of Morals*, trans. and ed. M. Gregor. Cambridge and New York: Cambridge University Press.

Aristotle (2000), *Nicomachean Ethics*, trans. and ed. R. Crisp. Cambridge: Cambridge University Press.

Sartre, J.–P. (1948), *Existentialism and Humanism*, trans. P. Mairet. London: Methuen.

Jamieson, D. (1991), 'Method and moral theory', in P. Singer (ed.) (1991), *A Companion to Ethics*. Oxford: Blackwell.

LaFollette, H. (2001), 'Theorizing about ethics', in H. LaFollette (ed.) (2001), *Ethics in Practice* (2nd edn). Oxford: Blackwell.

Crisp, R. (1997), *Mill on Utilitarianism*. London: Routledge.

Hughes, G.J. (2001), *Aristotle on Ethics*. London: Routeldge.

Baillie, J. (2000), *Hume on Morality*. London and New York: Routledge.

Sullivan, R.J. (1994), *An Introduction to Kant's Ethics*. Cambridge: Cambridge University Press.

Urmson, J.O. (1988), *Aristotle's Ethics*. Oxford: Blackwell.

Smart, J.J.C. and Williams, B. (1973), *Utilitarianism: For and Against*. London: Cambridge University Press.

Korsgaard, C.M. (1989), 'Kant's analysis of obligation: the argument of Groundwork'. *The Monist* vol. 72 no. 3, 311~340. Repr. in C. M. Korsgaard (1996), *Creating the Kingdom of Ends*. Cambridge and New York: Cambridge University Press.

Foot, P. (1972), 'Morality as a system of hypothetical imperatives'. *Philosophical Review* vol. 81, 305~316.

McDowell, J. (1978), 'Are moral requirements hypothetical imperatives?' *Proceedings of the Aristotelian Society* suppl. vol. 52, 13~29.

Anscombe, G.E.M. (1958), 'Modern moral philosophy'. *Philosophy* vol. 33, 1~19. Repr. in G.E.M. Anscombe (1981), *Collected Philosophical Papers*, Vol III. Oxford: Blackwell.

Foot, P. (2001), *Natural Goodness*. Oxford: Clarendon Press.

Hursthouse, R. (1999), *On Virtue Ethics*. Oxford and New York: Oxford University Press.

McDowell, J. (1979), 'Virtue and reason'. *The Monist* vol. 62, 331~350.

MacIntyre, A. (1981), *After Virtue: A Study in Moral Theory*. London: Duckworth.

Foot, P. (1985), 'Utilitarianism and the virtures', *Mind* vol. 94, 196~209. Repr. in S. Scheffler (ed.) (1988), *Consequentialism and its Critics*. Oxford: Oxford Unviersity Press.

이 목록[>2]을 본 다음 학생이 할 일은 무엇일까? 확실히 이 자료를 모두 사기도 하고 읽기도 하는 것은 아니다. 그렇지만 이것을 보고 무엇을 어

>2 [역주] 한국어 자료는 다음과 비슷하게 제시한다. 논문의 서지를 밝히는 방법은 학회나 학교에 따라 다소 다를 수 있다.

- 저서
  박준호 (2003), 『논리와 논증의 이해』, 서울: 한국문화사.

- 번역서
  로젠버그 지음, 이재훈 옮김 (2009), 『철학의 기술』, 파주: 서광사.

- 번역서: 학술지에서 선호하는 방법은 다음과 같이 밝힌다.
  Rogenberg, Jay F. (1996), *The Practice of Philosophy: Handbook for Beginners* (3rd edn), Upper Saddle River, New Jersey: Prentice-Hall. Inc. 이재훈 옮김 (2009), 『철학의 기술』, 파주: 서광사.

- 번역서: 특히 번역서를 참조한 경우에 번역서의 면수를 참고했다고 밝힌다.
  Rogenberg, Jay F. (1996), *The Practice of Philosophy: Handbook for Beginners* (3rd

떻게 하라는 말인가?

독서목록 이해하기

앞의 목록 중의 일부를 보면서, 이해할 방도를 찾아보자.

> 목록에서 단행본의 각 항목은 다음과 같은 의미이다.
>
> **저자의 성, 이름의 약자. (출판연도), 책의 제목 (판 차, 번역자, 기타 관련 정보). 출판지역: 출판사.**
>
> 이 목록에 제시되는 정보의 형식은 서로 다를 수 있다. 하지만 이들은 독서목록을 제시할 때 반드시 기재되어야 할 정보이다.

Rachels, J. (2007), *The Elements of Moral Philosophy* (5th edn). New York: McGraw-Hill.

Benn, P. (1997), *Ethics: Fundamental of Philosophy*. London and New York: Routledge.

Norman, R. (1983), *The Moral Philosophers: An Introduction to Ethics*. Oxford: Clarendon Press.

이 세 책은 **교재**이다. 제목으로 학생용 입문서라는 것을 알 수 있다. 여러 해에 걸쳐 꾸준히 발간된 유명한 교재는 새로운 판으로 발행되기도 한다. (목록의 첫째 책은 이를 잘 보여준다.)

edn), Upper Saddle River, New Jersey: Prentice-Hall, Inc. 이재훈 옮김 (2009), 『철학의 기술』, 파주: 서광사. 〔참조한 면은 번역서의 면수임〕

• 논문

박준호 (2009), 「규정주의 정의이론」, 『철학연구』 제108집, 대한철학회, pp. 91~114.

Hume, D. (1777/1975), *Enquiry Concerning the Principles of Morals*, ed. L.A. Selby-Bigge (3rd edn). Oxford: Clarendon Press.

Aristotle (2000), *Nicomachean Ethics*, trans. and ed. R. Crisp. Cambridge: Cambridge University Press.

> 교재 뒤에 소개된 두 책은 **일차 서적**이다. 기재된 내용이 다소 복잡할 수도 있다. 최근에 다시 발간한 경우에, 새로운 편집자와 새로운 출판일자 등을 기재하기 때문이다. (순서는 원본이 먼저이며, 최근 본에 관한 사항은 나중에 제시된다.) (또한, 교수에 따라서는 어떤 판본이든지 상관하지 않기에 이런 사항을 누락시킬 수 있다.)

Urmson, J.O. (1988), *Aristotle's Ethics*. Oxford: Blackwell.

> 이것은 **이차 서적**으로서 앞에 소개된 원전에 관한 책이다.

Foot, P. (1985): 'Utilitarianism and the virtures'. *Mind* 94, 196~209. Repr. in S. Scheffler (ed.)(1988), *Consequentialism and its Critics*. Oxford: Oxford Unviersity Press.

McDowell, J. (1979), 'Virtue and reason'. *The Monist* 62, 331~350.

> 이것은 **논문**(article)인데, 두 종류의 출처를 갖고 있다. 하나는 최초로 게재된 **학술지**이고, 또 하나는 이들이 재수록된 **선집**이다.

마지막 **학술지**에 실린 **논문** 항목에 대해 약간 더 알아보자.

저자의 성, 이름의 약자. (출판연도), '논문 제목' 학술지명, 권호 정보, 게재면.

단행본의 경우처럼, 학술지에 실린 논문의 서지 정보를 적는 형식은 다를 수 있으나, 여기 제시된 항목은 도서관에서 이 논문을 찾기 위해서는 필수적이다.

문서유형

앞에서 제시한 여러 문서 유형을 조금 더 자세히 살펴보자.

교재 | 교재(textbooks)에 해당하는 책이 독서목록에 포함된다. 입문 수준의 과정에서는 특히나 그렇다. 이런 종류의 책은 학생인 독자를 염두에 두고 저술되며, 그래서 주로 해당 분야의 철학을 개관한다. 이것은 해당 주제의 배경과 주된 철학적 문제를 개관하기 위해서 다른 철학자의 업적을 토대로 저술된다. 좋은 교재는 난해한 주제에 접근하는 좋은 통로 역할을 할 수 있다. 그리고 많은 책을 사기 어렵다면, 추천된 교재를 사는 것이 좋은 방책이다.

일차 서적 | 수업 시간에 특정 철학자가 자세한 논의 대상이 될 경우, 그 철학자가 지은 원전(original texts)이 포함될 것이다. 원전은 대개 일차 서적(primary texts)이라고도 한다.

이것은 수세기 전에, 그리고 외국어나 고어로 저술되고, 역사적인 가치를 갖는 서적일 수도 있다. 그래서 고어 원본 또는 원서의 번역본일 경우, 내용을 제대로 파악하려면 그 판본이 매우 중요할 수 있다. 어떤 번역본은 번역의 신뢰성에 의문이 제기되기도 한다. 이 때문에 교수는 특정 번역본을 추천할 것이며, 이를 참고해서 책을 읽는 게 현명하다. 여기서 소개한 아리스토텔레스(Aristotle)[3] 원전에 대한 크리습(Roger Crisp)의 번역본은 좋은 사례이다.

---

[3]   아리스토텔레스(384~322 BCE)는 고대 그리스 사상가이다. 그리고 그의 스승인 플라톤(427~347 BCE)과 더불어 서양 철학사에서 가장 큰 영향을 준 인물이다. 그의 *Nicomachean Ethics*는 오늘날에도 윤리학 이론에서 핵심적인 서적으로 취급되고 있다. (국내에 『니코마코스 윤리학』이라는 이름으로 많은 번역본이 나와 있다. / 역주)

이차 서적 | 이차 서적(secondary texts) 역시 독서목록에 포함되어 있다. 이들은 문제의 원전에 관해 다른 저자가 지은 책이다. 전형적으로 이들은 원전과 이 원전이 후대에 끼친 영향에 관해 상세하게 분석한다. 이차 서적은 난해한 일차 서적의 내용을 파악하는 데 좋은 지침이 되지만, 원전 대신에 읽지는 않아야 하고 원전과 더불어 읽어야 한다. 이차 서적은 원서에 대한 저자의 해석을 제공할 뿐이기 때문이다.

하지만 일차 서적과 이차 서적이 **본질적인** 읽을거리와 **선택적인** 읽을거리를 의미하지 않는다는 사실은 주의할 대목이다.

선집 | 학생들이 접하게 될 다른 유형의 서적은 선집(anthologies)이다. 이것은 특정 화제에 관한 글을 묶은 것인데, 원본 서적에서 발췌된 (다소) 짧은 글이 포함될 수 있다. 주로 해당 주제에 대한 논문의 전문이나 일부를 싣거나, 두 가지 모두를 포함하기도 한다. 추천 선집을 읽게 되면 도서관 목록을 여러 시간에 걸쳐 뒤지지 않고도 해당 주제에 관한 다양한 의견을 대면하고 익힐 수 있다.

학술지 | 학술지(journals)는 대학의 연구자들이 제출한 학술논문 즉 연구 논문으로 구성되어 출판되는데, 연간물 형태로 매년 한 번이나 여러 번 발간된다. 많은 학술 연구가 학술지에서 최초로 출판되며, 이는 철학에서도 예외가 아니다.

학술지는 대학 생활의 독특한 측면이다. 이는 대학의 연구자들이 다른 나라 사람들과 토론하고 자신의 생각을 발전시키는 주요 수단이며, 자신의 관심 주제에 대한 최신의 발전상을 발견하는 중요한 통로이기도 하다. 많은 학술지가 철학의 특정 영역을 전문적으로 다루고 있기 때문에 윤리학을 공부하고 있다면, 독서목록에 윤리학에 관한 전문 학술지가 포함된다. 그리고 그 학술 잡지의 여러 권에서 윤리학 수업 시간에 필요한 학술 논문을 발견할 수 있을 것이다.

또한 특정 수준의 독자, 예를 들어 대학생 독자를 상대로 발간되는 학술지도 있다. 물론 이 학술지에는 대학생의 논문이 실리기도 한다. 이와 관련된 사항은 제6장에 소개되어 있다.

학술논문 | 선집이나 학술지에 실린 철학의 학술논문(articles)은 교재보다 훨씬 읽어내기 어렵다. 이는 (항상 그렇지는 않지만) 학생보다는 학자를 대상으로 작성된 글이고, 또한 매우 좁은 쟁점만을 다루며, 매우 치밀한 논증이 제시되기 때문이다.

학술지에 실린 논문을 읽을 때 한두 차례 읽어서 모든 내용이 이해되지 않는다고 겁먹을 필요가 없다. 전문 철학자조차도 이런 글을 이해하고 비판할 정도가 되려면 여러 차례 반복해서 읽어야 한다. 바로 이런 방식으로 철학적인 글을 읽어야 한다.

대학 1학년 때부터 최신 논문을 읽어야 하는 것은 아니다. 그렇지만 자신의 관심과 전공 영역이 생기고, 그에 대한 실력이 붙어감에 따라, 학술논문이야말로 특정 논점을 깊이 이해하는 첩경이다.

기타 자료 | 지금까지는 가장 통상적인 철학의 문서자료에 관해서 살펴보았지만, 독서목록에는 이 밖의 자료도 등장할 것이다. 예를 들면, 과목에 따라서는 소설도 포함된다. 때로 소설을 통해 철학의 문제와 접근 방법을 예시하며, 이런 방식으로 소설은 전형적인 철학의 문서자료를 보충한다. 물론 이런 때에는 소설을 문학작품으로서 대하기보다는, (이렇게 분리하는 일이 항상 쉽지만은 않겠지만) 그 작품 속에 등장하는 철학 내용이나 함축에 주의를 기울여서 읽어야 한다. 이 점에 대해서는 강좌 담

당자가 상세한 안내를 해줄 것이다.

독서의 우선순위 정하기

출발점이었던 독서목록으로 돌아가 보자. 목록에 제시된 대로 모두 읽고
있다가는 한 학기가 다 갈 것이다. (더구나 한 과목의 목록일 뿐이다.) 또
목록에 있는 모든 자료를 산다면 다 읽지도 못할 것이 뻔하고, 그러다 보
면 사들인 것에 비해서 적게 얻는다. 그렇다면 우선순위를 정해야 한다.
그 방법을 살펴보자.

강의자의 조언 | 강의자가 긴 독서목록을 제시했다고 해서, 목록의 모든
자료를 남김없이 읽으라는 말이 아니다. 그러기보다는 숙제할 때 참고자
료로 활용하라고 알려준다. 또 교재를 여러 권 소개했다면, 그중에 구하
기 어려운 책도 있기 때문이다.

긴 독서목록이나 여러 교재를 소개했다면, 교수는 중요한 자료에 강조
표시를 해서 안내하기도 한다. 물론 아무 말 없이 유인물에 이런 표시만
해서 나눠줄 수도 있으니 주의하라. 이렇게 강조 표시된 교재는 토론이
나 시험에서 핵심적인 역할을 하며, 그래서 이를 무시하면 불이익을 받게
된다.

더 많은 조언을 구하라 | (물론 대개는 감당할만한 분량인 경우가 대부
분이겠지만) 필수자료에 관한 안내가 독서목록에 없다면, 또는 읽어내기
어려울 만큼 많은 '필수자료' 목록이 있다면, 조언을 더 해달라고 요청하
라. 물론 둘 다에 해당한다면 더 말할 것도 없다. 대부분 강의자는 학생들
이 독서에 관한 안내 사항을 잘 파악하도록 기꺼이 도울 것이다. 학생들
이 어디서 출발해야 할지 모르기 때문에, 강의자는 필요한 독서목록을 생

략하는 대신에 더 충실한 조언을 하고자 한다.

독서목록을 받았을 때 막막하다면 이렇게 조언받는 일을 부끄럽게 생각하지 마라. 대개 독서목록은 전형적인 대학생을 대상으로 삼는다. 대학 생활에 전념하며, 전공을 정했고, (다양한 책을 읽어서) 인문적 배경 지식을 갖추고 있으며, 직업, 가정사, 다른 학습과제 등을 수행하지 않아도 되며, 난독증과 같은 특별한 학습장애를 갖지 않는 대학생을 대상으로 제시된다. 이런 조건에 맞지 않는다면 학생 탓이 아니며, 따라서 무엇인가 특별한 사정이 있어서 더 많은 조언을 요청한다면 누구나 이해할 수 있다.

핵심 교재를 확인하라 | 이는 뻔한 일이다. 예를 들어, 칸트(Immanuel Kant, 1724~1804)에 관한 철학 과목을 수강한다고 해보자. 그의 『순수이성비판』이 목록 최상단에 있으니 당연히 핵심 교재이다.[4] 하지만 핵심 교재가 이처럼 확연하게 드러나지 않을 때, 단원별로 소개된 부분을 통해 이들을 찾아낼 수도 있다. 이 교재들이 매주 단원별로 시행하는 세미나에 참석하는 데 필요한 독서자료인가 자문하라. 이들은 강의자료집 형태로 제공될 수도 있다. 강의자료집으로 제공되지 않는다면, 가장 빈번하게 등장하는 교재가 무엇인지, 도서관에서 순서를 기다려 자료대출을 받으려고 씨름하기보다는 차라리 사서 보는 게 나은지 판단해야 한다.

도서관에 상의하라 | 어떤 교재가 대학 도서관의 참고 서가나 '단기대출' 서가에 꽂혀 있는가? 독서목록에 소개된 교재 가운데 해당 자료가 도

> 4 칸트는 독일의 철학자로서, 계몽주의 시대에 대립하던 양대 학파 즉 경험주의와 이성주의를 종합한 것으로 유명하다. 그의 업적은 윤리학 분야뿐 아니라 여러 분야에 걸쳐서 오늘날까지 서양 철학에 큰 영향을 주었다.

서관의 서가에 여러 권 비치되어 있는가? 만일 '그렇다!' 면 이런 자료들은 학생들이 가장 빈번히 사용하는 자료이며, 해당 과목을 수강하는 데 핵심 자료라는 징표이다.

대학 도서관은 소장도서를 낯설게 분류하고 비치한 미로와 같아서 우리를 움츠러들게 한다. 하지만 대부분의 도서관은 신입생을 위한 도서관 안내 행사를 한다. 입학하고 나서 될 수 있는 한 빠른 시기에 이 행사에 참석하여 도서관 체계에 익숙해지기 바란다. 대학 다니는 내내 중요한 자료들을 효과적으로 이용할 수 있도록 해주는 소중한 기회이다. 도서관에 근무하는 직원들 역시 정보의 보고이다. 도서관에 따라서는 철학 분야의 전문가들이 상주하면서 필요한 경우 학생의 요청에 응해서 조언해준다.

대표표본에 초점을 두라 | 이는 조금 더 까다롭다. 어떻게 독서자료 가운데 '대표' 표본을 찾아내는가? 진도를 따라가려면 어느 정도는 알고 있어야 한다. 이 장의 시작 부분에서 제시한 독서목록을 표본으로 삼으면 이해가 더 잘된다.

개설 교과목에 관한 안내에는 강의 주제의 윤곽에 해당하는 핵심 영역이 포함된다. 우리가 예로 들은 과목은 윤리학이므로, 칸트주의, 덕 이론, 공리주의 등의 중요한 윤리 이론이 포함된다.[5] 그래서 무엇보다 이런 핵심 쟁점이 독서목록에서 빠지면 안 된다. 만일 이것이 교재의 제목만으로

>5 칸트주의는 칸트(앞의 주를 참고하시오)에서 유래하는 윤리설로서, 행위에 대한 개인의 동기를 강조한다. 덕 이론은 아리스토텔레스(각주 3을 참고하시오)에서 유래하며, 개인의 특정 행위에 관심을 두기보다는 개인의 성품에 기반을 두고 도덕성을 해명하려 한다. 공리주의는 주로 19세기 사상가인 벤담(Jeremy Bentham, 1748~1832)과 밀(John Stuart Mill, 1806~1873)이 주창했다. 이 이론에 의하면, 어떤 행위의 도덕적 격위는 그 행위의 결과가 행복을 최대화하는 정도에 달렸다.

드러나지 않는다면, 책의 목차를 살펴보라. 강의에서 논의될 내용이 이 목차만 보고도 파악되는가? 책이 수중에 없다면 도서관에 도서 상세정보를 통해서 이를 알 수 있으며, 출판사나 서점의 웹사이트에서 발견할 수도 있다.

이보다도 학생들은 독서를 통해 이런 핵심 화제를 대면할 때, 너무 왜곡되기를 원치 않을 것이다. 왜곡 여부를 판단하는 일은 단순하지 않으며, 따라서 강의자를 통해서 좀 더 자세한 안내를 받아야만 한다. 하지만 치우치고 왜곡되지 않게 독서하는 쉬운 요령이 있다.

어떤 저자도 완벽하게 공평할 수 없다. 심지어 (대부분은 아니라도) 많은 경우에, 학생이 읽는 교재는 특정 관점이나 접근방법을 옹호하는 논증을 드러내서 펼친다. 그러니 균형 잡힌 입장을 갖고자 한다면, 어떤 화제에 관해서든 하나 이상의 설명을 읽으려고 해야 하며, 그래야만 한 사람 이상의 관점을 경험하게 된다.

다른 두 사람이 쓴 책을 읽었는데, 칸트에 대해 비슷한 말을 한다고 해보자. 이를테면, 그의 이론이 일상에서 사용하기 어려운 점은 있으나, 올바른 윤리 이론이라 평가한다. 그렇다면 이와 다른 해석을 제시하는 서적을 찾아보라. 누가 칸트의 의견에 찬성하지 않는가? 누가 칸트의 입장에 난점이 있다고 생각하는가? 또 하나 강조할 점은 이것이다. 자신의 견해를 세우려고 칸트의 작품을 직접 읽었는가? 칸트의 저작을 직접 읽어보는 일은 결정적으로 중요하다. 칸트 자신의 원래 주장을 읽어보지 않은 채로, 경쟁이론 가운데 자신의 견해를 결정하기 어렵다.

그 밖에도 이용할 자료는 많다 | 원하는 자료를 독서목록에서 발견할 수 없다면, 그물을 더 넓게 펼쳐라. 목록에 열거된 자료에 얽매일 필요는 없다. 이렇게 영역을 넓히면 해당 화제에 대해 다른 관점을 체험할 수 있

다는 이점이 있다. 이럴 경우, 강의나 세미나에서 접하는 표준화된 견해를 반복하기보다는 자신의 견해를 형성하도록 자극받게 된다. 자립적 사고는 철학에서 매우 가치로우며, 자기 자신의 수준 높은 철학적 작업을 해나가는 핵심 기술이다. 이를 위해 다음과 같은 자료도 이용할 수 있어야 한다.

백과사전(encyclopaedias): 관심 있는 화제를 철학 백과사전에서 찾아보라. 그 주제에 관해서 훌륭하게 개관해줄 뿐 아니라, 대개 더 읽을거리를 충실히 안내해준다.

도서관: 대학 도서관의 도서 목록을 훑어라. 주로 '핵심어'(이를테면, '칸트' + '윤리') 검색을 이용하고, 이런 검색 기술을 익히려면 도서관 안내 강좌나 도서관 직원의 도움을 받아라. 주제와 연관된 도서관 서가를 살펴라. 원하는 책이 대출되었다고 실망하기는 이르다. 근처에 비슷한 성격의 책이 꽂혀 있다. 다른 도서관도 확인해보라. 이를테면, 학과에 비치된 책 가운데 원하는 것을 찾을 수도 있다.

전자자료: 인쇄문서 형태의 자료 말고는 아직 말하지 않았다. 좋은 웹 기반 자료를 제공하는 일은 매우 어렵다. 아주 빠른 속도로 갱신될 수 있기 때문이다. 그래도 아주 좋은 온라인 철학자료가 있다. 이를테면 인터넷 철학 백과사전이나 여러 주제에 관한 다양한 자료 통로(gateway)가 있다. 하지만 정보의 질이 의심스러운 경우도 많으므로 인터넷상에서 찾아낸 정보를 이용하려면 주의를 기울여 비판적으로 검토하는 게 중요하다.

다시 말하지만, 도서관이야말로 전자자료를 얻고자 할 때에도 맨 처음 들러야 할 곳이다. 도서관은 유용하고 다양한 인터넷자료를 제공한다. 다음이 그런 예이다.

- 온라인 독서목록
- 전자책: 많은 핵심 교재나 백과사전 같은 참고도서가 전자문서로 이용 가능해서, 책을 찾아 헤맬 필요가 없다.
- 추천 웹사이트: 학문적으로 검증된 사이트들을 소개하고 있으며, 그래서 일반 인터넷 사이트에 비교해서 신뢰도가 높은 온라인 정보를 제공한다.

도서관과 인터넷 이용에 관한 더 자세한 사항은 제6장 '자료' 를 보라.

얼마나 읽어야 하는가?

독서목록을 읽어내는 방법을 이야기했지만 아직도 말하지 않은 게 있다. 이미 눈치챘을 것이다. 얼마나 많이 읽어야 하는가? 이런 질문은 까다롭다. 예를 들어, 논술문을 작성하거나 세미나에서 벌어지는 토론에 참여할 때 어느 정도나 읽어야 충분한가?

이 대목에서 엄격하고 단호한 규칙이란 없다. 그래도 다음과 같은 기본적인 지침은 가능하다.

강의자의 안내를 따른다. | 다시 말하지만, 강의자는 가장 핵심적인 안내자이다. 혹시 해당 전공의 강의 안내책자가 있다면 거기에 세미나 준비에 필요한 독서목록과 더불어 어느 정도의 독서를 요구하는지 밝혀져 있을 것이다. 논술문 작성을 해야 한다면, 이전 학기에 수강 학생의 모범 논술문이 포함되어 있는지 확인할 수도 있다. 거기서 해당 전공과목의 철학 논술문을 작성할 때 필요한 참고문헌목록을 구할 수 있다. 하지만 대부분

강의자는 양보다 질이 더 중요하다고 말할 것이다.

깊이가 넓이보다 중요하다. | 철학에서는 많은 자료를 훑어서 읽는 것보다 적은 글을 꼼꼼히 읽는 것이 더 중요하다. 이미 제1장에서 말했듯이, 철학에서 성공하려면 해당 쟁점에 대해서 깊이 이해하려고 해야 하며, 이를 위해서는 상대적으로 적은 자료를 철저히 읽어야 효과적이다.

강좌의 요구사항에 맞춰라. | 강의자가 수강 학생들에게 논술문을 작성하라고 할 때, 장문의 학위논문을 쓰려면 읽어야 할 만큼의 깊이와 폭으로 읽으라고 요구하지 않는다. 또한, 이수학점이 40학점인 전공과정을 마치려면 10학점으로 이수할 수 있는 교양과정보다는 더 많이 읽어야 한다.

본능을 신뢰하라. | 철학 '벌레'에 물렸다면, 항상 더 읽고 싶을 것이다. 독서를 해가다 보면 감이 생긴다. 해당 쟁점을 적절하게 파악하는 데 어느 정도나 읽어야 하는지 알게 해준다. 또한, 지금까지 읽은 내용을 어느 정도나 이해하고 있는지 시험하기 위해서, 같은 강좌를 수강하는 동료, 강의자에게 직접적으로 또는 세미나 토론 등을 통해서 간접적으로 조언을 받는 게 좋다. 남은 과제를 수행하는 데 필요한 요구조건을 알아내려면 첫 과제에 대한 조언과 평가를 참조하라.

강의자는 학생들에게 강좌의 최소 요구 사항 이상의 독서를 하는 게 좋다고 말하기는 하지만, 신입생 입장에서 새로운 공부 주제와 방법, 그리고 생활 방식에 익숙해지는 데 방해가 될 정도로 부담을 져서는 안 된다. 이런 식으로 여러 학습 과정이나 학습 영역과 공부 이외의 생활 사이에서 균형을 잡을 수 있어야 하겠다.

읽는 방법

우선순위를 정해서 읽어야 할 것들을 살펴보았고, 이 자료들을 도서관 서가를 샅샅이 뒤졌고, 그 결과로 책이며 논문이 책상 위에 쌓였다. 그다음 할 일은?

읽기는 대부분 공부시간을 차지하며, 그래서 기대하는 바를 분명히 밝히면서 접근해야 하며, 읽을거리를 제대로 파악하려면 적절한 전략이 필요하다.

어떤 철학자는 독자를 위해서 자신의 논증을 명료하고 멋지게 표현하려고 한다. 명료성의 표본이며 표현력의 표본인 철학 문서가 존재한다. 하지만 어떤 철학 서적은 읽기 어렵다. 대부분의 철학 문서에 대해 한 가지 확실한 사실이 있다. 대강 훑어서는 성과가 없으며, 노력, 생각, 시간을 들여 읽어야 한다. 그러나 충분한 보상이 따른다. 독자는 쉽게 잊혀지지 않는 지적인 훈련을 하게 된다.

최선의 결과는 독자의 노력에 달렸다. 철학에서는 문제에 직접 부딪치라고 권유한다. 어떤 일이 벌어지고 있는지 진정으로 이해하려고 하여, 자신의 고유한 해석을 창안하고 방어하는 데 충분할 만큼 노력하라는 뜻이다. 물론 이 해석은 교수나 교재에서 제공하는 해석과 다를 것이다. (더 좋은 해석일 수도 있다.) 글이 말하려는 바를 공정하게 찾아내고, 자신의 견해에 대해 좋은 증거와 논증을 제시하려 하는 한, 책이나 논문에 대한 새로운 해석이 무엇인지 생각해보거나 자신만의 착상을 전개해보면 사고력의 성장을 경험한다.

이 장의 나머지 부분에서는 철학책을 읽을 때 독서에 착수하는 방법과 논증을 발견, 분석, 평가하는 방법을 살핀다. 철학을 이해하려고 행해야 하는 논증 분석의 사례를 맛보게 된다. 그럼에도 진정한 맛을 아는 데는 충분할 것이다.

철학적으로 읽기

철학적으로 읽는 과정은 다음의 세 가지 주요 활동으로 구성된다.

- 문서 전체를 개관한다. 구조라든지 논의되고 있는 철학적 문제를 확인한다.
- 사용된 논증과 최종 결론을 이해한다. 즉 상세한 구조를 분석한다.
- 전반적인 의미를 해석한다. 개념과 관념을 이해하며, 이들이 다른 자료나 다른 철학자에 의해 논의되고 있는 또 다른 관념에 어떻게 이바지하는지 이해한다.

아래에서 이를 각각 다루겠다. 위의 사항은 산만해 보이지만 실은 그렇지 않으며, 철학적인 글에서 순서와 무관하게 등장한다.

예를 들어, 어떤 책의 한 장을 펼쳐 보라. 거기에 제시된 논증은 그 장의 도입부 또는 끝 부분에서 개요 형태로 뚜렷이 등장할 수 있다. 또한, 이는 글을 개관하도록 도와주고, 해당 장의 본문에서 논증의 상세한 내용을 파악하도록 해준다. 더불어 그 개요에서 다른 자료를 읽을 때 부딪치게 될 개념, 낱말, 관념을 배울 수도 있다. 물론 이들을 통해 저자가 그 장을 쓸 때 염두에 두었던 배경관념에 관한 가정을 알게 된다. 그리고 논증을 분석해가면서, 이런 개요를 통해 파악한 요점이 결정적으로 중요하다.

이런 활동 가운데 어떤 것도 놓치지 않아야 한다. 이 활동은 서로 생기를 불어넣어 주며, 단지 철학적인 글을 읽게 해준다기보다는 같은 글을 철학적인 방식으로 읽게 해주기 때문이다.

구조화된 읽기

다음은 구조화된 방식으로 읽을 수 있도록 도와주는 전략이다. 이를 통해 읽으면서 더 많은 것을 얻을 수 있다.

1. 글의 개요를 제대로 파악하라.
   * 제목은 무엇인가? 제목을 통해 글이 무엇에 관한 내용인지 알 수 있는가?
   * 분량은 얼마나 되는가? 읽으려면 어느 정도의 시간을 확보해야 하는가?
   * 글의 내용 전개 방법에 특별한 점은 없는가?
   * 글에 제시된 문제나 논증을 소개하는 서론이 있는가?
   * 논증을 요약하거나 글에서 다룬 내용이 함축하는 바를 나타내는 (글의) 결론이 있는가?
   * 장과 절의 제목은 무엇인가? 유형이나 구조를 찾을 수 있는가?
2. 글에서 원하는 바가 무엇인지 생각해보라. 논증을 제대로 파악하고 자 하는가? 다른 사항을 이해하기 위한 틀을 원하는가? 아니면 새롭 게 배운 개념을 이해하고자 하는가?
3. 글의 고유한 형식을 안내자로 삼아서 읽어라. 글이 가진 구조에는 이 유가 있게 마련이다.
4. 충분한 시간을 두고 읽어라. 철학에서는 천천히 읽는 것은 문제가 아 니라, 오히려 장점이다.
5. 읽어가면서 노트 정리를 하고 자신의 생각을 적어두라. 읽기 시작하 면서부터 글에 등장하는 관념과 맞붙어서, 도전하고 시험하라.

앞에서 열거한 중에 놀랄만한 사항은 없겠지만, 읽기가 구조화된 활동이라는 점을 기억하고 있으면, 어려운 자료를 읽을 때 도움이 된다. 특히, 글을 읽으려고 자리를 잡을 때, 또는 어떤 일이든지 일의 양과 범위를 정할 때 고려할 중요 사항은 시간이다. 다른 일상적인 글을 읽는 데 걸리는 시간보다 철학을 읽는 데 걸리는 시간이 훨씬 길며, 대개는 다른 분야의 학술 서적을 읽는 데 걸리는 시간보다 길다. 낱말의 사용과 글의 구조에 큰 주의를 기울여야 하며, 철학 서적에는 복잡한 관념이 심심치 않게 등장한다. 그래서 다른 책을 읽을 때보다 철학 책을 읽을 때 더디다 해서 초조할 필요는 없다. 철학을 읽는데 이런 일은 자연스러우며, 여유를 갖고 읽게 되면 글에 제시된 논증을 분석할 충분한 기회를 잡게 된다.

시간 계획을 세울 때, 글의 형식과 장과 절을 살펴보고 난 후에 전체 장, 절, 소절 등을 읽도록 조절하라.

철학 문제를 확인하기

철학을 읽을 때, 첫째 난관은 저자가 말하는 문제의 본성을 확인하는 일이다. 문제, 즉 글의 화제나 초점을 확인하는 일은 구조화된 방식으로 글을 읽는 데 도움이 된다. 글의 핵심 논지와 글을 이끄는 핵심 관념을 정확하게 탐지해낼 수 있다. 그리고 저자가 펼치는 논증의 더 넓은 맥락을 확인하게 된다.

언뜻 보기에 이런 사항은 너무 뻔해서 말할 가치도 없어 보인다. 글의 화제란 제목에 명시되어 있고, 저자는 자신이 답하고자 하는 물음을 제기하면서 글을 시작하게 마련이기 때문이다. 무엇이 더 필요하단 말인가?

철학에서는, 문제가 무엇인지 그리고 그 문제가 왜 철학적 관심사인지 이해했다면, 화제를 확인해야 할 뿐 아니라 그 문제의 의의를 식별할 수 있어야 한다. 쟁점으로 삼는 것 가운데 어떤 것이 문제이며, 그 문제에 의해서 제기되는 다른 철학적 물음이 무엇인지 정확하게 확인해야 한다. 철학은 주로 **추상적** 관념과 개념을 다루기 때문이다. 대부분의 일상사란 특수한 일에 신경 쓰면 그만이다. 예를 들어, 텔레비전을 여러 다른 방식으로 서술할 수 있다.

- 전자기기
- 수신료를 내야 하는 것
- 통신수단
- 오락거리
- 소일거리

이렇게 텔레비전에 관해서 일상적인 말을 할 수 있다. 하지만 다음과 같은 일반적인 관념이나 개념에 관해서는 어떤가?

- 물리적 대상
- 세금
- 사건
- 행위
- 사람
- 시간

우리는 이들을 추상적 관념이라고 하는데, 특정 사물에 관한 것이 아니기 때문이다. 이 목록에 첫째 항목을 보자. 물리적 대상이란 무엇인가? 모든 물리적 대상의 공통점에 대해서 말할 방도는 있는가? 예를 들어, 물리적 대상은 모두 특정 공간을 차지하는가? 이 모든 물리적 대상을 서술할만한 자신만의 방법을 잠시 생각해보라. 먼저, 어떤 것을 물리적 대상에 포함해야 할까? 어떤 것을 배제할까? 그림자나 계곡은 등잔이나 산과 같은 방식으로 물리적 사물인가? 사람은 어떤가?

이런 질문에 대해 생각해본다는 것은 지극히 일반적인 관념을 생각해보는 일이다. 철학자는 세계의 특정 부분에 의미를 부여하는 일반적이고 추상적인 관념을 더 잘 이해하려는 사람이다. 산, 등잔, 계곡, 그림자, 텔레비전, 절친한 친구 등의 모든 예는 이 일반적 요점을 명확히 풀어 보이고, 설명하고, 증명하고, 반증하기 위해서 사용된다. 아무리 멋지고 기가막힌 예라도 일반적인 요점에 도달하도록 도와주려고 도입된다. 철학 책을 읽고 사례에 대해서는 제대로 이해했지만, 그 예를 통해 무엇을 말하려는지 긴가민가하다면, 되돌아가서 다시 읽거나, 최소한 잘 파악되지 않은 부분이 있었다는 생각을 놓치지 말고, 나중에라도 그 일반적 요점을 명확히 만들어야 한다. 철학책을 읽을 때 부딪치는 어려운 점은 사례, 실예 등에 집착해서 주의가 흩어지지 않으면서, 그 예의 배후에 있는 추상적 관념에 또렷이 초점을 두는 일이다.

약간의 연습을 해보자. 다음 토론에서 추상적인 부분과 특정 부분이 어디인지 말할 수 있겠는가? 독자가 생각할 때, 철학자가 철학자로서 관심을 둘만 한 측면은 무엇인가?

내 텔레비전은 질량을 갖고 있고, 공간도 차지하고 있다. 또 내가 보는 조건에 따라서 달라지는 표면 색깔을 띠고 있다. 나는 텔레비전이 보여주는 것이며 들려주는 것이 좋다. 영상과 소리는 미적인 성질로 구성된다. 이론상 텔레비전은 하나의 사물로서 다른 것과 독립적으로 존재하고 있다. 그리고 약간 비싸다. 그러나 나는 정부에 시청료를 계속 내야 하는 의무를 갖고 있다. 정말로 내야만 할까?

이 문장에서 꺼낼 수 있는 논점은 다음과 같다. 질량의 본성, 공간의 본성, 지각과 색의 본성, 미학과 쾌락, 존재, 대상의 본성, 도덕적 의무의 본성 등. 물론 더 있을 수도 있다.

어려운 작품을 볼 때, 그 가운데 포괄적인 용어에 먼저 주의를 기울이면서 작품 전체의 짜임새를 살필 수 있다. 철학에서 진정으로 중요한 관념은 추상적이며 일반적이라는 데 착안해야만 궁극적으로 큰 성취를 이룰 수 있다. 어려운 일이겠지만, 시도하면 할수록 쉬워질 일이기도 하다.

논의하려는 철학적 문제에 연관된 추상 관념을 확인하려면 읽어가면서 비판적으로 사고해야 한다. 교재의 제목이나 첫 장에서 핵심 관념을 찾아내면서 시작하라. 그러나 이런 점도 명심해야 한다. 이렇게 개괄적으로 파악한 문제는 잠정적인 문제일 수도 있다. 그래서 더 많이 읽어갈수록 이해가 깊어진다.

또한, 교재를 수동적으로만 읽을 일이 아니라 그 책과 상호작용하면서 읽어야 한다. 읽어가면서 등장하는 여러 관념과 대화를 나누어라.

이렇게 어려운 도전과제가 무엇인지 알아보려 철학자인 네이글(Thomas Nagel)의 유명한 논문 「박쥐가 된다는 것은 어떤 느낌인가?」[6]를 살펴보자.

>6   토마스 네이글(1937~)은 미국의 철학자이다. 그의 저작은 주로 도덕 이론이나 정치 이론에 초점을 두고 있다. 하지만 「박쥐가 된다는 것은 어떤 느낌인가?」라는 논문으로도 잘 알려졌다. 이는 20세기 심리철학 분야에서 가장 빈번하게 논의되는 논문 가운데 하나이다.

• Nagel, Thomas (1974), 'What is it like to be a bat?' *Philosophical Review* vol. 83, no. 4, 435~450.

이 유명한 글은 많은 다른 책에 재수록 되었다. 예를 들면, 다음과 같다.

• Nagel, Thomas (1979), *Moral Questions*. Cambridge: Cambridge University

이 경우 논문의 제목 자체가 질문을 명확하게 보여주고 있다. 그렇지만, 이런 질문이 왜 철학적 물음인지는 아직 분명치 않다. 이 질문이 왜 중요하며, 이 질문에 대해 탐색해서 배울 바가 있을까?

그런데 이 논문의 첫 문장은 문제의 철학적 문제가 무엇인지 명료하게 드러내 준다.

의식이야말로 정신-신체 문제를 정말 다루기 어렵게 만든다.

이 첫 문장은 네이글의 논문이 무엇을 다루고 있는지 알려준다. 그것도 두 가지나 알려주고 있다.

- 그는 정신-신체 문제 즉 정신(심적 생활: 생각, 느낌 등)이 신체와 관련된 방식을 이해하는 문제에 관해서 논하고 있다.
- 네이글에 의하면, 여기서 제기된 특정한 문제는 의식으로 말미암은 문제이다. 그래서 아마도 이것이 논문의 나머지 부분에서 논의의 초점일 것이다.

하지만, 여전히 이 첫 문장과 제목의 관계가 무엇인지 그리 뚜렷하지는 않을 것이다. '박쥐가 된다는 것은 어떤 느낌인가?'라는 질문이 의식에 대해서 네이글이 제기하는 문제와 어떤 연관이 있는가? 과연 네이글이 말하려는 의식의 문제라는 것이 정확히 무엇인가? 이를 알려면 좀 더 읽

Press.
- Hofstadter, Douglas R. and Dennett, Daniel C. (eds) (1981), *The Mind's I*, London: Pengin. 김동광 옮김 (2001), 『이런, 이게 바로 나야!』 1권, 2권, 서울: 사이언스북스.

어가야 한다.

　　… 만일 어떤 유기체로서 느끼는 바로 그 느낌이 존재한다면 그리고 오직 그 경우에만 그 유기체는 의식적인 심적 상태를 갖는다. …

　　내가 가정하는 바는 이것이다. 우리는 모두 박쥐의 경험을 믿는다. … 이제 우리는 박쥐 대부분이 … 일차적으로 음파를 통해 외부 세계를 지각한다고 알고 있다. … 그러나 박쥐 음파는 … 인간이 가진 감각과는 작용면에서 비슷하지 않으며, 우리가 경험하거나 상상하는 어떠한 것과도 주관적으로 비슷할 것이라고 가정할 이유가 없다. 이는 박쥐가 되는 것이 어떤 느낌일 것인가 하는 생각을 어렵게 만든다. …

　　누군가 매우 시력이 나쁘고, 그래서 주변 세계를 고주파 반사음을 수신하는 방식으로 지각한다고 … 상상해보려 해도 별 도움이 안 된다. … 내가 이를 상상할 수 있는 한, **내가** 박쥐처럼 행동하는 것이 어떤 느낌일지 알려줄 뿐이다. 그러나 이는 내가 문제 삼고자 하는 바가 아니다. 나는 박쥐인 것이 **박쥐**에게 어떤 느낌일 것인지 알고자 한다.

위 글은 네이글의 논문에서 따왔는데, 여기서 첫 문장은 네이글이 자신의 논문 제목에서 제기한 질문과 의식 사이의 연관 관계를 상세하게 말하고 있다. 그리고 다음 문단은 논문 제목의 '박쥐'를 의식에 대한 문제제기의 사례로 도입하고 있다.

　　그렇다면, 정확하게 무엇이 문제인가? 왜 박쥐 사례가 네이글이 주장하는 난점을 일으키는가? 이를 이해하려면, 이 글을 좀 더 신중히 다시 읽어야 하며, 생각해야 한다.

　　처음에 보기에는 네이글이 박쥐와 인간의 차이를 말하는 것처럼 보인다. '박쥐 음파는 … 우리가 가진 감각과 … 비슷하지 않다. … 이 점이 어려움을 일으키는 것 같다.' 이 차이가 왜 문제인가? 이를 이해하려면 네이글이 초점을 두는 사항과 관련성을 생각해봐야 한다. 네이글은 '무엇과 같음'('what it is like'-ness)을 의식의 핵심 특징이라고 본다. 박쥐와 인간의 차이, 그리고 의식의 핵심 특징, 이 두 가지 생각을 함께 연결해봐야만 인간과 박쥐 사이의 차이가 '박쥐의 처지에서 느끼는 것'을 파악하기 어렵게 만든다는 점을 깨닫게 된다. 그리고 이 때문에, 박쥐의 의식을 이해하기 어렵다는 점을 파악하게 된다.

이렇게 설명했다고 해서, 문제의 정확한 본성이 드러난 것은 아니다. 네이글은 '박쥐의 처지에서 느끼는 것'을 파악하는 난점에 관해서 또 다른 주장을 제기했기 때문이다. 우리는 박쥐에 대해 많이 알고 있고, 그래서 박쥐의 처지를 상상할 수 있다. 그러나 이는 오로지 '**내가** 박쥐처럼 행동하는 것이 어떤 느낌일지 알려줄 뿐이지, … 박쥐인 것이 **박쥐**에게 어떤 느낌일 것인지 알려주지 않는다.'

잠시 멈춰서 이 마지막 구절을 생각해보자. 이 대목에서 네이글이 구분한 것을 이해했는가? 왜 중요한가? 자기 자신의 말로 설명할 수 있는가?

네이글은 이렇게 지적한다. 박쥐의 생애에 관한 우리의 지식은 모두 '밖으로부터' 비롯되었다. 다시 말해서 박쥐의 지각 등에 관한 과학적 지식을 갖고 있다. 그러나 **주관적으로** '무엇처럼 느낄지' 알지 못한다. (둘째 문단에서 네이글이 이 낱말을 사용한 방식이 이런 의미로 해석하는 데 단서를 제공한다. 물론 이는 논문 전체를 읽게 되면 보다 명확해진다.) 이런 과학적 사실을 이용해서 상상력을 확장할 수 있다. 인간의 관점에서 박쥐의 관점으로 확장할 수 있다. 하지만, 이는 박쥐 자신에게 자신이 '무엇과 같이' 느껴질 것인지 아는 것과 똑같지 않다. 우리는 박쥐의 '내부에서' 박쥐의 관점을 취할 수 없다.

이는 상당히 파악하기 어려운 구분이며, 이를 제대로 이해하려면 네이

글의 글을 주의하여 읽어야 한다. 그렇지 않을 경우, 사실에 관한 주장 즉 박쥐와 인간의 차이, 우리가 가진 상상력의 한계에 관한 주장에 초점을 두고서 '외적' 관점과 '내적' 관점의 철학적 의의, 지각의 주관적 특징과 객관적 특징 사이의 차이 등을 간과하게 된다.

우리가 이런 점을 놓친다면, 네이글이 제기하는 문제를 이해한다고 해도, 이런 문제가 왜 문제인지 얼마나 중요한지 알지 못하게 된다. 이 논증이 단지 박쥐를 이해하는 데 관련되지 않고, 의식에 관한 더 광범한 주장이라는 데 착안하려면, 네이글이 제기하는 둘째 논점, 즉 경험의 주관적 본성 때문에 야기되는 '박쥐처럼 느끼는 것'을 이해하기가 결정적으로 어렵다는 논점을 이해해야만 한다. 이 논증의 철학적 의의를 파악하려면, 심층의 넓은 개념적 취지를 탐지할 수 있어야 한다. 박쥐 사례의 세세한 부분을 파악하는 데 그치지 않고 관련된 추상적 관념도 알아챌 수 있어야 한다.

이 예를 살펴보면서, 우리는 어떤 구절을 더욱 꼼꼼히 생각하려고 자주 멈췄다. 또한 이렇게 묻느라 멈췄다. 이것은 정확히 무슨 뜻인가? 이것은 왜 중요한가? 이 구절은 이 글의 다른 주장과 어떻게 관련되는가? (그리고 이 화제에 관해서 이 밖에 무엇을 알고 있는가?) 이는 문제를 확인하는 데에만 중요한 것이 아니라 모든 철학적인 글을 읽는 데 핵심이다.

논증 찾기

논증은 철학의 핵심이다. '철학 논증'이라고 할 때 어떤 의미인가? 이는 의견을 감정적으로 피력하거나 (선술집에서 벌어지는 언쟁처럼) 말싸움을 의미하지 않는다. 논증이란 이성적 원리를 사용해서, 관념, 이론, 상황 등을 누군가에게 설득하고 이해시키는 일이다. 대개 이미 수용된 증거, 권위자, 정상적인 상황에서 이루어지는 관찰 등에 따를 때 이성적 원리를 잘 지키는 것이다. 이런 의미의 논증은 여러 형식을 띠고 등장하며, 또한 가지각색의 내용을 담고 있지만, 공통으로 주장하고자 하는 **결론**을 갖는다. 또한, 논증의 주된 근거 역할을 형성하는 사실이나 관념을 **전제**라고 부른다. 예를 몇 가지 들면 도움이 될 것이다.

다음은 논증의 결론일 수는 있지만, 그 자체로 논증은 아니다. 이런 결론에 도달하기 위한 과정 없이 의견, 신념, 사실에 관한 진술만 뱉어놓은 것이기 때문이다.

- 나는 계란을 좋아하지 않는다.
- $e = mc^2$
- 기본 입자 이외의 물리적 대상은 존재하지 않는다.
- 비가 오면 거리가 젖는다.
- 자유는 행동의 제약이 없는 상태라고 부정적으로 정의될 수 있다.
- 유니콘은 항상 예쁘다.

이 가운데 하나나 그 이상이 성립된다고 볼 좋은 이유를 가질 수 있으며, 또한 다른 사람을 우리와 같이 믿도록 설득할 수 있다고 믿을 수도 있다. 하지만 근거를 진술하지 않는다면, 논증을 만들지 않은 셈이다.

다음은 논증들이다. (물론 이들이 똑같은 정도로 강한 논증인 것은 아니다.)

- 비가 올 때, 바깥에 방치된 채로 있는 모든 것은 젖게 된다. (그리고) 거리 대부분은 바깥에 방치된 채로 있다. (그러므로) 비가 올 때, 거리 대부분은 젖게 될 것이다.
- 자유는 긍정적으로 정의될 수 없다. (그리고) 자유에 관한 잘 작동할

만한 정의가 정치에 관한 이론에 필요하다. (그러므로) 우리는 자유를 행동에 이런저런 제약이 없는 상태라고 부정적으로 정의해야 한다.

- 나는 스코틀랜드 고원에서 자유롭게 배회하는 여러 유니콘을 만났다. (그리고) 나는 이 각각의 유니콘이 상상의 세계에서 만날 수 있었던 다른 동물들처럼 예외 없이 그리고 의심의 여지없이 우아하고 아름답다는 것을 알게 되었다. (그러므로) 어디에 살고 있든지 모든 유니콘의 자연스러운 모습은 말로 표현할 수 없이 아름답다고 생각한다.

명백히 이런 논증에서 핵심인 낱말은 결론 앞에 있는 '그러므로'이다. 이는 최종적으로 주장하고자 하는 바를 가리킨다. 하지만 이 낱말을 없애더라도 뜻이 통한다. 앞으로 철학을 공부하면서 접하게 될 많은 철학 문서에서, '그러므로'가 명시적으로 쓰여 있기보다는 암암리에 포함된다. 그래서 이 낱말이 어디에 있다고 해석할 것인지 독자 스스로 결정해야 한다. 이 밖에 '그리고'라는 단어는 증거가 어느 대목에서 서로 결합하는지 알려준다. 그렇다면 어떤 문장이나 진술이 논증의 결론이라는 것을 확인하기 위해서 그 문장이나 진술 앞에 '그러므로'를 삽입할 수 있다. 그래서 철학 책을 읽어가면서 각 논증의 결론이 있는 곳에 표시하고, '그러므로'가 어울릴 곳에 적어 넣는 것이 도움된다. (당연한 말이지만, 남의 책이나 도서관에서 빌린 책이 아니라 자기 소유의 책에만 이렇게 하라.)

독자는 셋째 논증에 대해 궁금해할 것이다. 어떤 의미로 논증의 결론이 명백히 그르기 때문이다. 무엇보다도, 스코틀랜드 고원지대를 비롯한 어느 지역에서도 유니콘은 존재하지 않는다. 그러나 이 때문에 셋째 논증이 논증이 아니라고 하지 못한다. 논증의 전제(다시 말해, 결론을 성립시키기 위한 내용을 포함하는 문장)나 결론 자체를 평가해야 할 뿐이다.[7]

대개 전제와 결론의 위치가 바뀌어서 논증이 제시되기도 한다. 결론부터 내놓는다. 그럴 때 결론을 나타내는 문장 뒤에, 그리고 전제를 나타내는 다음 문장의 앞에 '왜냐하면'을 삽입한다. 앞의 예를 다음과 같이 뒤집어서 말해도 취지는 똑같다.

- 비가 올 때, 거리 대부분은 젖게 될 것이다. (왜냐하면) 비가 올 때, 바깥에 방치된 채로 있는 모든 것은 젖게 된다. (그리고) 거리 대부분은 바깥에 방치된 채로 있다.
- 우리는 자유를 행동에 이런저런 제약이 없는 상태라고 부정적으로 정의해야 한다. (왜냐하면) 자유에 관한 적당한 정의가 정치에 관한 이론에 필요하다. (그리고) 자유는 긍정적으로 정의될 수 없다.
- 어디에 살고 있든지 모든 유니콘의 자연스러운 모습은 말로 표현할 수 없이 아름답다고 생각한다. (왜냐하면) 나는 스코틀랜드 고원에서 자유롭게 배회하는 여러 유니콘을 만났다. (그리고) 나는 이 각각의 유니콘이 상상의 세계에서나 만날 수 있었던 다른 동물들처럼 예외 없이 그리고 의심의 여지없이 우아하고 아름답다는 것을 알게 되었다.

하지만 이렇게 전제와 결론이 제시되는 방식이 바뀌었다고 해서 전제의 결론에 대한 지지력에 변화가 생기지 않는다. 문장의 순서는 바뀌었지만, 논증의 논리적 구조는 영향을 받지 않는다. 전제가 결론을 지지하는 정도에 영향을 주지 않으면서 전제를 정리하는 다른 방법은 없는가? 스스로

>7   이 밖에도 여러 논증 형식이 있다. 제6장에서는 비판적 사고나 비형식 논리학과 관련된 더 많은 책을 소개한다.

찾아보기 바란다.

　결론을 탐지하는 일은 항상 쉽지만은 않으며, 주의를 기울여야 한다. 더구나 복합 논증은 큰 논증 안에 작은 논증을 거느리고 있어서 더 주의해야 한다. 여기서 작은 논증의 결론이 주된 논증의 전제 역할을 한다. 결론을 분간해서 찾아내면서, 책을 자신의 것으로 소화하게 되고, 피상적인 수준에서 벗어나 자신의 생각으로 녹여내는 준비를 하게 된다. 그렇지만 여기에 심도를 더하려면 다른 전략이 필요하다.

논증 분석하기

논증의 작동방식과 가치를 알려면 논증에 대해서 더 자세히 알아보자. 철학을 읽으면서 우리가 하려는 일은 논증의 평가이다. 이미 확인했듯이 논증은 단순히 의견, 사실, 신념의 진술이 아니다. 논증은 둘 이상의 진술 집합이다. 그 가운데 하나는 결론이며, 나머지는 전제로서 결론을 받아들일 이유를 제공한다. 이런 단계에서 논증 분석을 위한 전략적 접근 방법은 다음의 질문을 제기하는 것이다.

1. 저자가 말하고자 하는 요점이 무엇인가? 무엇이 제시된 논증의 **결론**인가? 결론이 하나라도 명확히 제시되었는가?
2. 논증의 전제는 무엇인가? 저자가 논증의 결론에 도달하기 위해서 사용하는 재료는 무엇인가?
3. 논증의 구조는 무엇인가? 전제와 결론이 어떤 방식으로 묶여 있는가? 하나의 긴 논증이 존재하는가? 한 논증의 결론이 다른 논증의 전제 역할을 하는 방식으로 여러 작은 논증이 서로 연쇄해서 존재하는가?

이는 다음 세 가지에 걸쳐서 논증의 평가가 시행되어야 함을 의미한다.

1. 전제의 진리성
2. 전제로부터 결론에 이르는 방식의 논리, 즉 논증의 형식
3. 결론의 진리성

논증의 결론이 전제로부터 논리적으로 뒤따를 경우, **타당한** 논증이라고 한다.[8] 하지만, 이는 결론이 옳다는 말이 아니다. 전제가 옳지 않을 수 있기 때문이다. 논증이 타당하고 전제가 옳다면, 결론이 옳다. 이를 **건전한** 논증이라고 한다.

이제 유니콘 논증을 다시 보자.

나는 스코틀랜드 고원에서 자유롭게 배회하는 여러 유니콘을 만났다.
(그리고) 나는 이 각각의 유니콘이 상상의 세계에서나 만날 수 있었던 다른 동물들처럼 예외 없이 그리고 의심의 여지없이 우아하고 아름답다는 것을 알게 되었다.
(그러므로) 어디에 살고 있든지 모든 유니콘의 자연스러운 모습은 말

>8   [역주] '타당성'이란 연역의 논리적 올바름이다. 하지만 이 책에서는 귀납적 논증에도 적용하도록 확장하여 사용하고 있다. 다시 말해, 논증의 논리적 올바름을 (연역적이든 귀납적이든) 타당성으로 간주하고 있다. 중요하기 때문에 다시 강조하지만, 논리적으로 올바른 논증이란 '만일 그 전제가 옳다면, 결론이 옳은' 논증이다. 이런 용어법을 따라서 '건전성' 역시 연역 논증 이외에도 귀납 논증에도 적용되도록 확장하여 사용하고 있다. 다시 말해, 연역 논증이든 귀납 논증이든, 논증이 논리적으로 올바르고 그 전제가 모두 옳으면 건전하다. 따라서 일부 논리학 책에서 귀납 논증에만 적용하는 '설득력'(cogency)이라는 용어와 '건전성'이라는 용어가 여기서는 같은 뜻으로 사용되고 있다.

로 표현할 수 없이 아름답다고 생각한다.

우리가 전제의 진리성을 받아들일 것 같지는 않으며, 그래서 결론의 진리성에 대해서도 마찬가지이다. 유니콘이 없다고 생각하기 때문이다. 그러나 이 논증에 대한 더 이상의 평가는 어떻게 실시할 것인가?

두 개의 주된 전제가 있다. 스코틀랜드 고원지대에서 배회하는 많은 유니콘이 관찰되었다는 전제와 관찰된 모든 유니콘은 아름답다는 전제이다. 최소한 이 가운데 첫 전제가 사실인지 물을 수 있다. 또한, 둘째 전제, 즉 만일 유니콘이 존재한다면, 그것은 아름다울 것이라는 전제에 대해서도 할 말이 있을 것이다.

논증의 형식 즉 논증의 전제와 결론이 결합한 방식에 관해서는 어떤 말을 할 수 있는가? 전체 집단의 일부를 관찰한 것을 근거로 삼아 전체 집단의 성질을 증명할 수 있는 것은 아니다. 웨일스 지방의 유니콘은 끔찍할 수 있다. 스코틀랜드의 다른 유니콘은 아예 관찰되지 않았을 수도 있다. 이 논증에서 사용된 추론의 형식은 귀납이다. 이것이 연역과 어떻게 다른지 앞으로 공부하게 될 것이다. 귀납은 생활과 과학에서 광범하게 사용되고 있다. 하지만, 완벽하게 설득력이 있는가?

17세기 프랑스 철학자인 데카르트(René Descartes 1596~1650)의 더 길고 어려운 논증을 살펴보자. 이 논증은 철학 과목에서 자주 사용된다. 평소에 확실하게 안다고 생각하는 것에 관해 얼마나 쉽게 의문에 도달할 수 있게 되는지 예시하려고 자주 사용된다. 그의 작업을 통해 제기되는 깊은 쟁점은 다음과 같다. 기본 원리로 구성된 세계에 관한 철학적인 상(像)은 가능한가? 또는 바람직한가? 다음 문단을 읽고 데카르트가 주장하고자 하는 주된 논점을 확인할 수 있는지 보라.

우리는 태어나면서부터 축적한 많은 선입견에 의해서 진정한 지식에서 멀어진다. 언어를 갖지 않은 채 태어나서, 우리의 이성이 충분히 발전하기도 전에 감각 가능한 것에 관해 여러 판단을 내리기 때문이다. 이런 선입견에서 벗어나는 유일한 방법이 있는 것 같다. 생애에 단 한 번만이라도 우리는 약간이라도 불확실해 보이는 징후를 찾아낸 이전의 모든 신념에 대해 의심해 보는 일치된 노력을 기울여야만 한다.[9]

첫 두 문장은 '그리고', '왜냐하면'으로 연결되어 깔끔하게 논증 일부로 정리될 수 있다. 이를 다음과 같이 순서를 뒤집어서 정리할 수 있다.

- 우리는 언어를 갖지 않은 채 태어난다.
- 우리는 이성이 충분히 발달하기 전에 감각 가능한 것들에 관한 여러 판단을 내린다.

그러므로

우리는 태어나면서부터 축적한 많은 선입견에 의해서 진정한 지식에서 멀어진다.

이 논증이 제대로 된 논증인지 여부를 가리려면 세 가지 질문을 해야겠다. 먼저, 전제는 옳은가? 아기에 관한 상식에 따르면 첫 전제는 맞는 것 같다. 둘째 전제에 대해서는 면밀한 검토가 필요하다. '감각 가능한'이 여기서는 '감각기관으로 알아채는 것이 가능해서, 실제로 감각기관을 통

>9   데카르트가 지은 『철학의 원리』를 로스가 영어로 번역하여 인터넷에 올려놓았다. 다음은 여기서 인용한 부분의 서지 사항이다. Descartes, René, *The Principles of Philosophy*, trans. MacDonald Ross, George, http://www.philosophy.leeds.ac.uk/GMR/hmp/texts/modern/descartes/principles/dcprinc.html, I,1.

해 획득한'을 의미한다. 낱말은 시간이 흐르면서 다른 의미를 갖게 마련이다. (이 부분에 대해서는 뒤의 '역사적 자료와 고어' 부분에서 더 자세히 다루겠다.) 그래서 전제는 다음과 같은 주장이다. 우리가 감각기관을 통해서 세계의 본성에 관한 결정을 하게 되는데, 이런 관념에 '이성'을 적용할 만큼 충분히 성숙하기 이전에 이런 일이 이루어진다. 이 주장은 옳은가? 이에 대한 판단을 유보해야 할 것 같다. 염두에 두어야 할 중요한 사항은 어린이의 사고 발달에 관한 생각이 데카르트 시절과는 달라졌다는 점이다. 데카르트의 입장을 전체적으로 검토하고자 할 때 바로 이점을 기억해야 한다.

결론은 어떤가? 드러난 그대로는 우리가 그 진리성을 결정하기 어렵다. 그 진위를 가릴 수 있는 뻔한 경험적 주장이 아니기 때문이다. 그래서 결론에 주목한들 논증 분석에는 별 도움이 안 된다. 그러니 데카르트가 전제에서 결론에 도달하는 방식에 주목할 필요가 있다. 이를 위해 논증의 형식 자체를 보자.

둘째 전제를 수용하면 어떻게 될까? 결론은 전제에서 따라나오는가? 문장을 다시 읽고 스스로 답해보라. 다만, 왜 자신이 그 답을 택했는지 생각해보고, 자신의 답에 대해서 논증을 가지고 방어해보라. 아래 제시된 것은 한 가지 해석일 뿐이며, 이와 다른 해석의 여지는 많다.

'아니'라고 답했다면, 전제에서 결론이 즉각 따라나오지 않으니 논증이 폐기된다 생각할 수 있겠다. 하지만 꼭 그럴 일은 아니다. 앞에서 말했듯이, 데카르트는 자신의 책을 읽는 독자와 많은 지식을 공유한다고 가정했다. 전제에서 결론으로 비약하는 듯이 보인다면, 그 책의 다른 부분에서 이미 제시했거나, 누구나 아는 상식에서 도출할 수 있어서 말할 필요도 없는 것이라 일부러 생략했을 것이다.

'예'라고 답하려 한다면, 데카르트가 낱말을 사용하는 방식을 매우 호의적으로 해석하는 셈이며, 명확하기 드러내놓고 진술하지 않은 많은 내용을 암암리에 말했다 해석하는 것이다. 그런데 '진정한 지식'이라는 관념은 두 전제 어디에도 명확히 제시되지 않았으나, 결론에서 매우 중요한 의의를 갖는다. 그래서 이와 관련해서 숨겨진 전제 중 하나는 다음일 것이다.

> 감각 가능한 것에 관해서 충분히 발달한 이성에 기초를 두고 내린 판단만이 진정한 지식을 가져다준다.

다른 전제는 다음과 같을 것이다.

> 언어는 이성의 성립에 필수적이다.

그리고 결론이 말하고자 하는 바는 이렇다. 우리가 예전부터 얽매여 있었으며, 우리 스스로 보기에는 이성적 추론을 한다고 해도 여전히 끊임없이 얽매이는 '선입견'이 존재한다. 그렇다면 추가될 전제는 다음이다.

> 이전 경험에서 비롯된 판단은 우리가 감각기관을 통해 경험하는 것에 관한 현재의 가정에 대한 토대 역할을 한다.

만일 이들을 원래 논증의 전제에 추가한다면, 결론이 전제에서 따라나올지를 물을 때 '예'라고 답할 상황을 파악하게 된다.

- 우리는 언어를 갖지 않은 채 태어난다.
- 언어는 이성의 성립에 필수적이다.

- 우리는 이성이 충분히 발달하기 전에 감각 가능한 것들에 관한 여러 판단을 내린다.
- 감각 가능한 것에 관해서 충분히 발달한 이성에 기초를 두고 내린 판단만이 진정한 지식을 가져다준다.
- 이전 경험에서 비롯된 판단은 우리가 감각기관을 통해 경험하는 것에 관한 현재의 가정에 대한 토대 역할을 한다.

그러므로

우리는 태어나면서부터 축적한 많은 선입견에 의해서 진정한 지식에서 멀어진다.

이렇게 정리하면 더 설득력 있어 보인다. 우리가 그 논리적 질서를 차근차근 추적할 수 있는 방식으로 구성되어서, 어떻게 각각의 전제로부터 결론에 도달하는지 확인하게 되기 때문이다.

데카르트는 논증을 펼치고 있기는 하지만, 동시에 그의 논증은 명시적으로 표현하지 않은 여러 생각과 전제를 포함하고 있다. 바로 이것이 일상의 여러 문서자료에서 논증이 등장하는 방식이며, 그래서 완벽한 논증뿐 아니라 부분적이거나 감춰진 논증을 찾아내는 연습이 필요하다. 성공적인 논증을 만들려고 감추어진 전제를 덧붙일 수 있기는 하지만, 논리학은 해석 방법을 제공한다. 저자가 의미하고자 한 바에 대해 여러 대안을 충분한 정보에 의해서 판단해야 한다. 정보를 충분히 수집하려면, 그 저자가 다른 책에서 어떤 주장을 했는지 알아보고 생각해야 하며, 또한 그 책을 썼을 당시의 역사적 맥락도 고려해야만 한다. 위에서 찾아낸 각각의 숨겨진 전제는 17세기에 널리 수용된 상식이거나, 데카르트의 다른 책에서 찾아낸 것이다.

현대의 저작들 역시 숨겨진 전제나 함의된 전제를 포함하며, 여러 사람에 의해 공유되고 있거나 그렇지 않은 배경 지식을 가정한다. 과거의 저작에 비해서 이들을 찾아내기가 더 어려울 수도 있다. 우리가 저자와 공유하는 관념에서 도출해서, 숨겨져 있는 가정이라고 알아채지도 못할 수 있기 때문이다. 예를 들면, 일부 여성주의 철학자와 마르크스주의 철학자는 이런 숨겨진 가정을 드러내고, 분석해서, 철학적 개념을 다른 관점에서 바라보는 데 사용한다.

데카르트의 다른 예를 살펴보자.

그렇다면 이제 옳은 것(유일하게 **옳은 것**)을 탐구해보자. 이를 위해서 논의를 이렇게 시작해보자. 감각 가능하거나 상상 가능한 모든 것은 그 존재 여부를 의심받을 수 있다. 첫째 사항에 관한 의심의 이유는 감각 기관이 우리를 속인다는 것을 때로 알아채고 있으며, 우리를 단 한 번이라도 실망시키는 것에 너무 크게 신뢰를 두지 않는 게 현명하다 사실에 있다. 둘째에 관한 이유는 꿈에 관한 사항을 살펴보면 안다. 우리는 전혀 존재하지 않는 많은 것을 꿈에서 규칙적으로 감각하고 상상하며, 또 우리의 수면과 각성을 확실하게 구별할 수 있도록 해주는 명백한 징표는 없다.>10

이 역시 논증을 담고 있다. 결론을 지지하기 위한 두 주장 또는 전제가 겉으로 드러나 있다. 그가 주목하는 바로는, 옳다고 받아들이는 관념(그리고 오직 이 관념)을 의심하거나, 그르다고 가정함으로써 이들을 시험할

>10 데카르트가 지은 『철학의 원리』를 로스가 번역하여 인터넷에 올려놓았다. 다음은 여기서 인용한 부분의 서지 사항이다. Descartes, René, *The Principles of Philosophy*, trans. MacDonald Ross, George, http://www.philosophy.leeds.ac.uk/GMR/hmp/texts/modern/descartes/principles/dcprinc.html, I, 4. (이 책의 한국어 번역본 역시 여럿이 나와 있다. "철학의 원리"로 검색하면 된다. / 역주)

수 있으며, 이런 시험이 잘못되었다고 생각할 이유가 있는지를 알아본다. 그는 감각 가능한 것(즉 감각 기관을 통해서 감각될 수 있는 경험)과 상상 가능한 것에서 논의를 시작하고자 한다. 그가 말한 바로는, 이들은 의심될 수 있다. 이 주장은 또 다른 논증의 결론인데, 데카르트가 이를 지지하기 위한 다른 이유 즉 다른 전제를 이어서 제시하고 있기 때문이다. 그는 둘을 제시했지만, 더 단순한 진술로 나눌 수 있다. 그래서 이를 포함하여 다음과 같은 논증으로 정리된다.

1. 우리는 감각이 우리를 속인다는 것을 가끔 알아챈다.
2. 단 한 번이라도 실망시키는 것을 결코 크게 신뢰하지 않는 게 현명하다.
3. 우리는 전혀 존재하지 않는 많은 것을 꿈에서 규칙적으로 감각하고 상상하며,
4. 우리의 수면과 각성을 확실하게 구별할 수 있도록 해주는 명백한 징표는 없다.
   그러므로
   감각 가능하거나 상상 가능한 모든 것은 그 존재 여부에 의심이 제기될 수 있다.

이 논증을 스스로 분석해보라. 먼저, 전제가 제시된 방식에 찬성하는지 확인하라. 그리고 나서 전제가 그럼직한지(plausible), 또는 받아들일만한지 검토하라. 데카르트가 이미 앞에서 했던 말을 명심하고, 글에서 명확히 진술하지 않고 가정한 사항이 있을 수 있다는 점도 명심하라. 전제는 우리가 문제를 제기할만한 사실에 근거를 두고 도출되었는가? 일반적으로 수용되고 있는 경험에 근거를 두고 있는가? 그리고 나서, **만일** 결론을

옳다고 수용한다면 이 논증이 작동하기 위해서 무엇이 더 필요한지 자문하라.

데카르트의 『철학의 원리』 나머지 장을 읽어간다면, 그가 더욱 큰 논점의 부분으로 사용하려고 여러 작은 결론을 세워가는 것을 보게 된다. 다시 말하면, 작은 논증의 결론은 주 논증의 전제로 사용될 것이다. 이 때문에, 각 장을 차츰차츰 읽어가면서 이들을 분리해서 확인할 필요가 있다. 이러면 쉽게 참조할 수 있고, 주 논증의 구성방식을 알 수 있다.

이제 다른 예를 살펴보자. 다음은 유명한 그리스 철학자 아리스토텔레스의 『니코마코스 윤리학』의 일부이다.>11

> 모든 예술과 모든 탐구, 그리고 이 비슷하게 모든 행위와 추구는 어떤 좋은 것(some good)을 목표로 삼는다고 생각된다. 그리고 이런 이유로 좋음, 즉 선(善, the good)은 모든 것이 목표로 삼는 것이라고 선언된다.

우리는 이 논증을 다음 형식으로 진술할 수 있다.

모든 예술과 모든 탐구는 어떤 좋은 것을 목표로 삼는다.
모든 행위와 추구는 어떤 좋은 것을 목표로 삼는다.
그러므로
좋음, 즉 선은 모든 것이 목표로 삼는 것이다.

이는 좋음에 관한 논증이지만, 좋은 논증인가? 전제의 진리성에 관한 논

>11 Aristotle (1998), *The Nicomachean Ethics*, trans. J.R. Ackrill, J.O. Urmson and David Ross. Oxford: Oxford University Press.

란이 가능하겠지만, 논증 분석의 목적상 이들을 받아들인다고 가정하자. 그렇다면 결론이 따라나오는가? 전제는 인간의 다양한 활동이 좋은 것 즉 누군가나 무엇에게 좋은 결과를 얻고자 하는 희망 때문에 수행된다는 사실을 주장하는 것 같다. 결론은 모든 것은 '선'을 지향한다고 진술한다. 개별적인 좋은 것 전부가 '선'이라는 명칭을 갖는 하나에 해당하는가? 결론은 하나의 객관적인 '선'이 존재한다는 주장을 함의하는 것처럼 보인다. 물론 이는 전제에서 주장하는 듯이 보이는 주관적인 '여러 좋은 것들'과 달라 보인다. 아리스토텔레스는 논리적인 결함을 처리하지 못했는가? 숨기거나 빠뜨린 전제가 있는가? 아니면 아리스토텔레스가 의미한 바를 오해했는가? 독자는 이런 논증에 대해 어떻게 논증할 것인가?

여기서 보여주는 바는 철학 저작을 분석하는 한 가지 방식을 소개하고 있을 뿐이므로, 독자는 이와 다른 방식의 여러 분석을 접할 수 있을 것이다. 덧붙이지만, 한 논증의 전제와 결론은 분리될 수 있으며, 전체 문단이 전제이고, 그래서 다양한 논증 형식이 사용될 수 있다. 하지만 철학책을 읽을 때, 그 핵심 논증에 주목하면, 저자가 사용하고 가정한 관념을 주의 깊게 분석할 수 있게 된다. 이런 일반 전략을 사용한다면 해당 저작의 여러 핵심 개념과 논리적 실패 등을 드러낼 수 있다.

논리학 사용하기

일부 철학자는 논증을 표현하고, 그 표현을 더 명확히 만들려고 논리 기호를 사용한다. 이는 현대 철학의 중요하며 생생한 부분이다. 학생들은 형식 논리학을 전공과목 자체로 수강해야 할 수도 있으며, 그래서 논리적 기호를 읽고 쓰는 방법을 배울 것이다. 게다가, 다른 분야의 철학 책을 읽을 때도 논리학을 접할 수 있다. 특히, 현대의 심리철학(philosophy of mind, 또는 정신철학), 언어철학, 형이상학 등이 대표적이다. 여기서 형식 논리학을 자세히 다루지는 않으며, 다만 논증을 명확하게 만들고 철학적인 글을 분석하기 위해서 논리학의 기본 원리를 어떻게 사용할 수 있는지 보여주겠다.

수학을 못했다고 해도 논리학에 겁먹을 필요는 전혀 없다. 논리학은 우리가 책을 읽을 때 개념과 논증 사이의 관계를 더 잘 이해하게 해준다. 논리학 이외에 이런 능력을 얻게 해주는 수단은 많지 않으며, 있다고 해도 많은 시간과 노력이 든다. 논리학을 통해, 우리는 글에서 나타나는 매우 세밀하고 미묘한 차이를 발견할 수 있고, 저자가 제시하는 논증이 실패하거나 애매해지는 대목을 정확하게 찾아낼 수 있다. 논리학을 사용하면 논증의 골격을 드러낼 수 있다. 부러진 뼈를 찾아내면 왜 손이 제 구실을 못하는지 설명할 수 있게 된다. 논리학은 제대로 사용되면 현대의 철학 저작을 파악하는 능력을 놀랍게 증진시켜 줄 강력한 장치이다.

이미 밝혔듯이, 어떤 글에서 논증 찾기는 제시된 철학적 주장의 설득력을 평가하는 핵심이다. 논증을 찾으려면 전제와 결론을 분리해야 한다는 것도 보았다. 논리학은 전제와 결론이 어떻게 관계를 맺는지 보여준다. 이는 특정 논증에 사용된 낱말과 개념을 떠나서 논증의 구조 자체를 볼 수 있게 해준다. 다음 논증을 보자.

모든 개는 기분 좋을 때 꼬리를 흔든다.
산타의 작은 조수는 개이다.
그러므로
산타의 작은 조수는 기분이 좋을 때 꼬리를 흔든다.

이를 분석하려면 전제의 진리성이나 수용가능성을 생각하면서 시작하면 된다. 하지만, 논증의 구조에 대해서는 어떻게 생각해야 할까? 우리는 사물의 집단을 나타내는 원을 몇 개 사용하여 이런 일을 할 수 있다.

원 D는 개인 것 모두이다.
원 T는 기분 좋을 때 꼬리를 흔드는 것 모두이다.
s 🐕 는 산타의 작은 조수이다.

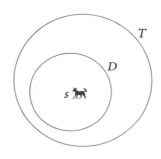

D는 T의 안쪽이다. 개인 것 모두(D)는 기분 좋을 때 꼬리를 흔드는 것 모두(T)라고 주장되고 있기 때문이다. 기분 좋을 때 꼬리를 흔드는 다른 것이 있을 수 있지만, 모든 개는 이런 것이고 따라서 D의 어떤 부분도 T의 바깥에 있는 게 아니다. 또한, s 🐕 는 D의 안쪽에 있는데, 산타의 작은 조수는 개이기 때문이다. 그림에서 알 수 있듯이 산타의 작은 조수가 T의 안쪽이 아니라는 상황은 불가능하다. 만일 우리가 전제를 받아들인다면, 산타의 작은 조수는 기분 좋을 때 꼬리를 흔든다는 것이 반드시 성립해야 한다. 그래서 우리는 그림을 보면 논증이 구조적으로 타당하다는 것을 알게 된다. 이 그림은 벤 다이어그램 가운데 하나이다. 벤 다이어그램은 논증을 검사하는 강력한 도구이다.

그림과 다이어그램을 사용하면 논증을 빠르고 명확하게 확인할 수 있다. 논리학은 논증을 구성하고 검사하는 규칙을 제공한다. 다음을 보자.

만일 민호가 나현보다 키가 크다면,
그리고 나현이 오희보다 키가 크다면,
그리고 오희가 평수와 키가 같다면,
그렇다면 민호는 평수보다 키가 크다.

타당성이 무엇인지 다시 생각해보자. 논증의 전제가 옳은데, 결론이 그를 수 없으면, 논증은 타당하다. **건전한** 논증은 전제가 옳은 타당한 논증이다. 그렇다면 이 논증은 타당한가? 우리는 다이어그램을 이용해서 이를 검사할 수 있다. 사람 그림을 그리기보다는 단순한 선을 이용해보자.

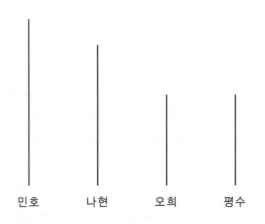

선이 보여주는 대로, 우리는 높이가 관련된 방식에 관여하고 있으며, 그래서 이름 자체는 어떤 것이든 될 수 있다. 사실상, 높이만 살핀다면, 인간뿐만 아니라, 선, 화병, 타조 등에 대해서도 말할 수 있고, 그래서 이름을 문자로 대신할 수 있다.

만일 m이 n보다 키가 크다면,
그리고 n이 o보다 키가 크다면,

그리고 o가 p와 똑같은 키라면,

그렇다면 m은 p보다 크다.

다음으로 이 대상들이 무엇이든지 이들 사이의 관계를 보자. 여기서는 이 대상들을 관계 짓는 두 가지 방식이 있다. '보다 키가 크다.' 와 '과 똑같은 키이다.' 이다. 논리학이 하는 모든 일은 이 관계를 일반화하는 일이다. 똑같은 형식을 갖는 모든 논증에 적용되도록 하는 일이다. 내가 다음과 같이 말했다고 하자.

민호는 평수보다 나이가 더 들었다.

이는 형식의 측면에서 논리적으로 다음과 비슷하다.

민호는 평수보다 키가 크다.

만일 이 둘이 옳다면 이를 뒤집은 문장은 그르다. 이런 점에서 둘은 닮았다. 민호가 평수보다 나이가 더 들었으면서 **동시에** 평수가 민호보다 나이가 더 들 수는 없다. '키가 더 크다' 는 관계에도 이는 그대로 성립한다. 관계는 **방향**과 **순서**를 갖는다. 관계는 특정 방향으로 작용하며, 그래서 민호와 평수의 순서는 중요하다.

그러나 '똑같은 키이다' 와 '똑같은 나이이다' 라는 관계는 이와 다르다. 이들은 양 방향으로 작동한다. 만일 오희가 평수와 똑같은 키라면, 평수가 오희와 똑같은 키라는 사실이 성립한다.

그래서 '나이가 더 들었다' 와 '똑같은 나이이다' 는 다른 **속성**이며, 서로 다른 **조건** 아래서 성립한다. 논리학은 이를 속성이 작용하는 방향을 통해 드러내며, 대상의 이름의 순서가 진정으로 중요하다. 이 관계의 의미란 한 문장에서 다른 문장으로 전달되는 진리 조건(즉 해당 진술을 옳게 만드는 것)이다. 위의 논증에서 '보다 키가 크다' 를 '보다 나이가 많다' 와 '와 똑같은 키이다' 로 대체하면 어떤 일이 벌어지는가 보라. 비록 문장의 의미는 변경되었지만, 개인들의 관계 맺는 방식은 그대로인 상태로 논증은 여전하다. 대상은 똑같은 문자로 표현되며, 작용 방향과 순서의 측면에서 관계도 변화하지 않았기 때문에 논증의 형식은 불변이다. 그래서 논증은 비록 건전하지는 않아도 타당성을 유지한다.

논리학을 사용하면 특정 속성보다는 관계에 토대를 두고 논증의 순수한 논리적 형식을 표현할 수 있다. 키 높이 또는 나이에 관계에 없이 논증은 다음 형식을 갖는다.

만일 $m > n$,
그리고 $n > o$,
그리고 $o = p$,
그렇다면 $m > p$

독자가 글을 읽고 이 형식을 발견한다면, 전제의 진리성과는 무관하게 논증의 타당성을 알게 된다.

논리학은 문장, 개념, 관념, 또는 사물 사이에 성립할 수 있는 관계의 구조에 관한 것이다. 바로 이 점이 논리학이 갖는 힘이다. 논리적으로 유사한 관념이 사용되는 모든 부류의 서로 다른 맥락에서 이런 착상이 성립된다.

이는 결정적으로 중요하다. 비일비재한 일이지만, 철학에서 몹시 추상적이고 복잡한 논증을 다룰 때, 논리학은 이런 논증의 형식을 찾아주는 도구이다. 논리학을 배우면서 만나는 대다수 예는 철학의 내용과 상관이 없어 보이지만, 논리학을 배우는 데는 더 유리하다. 논리학을 읽고 쓰는 능력이야말로 현대 철학을 이해하고 또한 이를 공략할 수 있을 정도의 실력을 길러준다.

앞의 예를 생각해보자. 그 논증에서 키 높이 대신에 과학철학에서 따온 예를 들어보자. 화학 반응의 예를 사용하기 위해, '보다 키가 크다' 대신에 '보다 늦게 발생한다'를, '와 똑같은 키이다'를 '와 똑같은 시간에 발생한다'로 대체하자. 논리와 관련해서는 이들을 그림으로 달리 나타내는 방법을 생각할 필요가 없다. 만일 높이 대해서 작동하며 그 관계가 (방향과 순서에서) 모두 같은 종류이고 구조가 변경되지 않았다면, 다른 것은 참작할 필요없이 시간에 대해서도 성립한다. 이 논증의 **형식**은 타당하다. 관계가 같은 종류라면 어느 곳에서나 이 형식을 이용할 수 있다. 이 논증의 건전성을 검사하려면 세계의 특징을 검토해서 전제의 진리성을 확인할 필요가 있겠지만, 타당성은 항상 유지된다.

논리학은 타당한 논증을 달리 구성하는 규칙을 다룬다. 여기서는 단순한 논증으로 예를 들었지만, 논증이 복잡하고 치밀하면 특정 내용과 논증의 형식을 별도로 검토할 수 있는 능력은 무한정한 가치를 갖는다. 말로 표현된 논증을 찬찬히 살펴갈 때 논증의 형식을 찾아가는 일은 전혀 신기한 일이 아니다. 만일 논증의 형식만 고려하면 된다면, 논리학은 사용하기에 완벽한 도구이고 아무리 많은 시간을 들여 숙달해도 아깝지 않을 만큼 강력하다.

철학적인 글을 읽기 어려운 이유

이 장의 앞 절에서 철학적인 글에 다가가는 방법을 살펴보았다. 이런 논증 분석과 평가의 방법을 통해, 논의 중인 철학적 주장을 이해할 수 있게 되었다. 그리고 타당성과 건전성을 알게 되어, 찬성반대를 합리적으로 결정할 수 있게 된다.

그러나 논증을 분석하고 평가하는 방법만 알고 있다고 해서 충분하지 않다. 특히 철학에 신참자일 경우에는 더욱 그렇다. 이 절에서는, 철학책 읽기를 어려운 도전거리로 만들 수 있는 여러 요인을 살피고, 이런 난관 극복의 전략을 제시한다.

전문용어

우리가 공부하려는 철학자는 주변에서 흔히 만날 수 있는 사색가가 아니다. 기존의 관념을 명료화하고 발전시키는 것을 뛰어넘어, 후대 철학자의 사고방식을 변형시킬 정도의 혁명적인 개념과 관념을 제시하려면, 새로운 개념에는 새로운 언어가 필요하다. 새로운 언어가 필요한 덕에, 많은 철학 저작에서는 새로운 사고방식의 표현법을 찾으려고, 그리고 일상의 언어로 쉽게 표현될 수 없는 개념 간의 관계를 보여주려고 매우 전문화된 용어를 사용한다.

철학자는 주로 두 가지 방식으로 전문 언어를 사용한다.

1. 일상의 낱말을 우리가 기대했던 것보다 더 독특하고 때로는 더욱 정밀하게 사용한다.
2. 이전에 명명된 적이 없는 관념이나 논증을 나타내려고 새로운 용어나 표현을 발명한다.

이를 각각 살펴보자.

익숙한 낱말, 새로운 의미 | 철학자들은 자신의 주장을 내세우려고 아주

정밀한 방식으로 낱말을 사용하는데, 때로 그 낱말이 일상생활에서 사용되던 의미보다 더 넓은 의미를 갖도록 새로운 정의를 도입한다. 다음은 흄(David Hume, 1711~1776)의 저작에서 뽑은 글이다.'[12]

> 인간 이성이나 탐구의 모든 대상은 두 종류 즉 관념의 관계와 사실의 문제로 나뉜다.

이는 원인과 결과에 관한 논의를 시작하는 부분이다. 여기서 흄은 관념의 본성에 관한 매우 일반적인 주장을 하고 있지만, 그가 '관념의 관계'와 '사실의 문제'(matters of fact)라는 문구로 의미하는 바를 알지 않고는 이 주장에 대해 이해할 수 없다. 이런 구분으로 그가 의미하는 바는 무엇인가? 그가 인간 이성의 **모든 면**에 관한 주장을 하고 있으며, 이를 이해하기도 전에 서둘러서 읽어가려고 하지 말아야 한다. 저자가 이런 대규모의 주장을 할 때, 우리는 사용된 낱말에 면밀한 주의를 기울여야 하며, 주장의 정확한 본성이나 이루어진 구분에 초점을 제대로 두고 있는지 확실히 해야 한다.

일상생활에서 우리는 "원은 모서리를 갖지 않는다는 것은 사실의 문제이다."라고 말한다. 하지만, 이런 일상의 '사실'의 문제는 흄에게는 관념의 관계이다. 그가 이 용어를 다음에서 설명하는 방식으로 사용하고 있기 때문이다.

>12 흄은 18세기 철학자, 역사학자, 정치 주석가, 경제학자이다. 그의 철학은 후대에 아주 큰 영향을 끼쳤고, 그의 책 『인간의 이해력에 관한 탐구』(*An Enquiry Concerning Human Understanding*)는 지금까지도 많은 연구의 대상이다. (책에서 인용된 부분은 그의 책 VI장, 1부에서 20조 항까지에 해당한다.) (김혜숙 옮김 (2010), 『인간의 이해력에 관한 탐구』, 지만지. / 역주)

첫째 종류[관념의 관계]에 관해서는 기하학, 대수학, 산술학이 연구한다. 그리고 간단히 말해서, 이들의 모든 주장은 직관적으로 확실하거나 연역적 증명에 의해서 확실하다. 직각삼각형 빗변의 제곱은 다른 두 변의 직각의 합과 동치라는 것은 도형 간의 관계를 표현하는 명제이다. 다섯에 셋을 곱하면 십오라는 것은 수 사이의 관계를 표현하는 명제이다.

이런 종류의 명제는 우주에 존재하는 어떤 것에도 의존하지 않은 채 사고 작용만으로 발견 가능하다. 자연에 원이나 삼각형이 절대 존재하지 않더라도, 유클리드에 의해 연역적으로 증명된 진리는 자신의 확실성과 명백성을 영원히 유지한다.

인간 이성의 둘째 대상인 사실의 문제는 첫째와 똑같은 방식으로 그 확실성이 확보되지 않는다. 이들의 진리성에 대한 우리의 증거는 아무리 크더라도 첫째와 비슷한 본성을 갖지 않는다. 모든 사실의 문제에 대한 반대 사례는 여전히 가능하다. 이를 주장한들 결코 모순을 함의하지 않기 때문이다. 또한, 똑같은 정도로 쉽고 명확하게 정신에 의해서 착상될 수 있다. 이렇게 상상한 바를 언제나 실재에 비추어 확인 가능한 듯 보이기 때문이다.

흄은 '관념의 관계'에 대해 예를 들어서 설명하기보다는 문장 속에서 설명하고 있다. '이런 종류의 명제는 우주에 존재하는 어떤 것에도 의존하지 않은 채 사고 작용만으로 발견 가능하다.' 이 문장에 대해서 이렇게 물을 수 있다. 이것을 정의라고 제시했는가? 우리는 관념의 관계가 '인간 이성의 대상'이며, 이 관계를 찾는 방법도 알고 있다. 그렇다면 우리는 충분히 이해했는가?

흄의 용어를 풀어보자면, '관념의 관계'를 이성에 의해서 갖고 있고 또한 시험하는 관념이라 하고, '사실의 문제'를 관찰과 실험으로 발견하고 또한 시험하는 관념이라고 할 수 있다. 이런 용어를 더 철저히 이해하려면 더 큰 노력이 필요하지만, 일단 여기서 초점은 이 글을 썼던 흄의 의도가 드러났다는 사실이다. 흄은 이런 표현을 일상의 익숙한 방식으로 사용하지 않겠다는 의도를 명백히 밝혔다. 이런 초점을 놓치면 흄의 나머지 논증을 이해하지 못하게 된다. 이를 주의하고 그가 의미하려는 바를 조심스럽게 살피면서 따라가다 보면, 우리는 철학을 하게 되며 철학적인 글에 부딪혀 얽혀들고 참여하게 된다.

다음은 용어가 매우 정밀하게 사용되고 있는 좀 더 현대적인 글이다. 이십 세기 미국 철학자인 콰인(Willard Van Orman Quine, 1908~2000)의 유명한 논문인 「경험주의 두 독단」에서 발췌했다.[13]

근대 경험주의는 크게 두 가지 독단에 의해서 조건화되었다. 그 가운데 하나는 분석적 진리, 즉 사실의 문제와 무관하게 의미에 기반을 둔 진리와 종합적인 진리, 즉 사실에 기반을 둔 진리 사이에 근본적인 간극이 존재한다는 신념이다.

이 발췌문에서 많은 낱말이 전문적인 의미로 사용되었다. 각각 꼼꼼히 살필만한 가치가 있다. 독자는 '경험주의'라는 낱말에 익숙하지 않을 것이다. 대충 말해서, 이는 세계에 관한 진리가 오로지 궁극적으로 관찰과 경험에 의해서만 발견되며, 그래서 지식이 우리 자신의 관념**만** 가지고 획득될 수 없다는 주장이다. '독단'이란 대개 종교의 맥락에서 사용되며, 별다른 의문 없이 수용되는 일단의 신조이다. 그래서 콰인이 말하는 관념을 서술하기 위해 이 특정 단어를 사용했다는 사실은 그가 이 신조에 반대

>13 Quine, W.V.O.(1953), *From a Logical Point of View*, Harvard: Harvard University Press. (허라금 (1993), 『논리적 관점에서』, 서울: 서광사. / 역주)

논증을 제시하겠다는 선언이다.

콰인이 '분석적'과 '종합적'을 어떻게 정의하는지 보라. 이 낱말은 일상의 대화와 대조할 때 명백히 다르게 사용되고 있다. 이 문단과 흄의 인용문 사이의 밀접한 관계를 알았을 것이다. 콰인은 두 종류의 (다른 사고가 아니라) 다른 진리를 구별하려고 이 용어들을 사용하고 있다. 그러나 그는 분석적 진리가 (흄이 말한 관념의 관계와 비슷하게) 의미에 토대를 두고 있다고 말하며, 그에 비해 종합적 진리는 세계에 관한 사실의 문제에 토대를 두고 있다고 한다. 그래서 그가 염두에 둔 '분석적'은 '모든 사각형은 네 변을 갖고 있다.'와 같은 문장에 적용될 것이다. '사각형'이 의미하는 바를 알고, 이 의미가 정의에 의해서 네 변을 **포함**한다는 것을 알고 있기 때문이다. 그러나 그가 종합적이라고 하는 문장은 '데이비드는 주머니에 5.53파운드를 거스름돈으로 갖고 있다.'와 같은 것이다. 이는 (문장이 쓰일 당시에) 옳지만, 문장에 사용된 어떤 용어만으로는 그 진리성을 추리해낼 수 없다. '데이비드'라는 이름, '잔돈' '주머니' 등의 용어는 의미 일부를 형성할 뿐 진리성에 대해서는 어떤 화폐 가치도 갖지 못한다.

철학책을 읽을 때, 익숙한 용어가 새롭게 느껴질 때, 특정 개념이나 관념의 신호 역할을 하도록 새롭게 사용되는지 항상 촉각을 세워야 한다. 이들을 만나면 제대로 이해했는지 점검해봐야 한다. 논의 중인 화제에 결정적으로 중요할 수도 있기 때문이다. 철학사전이나 철학백과사전을 이용함으로써 이런 낱말의 용법에 대한 정보를 늘려갈 수 있다. 그리고 이런 용어가 이해가 된다면 자신의 정의를 사용해서 이들을 바꿔서 써보려고 하는 것도 좋은 독서법이다.

새로운 낱말, 새로운 의미 | 철학에서 낱말이 일상의 대화와 달리 사용

되는 둘째 방식은 새로운 개념의 표현을 위한 새로운 낱말의 발명이다. 철학자가 제시한 논증의 전제나 결론 일부에 이전에 존재하지 않았던 구분이나 개념이 새로운 낱말을 통해 등장한다.

이를 더욱 잘 설명하기 위해서 다른 부류의 철학자인 사르트르(Jean-Paul Sartre, 1905~1980)를 예로 보자.

사르트르는 이십 세기의 프랑스 철학자, 소설가, 극작가이다. 그는 '대륙' 또는 '유럽' 철학자로 분류된다. 그는 지금까지 살펴본 철학자와는 다른 데 초점을 두고 있었다. 우리의 경험을 통해서 바라보는 실재의 본성에 관한 여러 쟁점과 자신의 경험과 타인의 경험을 향한 도덕적 태도에 관심을 뒀다. 그의 책에서도 논증이 발견되고 의미 분석 역시 이루어지고 있지만, 철학자가 달라지면서 강조점이 달라지고, 글의 다양한 양식과 낱말의 다양한 사용에 주의해야 한다. 우리의 선입견을 깨려고 사르트르는 난해한 논증을 제시한다. 그리고 다른 유럽 철학자와 마찬가지로, 특히 19세기와 20세기 프랑스와 독일 철학과 마찬가지로, 그는 우리가 일상의 경험을 더 잘 이해할 수 있도록 하려는 목적으로 새로운 용어를 고안하고 세계를 보는 새로운 방식을 탐색한다.

다음은 스탠퍼드 철학 백과사전에서 이차 인용한 글이다.[14] 사르트르의 초기 저작에서 나타난 그의 철학적 접근방법을 서술하고 있다.

그는 자신의 저서 『존재와 무』의 부제를 "현상학적 존재론"이라고 달았

> 14 이 백과사전은 온라인 백과사전이다. http://seop.leeds.ac.uk/ 또는 http://plato.stanford.edu/를 보라. 온라인으로 제공되는 안내나 자료를 접할 때는 주의가 요구된다(6장을 비롯한 5장의 '표절을 피하는 방안'을 보라). 하지만 어려운 글을 읽으면서 그 의미를 파악하려고 할 때 유용한 지침을 제공할 수 있다. 그러나 이미 말한 대로, 학위과정에서 이차 주석서는 일차 자료를 대체할 수 없다.

다. 이 책의 서술적 방법은 최고로·추상적 수준에서 가장 구체적인 수준으로 움직인다. 이는 두 가지 별개이면서 환원 불가능한 존재의 범주 즉 종류를 분석하면서 시작된다. 하나는 즉자(卽者, the in-itself, en-soi)이고 나머지는 대자(對自, the for-itself, pour-soi)이다. 각각은 거의 비의식과 의식에 해당한다. 그는 후기 저작에서 셋째 범주 즉 대타(對他, the for-others, pour-autrui)를 덧붙인다. 그리고 경험의 통합은 우리에게 근본적인 작업인데, 이런 작업에 대한 폭로행위의 해석인 "실존적 정신분석"의 윤곽을 그리면서 결론을 맺는다.

독자는 많은 철학자가 매우 좋아하는 낱말인 '존재론'(ontology), 그리고 '현상학적'(phenomenological)을 찾으려고 철학사전을 사용하고자 할 것이다. 이 둘을 함께 모았을 때 의미는, 대충 말해서 존재 즉 실재 자체의 근본 특성을 우리가 경험하는 방식에 관한 연구이다. 여기서 글쓴이가 사르트르의 구분을 어떻게 소개하는지 주목하라. 그가 말한 바로는, 사르트르는 기존의 낱말이 없는 상황에서 존재를 두 가지 분리된 부류로 나누어 세계를 구분한다. 이 구분은 기존의 언어에서는 찾을 수 없으며, 그래서 사르트르는 새로운 (프랑스어) 복합 낱말을 만들었다. 하나는 '즉자'로 번역되었고 또 하나는 '대자'로 번역되었다. 전자는 비의식적이며, 자체에-포함된 방식으로 즉 의자나 책과 같은 방식으로 존재한다. 후자는 우리 자신과 같이 자신의 존재에 대해서 의식하는 것이다. 두 종류의 존재가 하나의 차원이나 속성 면에서 다르기보다는, 존재하는 방식 자체에서 근본적으로 구분된다. 이것이 사르트르의 요점이다. 이는 일상생활의 대화에서 등장하지 않는 관념이며, 일상언어 내에서는 이를 나타내는 낱말을 찾아낼 여지가 없고, 그러다 보니 새로운 낱말을 만들게 되었다.

　글의 양식이 익숙하지 않을 때조차도, 전략은 항상 똑같다. 글의 본성,

글이 이루고자 하는 바를 얻으려고 강조하는 것에 대해 신중히 생각했는지 점검하라. 논증과 논의가 펼쳐지는 방식을 찾아라. 새로운 낱말이 도입되었을 때, 저자가 의미하는 바가 무엇인지 주의를 기울이고, 좋은 사전에서 찾아보면서 이해의 정도를 증진시켜라.

역사적으로 유명한 글과 고어

앞에서 소개된 글의 유형 가운데는 역사적으로 유명한 글이 있다. 이 역시 그 자체로 도전해야 할 어려움을 일으킨다. 철학이 다루는 문제는 대개 여러 고전적 자료에 의해서 정의된다. 철학을 배우면서 우리는 과거의 사고 틀을 파괴한 사상가를 발견하는 여행에 동참하게 되는데, 바로 이것이야말로 철학 학습의 본질적인 특색일 것이다. 일부 학과는 역사적으로 유명한 책을 읽으라고 더 많은 압박을 가한다. 그리고 이 절은 철학과에 소속되어 철학을 공부하려 할 때 더 큰 가치를 갖는다. 철학과의 교과과정에는 대개 철학사가 포함되게 마련이기 때문이다. 하지만, 대부분의 철학 전공자는 플라톤, 아리스토텔레스, 홉스(Thomas Hobbes, 1588~1679), 데카르트, 라이프니츠(Gottfried Leibniz, 1646~1716), 로크(John Locke, 1632~1704), 버클리(George Berkeley, 1685~1753), 흄, 칸트 등의 철학자의 글에서 발췌한 선집 정도는 읽도록 요구받는다.

예를 들어, 홉스와 데카르트의 철학을 비교하는 과목에서, 한 학생이 이렇게 불평했다. '왜 홉스는 데카르트처럼 멋진 현대 영어로 쓰지 못했을까?' 이는 저자 중의 한 명이 강의할 때 실제로 들었던 말인데, 심각한 문제에 대해 주의를 환기시킨다. 외국 철학자의 저작은 현대 영어로 번역된 데 비해서, 홉스와 같은 영어권 철학자의 글은 이런 식으로(즉 현대 영어로) 번역이 이루어지지 않았다. 17세기나 18세기 서적을 공부하면 현재 익숙한 현대 영어보다 오래된 양식의 영어를 읽어야 한다. 데카르트의 관념과 논증을 상대적으로 쉽게 파악하는데, 이에 비해서 그의 동시대인 인 영어권 철학자인 홉스의 글을 이해하는 것이 고통스럽다면 영어권 철학도로서는 부끄럽게 생각해야 한다.>15

예를 들면서 의미를 파악해가는 과정을 살펴보자. 홉스가 쓴 『리바이어던』의 일부이다.

To conclude, The Light of humane minds is Perspicuous Words, but by exact definitions first snuffed, and purged from ambiguity; *Reason* is the *pace*; Encrease of *Science*, the *way*; and the Benefit of man-kind, the *end*. And on the contrary, Metaphors, and senslesse and ambiguous words, are like *ignes fatui*; and reasoning upon them, is wandering amongst innumerable absurdities; and their end, contention, and sedition, or contempt.>16

〔결론적으로, 교양있는 정신의 빛은 명료한 단어이다. 무엇보다도 엄밀한 정의에 의해서 뜻이 더욱 명확해지며, 애매성을 털어내고 정화된다. 이성은 여행이며, 방법은 과학의 발전을 이루는 길이며, 과학의 목표는 인간의 이익이다. 반대로, 은유, 무의미하고 애매한 낱말은 도깨비불처럼 우리를 미혹에 빠뜨린다. 이런 데 기반을 둔 추론은 무지한 불합리 속의 방황이며, 그 종말은 논쟁과 폭동, 아니면 모욕당하기이다.〕

>15 이런 번역의 필요를 충족시키는 유용한 웹사이트가 있다. (예를 들어, http:// www.earlymoderntexts.com이라든지, http://www.philosophy.leeds.ac.uk/GMR/ hmp/texts/modern/modindex.html)

>16 Hobbes, Thomas (1968), *Leviathan*, ed. Macpherson, C.B., London: Penguin, pp. 116~7. (책에서 영어 낱말에 대해서 설명하고 있으므로 영어 원문을 싣는다. 이 책에도 여러 한국어 번역본이 있다. "진석용 (2008), 『리바이어던 I, II』, 서울: 나남출판사"는 최근 번역본이면서 학술진흥재단의 지원으로 번역되었다. / 역주)

이 글을 완벽히 분석하기 위해서, 독자의 처지에서 가장 유용한 도구는 역사를 반영한 사전이다. 현존하는 가장 좋은 영어 사전은 20권으로 나온 『옥스퍼드 영어 대사전』 2판(*Oxford English Dictionary*, 2ed., 줄여서 OED2)이다. 여기서는 시대에 따른 의미의 변화를 추적하고 있어서, 독자가 책이 저술될 당시의 의미를 파악할 수 있다. 물론, 이렇게 두껍고 비싼 책을 사라는 말은 아니다. 도서관의 참고도서실에서 이용할 수 있으며, 온라인 판도 참고할 수 있다. 하지만, 책을 읽을 때마다 OED2를 옆에 두고 사용한다면 불편할 것이며, 그래서 더욱 작으면서 한 권쯤 살 만한 사전, 예를 들면, 『옥스퍼드 영어 소사전』(*Concise Oxford English Dictionary*, 줄여서 COED)을 원할 것이다. 하지만, 다른 소사전과 마찬가지로 COED는 현대 영어에만 초점을 두고 있어서, 필요한 모든 낱말과 의미가 수록되어 있지 않을 것이다. 그래서 대부분 COED를 사용하고, 이것이 별 도움이 안 될 때 OED2를 사용하는 게 좋겠다.

앞의 인용문에서, 맥락에 비추어 본다면, 원문의 'humane'이 'human'(인간)의 고어이며, 요즈음의 'humane'(자비로운)을 의미하지 않는다는 것을 추리할 수 있다. 'Perspicuous'(명쾌한)는 역시 고풍스러운 낱말이지만, 원래대로 '투명한'이나 '그 의미가 명료한'을 의미한다. 그렇다면 홉스는 명료한 의미가 있는 낱말에 의해서 계몽된다고 말하면서 글을 시작한다. (사실 『리바이어던』의 5장의 핵심은 인간의 추리가 명료하게 정의된 낱말의 조작으로, 전적으로 이루어진다는 주장이다.) 다음으로, 엄밀한 정의에 의해서 처음으로 꺼지는 것이 무엇인지 밝히는 문제를 보자. 빛인가, 아니면 명쾌한 낱말인가? '엄밀한 정의'는 이 물음에 대한 답이 명쾌한 낱말이라고 넌지시 말한다. 낱말이 정의를 갖지 빛이 정의를 갖지 않기 때문이다. 그에 비해, '꺼지다'(snuffed)는 빛이라고 말하는 듯하다. 홉스 시절의 주된 인공광은 촛불이었고(그리고 촛불은 정신을 계몽하는 일을 비유하기 위해서 자주 등장했으며), 촛불이 꺼지지 낱말이 꺼지지는 않기 때문이다. 그래서 홉스가 문법을 느슨하게 사용해서, 빛과 낱말을 모두 의미하도록 사용했다고 답할 수도 있다.

그러나 인간 정신의 빛이 꺼진다는 말은 무슨 의미인가? 대다수의 독자는 빛이 사그라진다는 의미라고 생각했겠지만, 이는 말이 뜻이 통하지 않는다. 홉스는 정확한 정의가 인간의 정신을 계몽하는 것이라고 말했고, 그래서 이 정의가 빛을 사그라지게 한다고 하기는 어렵기 때문이다. 이쯤 되면 사전을 참조하라는 신호이며, 그래서 'snuff'가 촛불과 관련해서 사용되는 의미를 찾게 되면, 심지의 타버린 부분을 가위로 잘라내서 불꽃을 더 밝게 빛나게 한다는 뜻이다. 그러니 이 낱말이 요즈음 사용되는 방식과 정 반대의 의미이다. 그러니 처음부터 낱말에 엄밀한 정의를 부여해서 애매성을 정화한다면 인간 정신의 빛은 더욱 밝게 빛난다.

나머지 문장에서는 명백히 여행과 관련된 은유가 사용된다. '보조' '길' '목적지'. 여기서 '보조'(the pace)는 우리를 섞갈리게 한다. 'reason is the pace'라는 문장은 현대 영어로는 해득되지 않는다. 이 대목에서 우울한 비밀을 밝혀야겠다. 20권이나 되는 OED2라도 때로는 저술가들이 사용하는 낱말의 의미 가운데 일부를 빠뜨린다. 홉스가 이 문단에서 사용한 이 낱말이 좋은 예이다. 그래서 이 글, OED2, 독자 자신의 두뇌에 의존하여 이 인용문을 이해하려 한다면, 이런 어려움을 극복하기 위해서 애써야 한다. 하지만, 걱정하지 마시라. 이 낱말을 파악하지 못한다고 해도, 홉스의 철학을 전반적으로 이해하는 데는 별 지장이 없기 때문이다.

오래된 서적을 읽을 때, 거기에 등장하는 철학적 관념이나 논증을 세세한 대목까지 이해하지 못하고 있더라도 훌륭하게 핵심적인 윤곽을 파악할 수 있다. 바로 이 점이 고서적을 읽을 때 우리가 배워야 할 대목이다.

홉스는 영어뿐 아니라 라틴어로 『리바이어던』을 썼고, 라틴어 판에서 그의 취지가 더 명료하게 드러나 있다. 문젯거리가 되는 대목의 라틴어 판을 번역하면 다음과 같다. '이성은 **여행**이다. 방법은 과학에 이르는 **길**이다. 그리고 과학의 목표는 **인간성의 선**이다.' 그러나 누구도 학생 수준에서 이렇게 철저히 모두 이해하라고 요구하지 않는다.

독자가 놓칠만한 또 다른 문제가 있다. 홉스는 'science'라는 낱말을 요즘의 의미 즉 자연과학이라는 의미로 사용하지 않았다. 이런 의미는 19세기에 와서야 성립되었다. 그는 연역적으로 증명되는 지식의 체계라면 어느 것에나 이 낱말을 적용했다. (이는 OED2에서 찾을 수 있다.)

라틴어 *ignes fatui*를 제외하면 둘째 문장은 좀 더 쉽다. 이는 *ignis fatuus*의 복수형인데, 고대 영어에서는 자주 라틴어가 사용되며, 이 낱말은 OED2에서도 등장한다. 그 뜻은 도깨비불 비슷한, 습지에서 번쩍거리는 불빛이며, 여행자가 길을 잃게 하는 것이다. 『리바이어던』에서 홉스가 논증하고 있듯이, 내전의 원인 가운데 하나는 사회의 여러 부문(특히 대학의 교수와 천주교의 사제)이 일상인을 지배하는 권력을 얻으려고, 그리고 이들이 길을 잃고 방황하게 하려고 무의미한 방식으로 언어를 사용한 일이다.

번역 문제

번역서를 읽을 때 역시 어려움이 발생한다. 비록 일상의 간단한 대화조차도 한 언어에서 다른 언어로 정확하게 번역되기 어려운데, 각 언어권 별로 사물을 분류하는 방식이 다르기 때문이다. 예를 들어, 그리스어에는 '멜론'과 '복숭아'에 해당하는 낱말이 존재하지 않는다. 그리스어에서는 가리키고자 하는 것이 어떤 종류의 멜론인지 또는 어떤 종류의 복숭아인지 꼭 집어서 말해야 한다. 이 각각의 모든 것을 가리키는 일반적 낱말이 없다. 추상적 낱말을 다룰 때 어려움은 더 심각해진다. 추상적 개념은 문화권마다 다른 방식으로 변해왔기 때문이다.

번역상의 어려움이 의미를 빠뜨리거나 애매성을 일으키고, 또한 글을 읽기 어렵게 만들 수 있는 방식은 매우 다양하다. 이런 방식을 차례로 살펴보자.

번역 불가능한 용어 | 글이 쓰인 원래 언어 내의 낱말이나 구절과 모든 면에서 동등한 번역어는 없다. 그럴 때 대부분 원어를 그대로 두거나 괄호 속에 함께 써두게 된다. 영어도 '다른 사람의 불행을 즐거워하다.' 라는 뜻으로 사용되는 단어 '*Schadenfreude*' 를 독일어 그대로 쓰며, '*encore*' (앙코르)역시 '연주회의 공식 연주목록에 없지만, 연주회의 끝 부분에서 연주하는 곡' 의 뜻으로 프랑스어를 그대로 가져다 쓴다. 철학도 예외가 아니다. 번역하기 어려운 '*a priori*' (선천적 또는 선험적)와 '*a posteriori*' (후천적 또는 후험적)와 같은 낱말에 부딪힌다. (이 낱말에 대한 입문 수준의 정의는 제6장에 제시되어 있다.) 어떤 낱말이 번역되지 않은 채로 남아 있다면, 이에 숙달해야만 하는 핵심 어구라는 신호이다. 이런 낱말의 번역이 제시될 때는 그 의미를 설명하기 위한 주석이나 용어집이 포함될 것이다. 낯선 용어를 회피하고 싶겠지만, 실제로 피하고 나면 논증의 흐름을 놓치고 만다. 그런 용어에 대한 해설을 주의하여 공부하고, 다음에 그 용어를 다시 접했을 때 의미를 잊지 않으려면 그 해설을 다시 되짚어 봐야 한다. 이 역시 공부할 때 극도로 중요한 사항이다.

번역 불가능한 애매성 | 철학에서 사용되는 낱말과 문장은 종종 애매하다. 그리고 일상 언어로 이런 애매성을 제거할 수 없다. 일상어로 번역하려면 어떤 해석 하나를 선택해야 한다. 이에 해당하는 좋은 예가 앞에서 인용한 데카르트의 글이다. 여기서 택한 번역은 '언어 없이 태어난다.' 라

는 것인데 다른 번역서에는 '유아상태'로 바뀐다. 이런 일이 생기는 원인
은 라틴어 *infans*가 너무 어려서 말하지 못하는 아기를 의미하며, 그래서
우리가 아기나 언어의 부재 가운데 어떤 것이 데카르트의 원래 생각에 들
어맞는지 알지 못한 데 있다. 데카르트의 반대자였던 홉스는 앞에서 인용
한 『리바이어던』의 구절에서 언어와 이성의 관계가 떼어낼 수 없는 관계
라고 명시적으로 주장했었다. 내가 이런 데 영향을 받아서, 언어와 이성
의 관계에 관한 데카르트 자신의 의도에 비해, 이 둘의 관계에 대해서 더
크게 강조하는 해석을 취했을 수 있다.

번역 불가능한 구분 | 번역되는 언어가 번역하는 언어에 비해서 더 풍부
한 낱말을 갖고 있을 때 역시 문제가 발생한다. 예를 들어, 칸트는 영어로
'object' 하나로 번역될 수밖에 없는 독일어 낱말 *Objekt*와 *Gegenstand* 둘
을 사용했다. 독일어의 두 낱말은 분명히 다르다. 전자는 추상적이며, 주
관(subject)과 대조되는 뜻을 갖고 있으며, 후자는 경험으로 맞부딪치는
물리적 대상(object)을 의미한다. 이런 구분이 칸트에 대한 해석에 어떻
게 영향을 줄 것인지는 쟁점이다. 의미란 대개 맥락 속에서 분명해지기
때문이다. 아무튼, 대부분의 번역서에서는 이런 부분에 대해서 각주를 달
아 주의를 환기시킨다. 일반적으로, 번역 불가능한 구분이 철학에서 중요
할 때 해당 강좌의 독서목록에 포함된 주석서나 교수가 주의하라는 경고
를 줄 것이다.

번역 불가능한 범위상의 차이 | 넷째 난관은 어떤 언어의 낱말이 번역
용어보다 더 좁거나 넓은 범위를 가졌을 때 발생한다. 만일 사전에서 추
상적인 낱말 하나를 찾으면, 서로 별개인 여러 의미를 찾을 수밖에 없다.
어떤 언어에서든 이는 마찬가지이다. 이런 여러 의미가 서로 관련되어 있

다고 해도, 그리고 각 의미가 왜 그런 식으로 전개되었을지 완벽하게 이해될 수 있다고 해도, 그 낱말에 대한 다른 나라의 번역어 역시 그와 똑같은 방식으로 변화의 과정을 거쳤다면 정말로 놀라운 일일 것이다. 하나의 언어를 다른 언어로 번역하는 일은 항상 근사치와 애매성의 요소를 함께 갖고 있다.

번역되지 않은 채 그대로 번역서에 등장하는 외국어 낱말의 경우 근사치와 애매성은 더 큰 문제가 될 수 있다. 번역서의 낱말이 원서의 낱말과 똑같은 의미를 갖는지, 또는 이 둘의 차이가 철학적으로 중요한지를 말할 방도를 갖지 못하기 때문이다. 좋은 번역이라면 읽기 편한 글이 될 것이고, 논증을 쫓아가다가 만나는 어려움이 책의 저자인 철학자가 실제로 쓴 내용 또는 번역된 방식 가운데 어디에서 기인하는지 알지 못하게 된다. 번역 문제에 대해 지적하는 주석서를 본다거나, 번역 용어가 원래의 언어와 의미상 어떤 차이가 있는지 알려주는 상세한 용어 사전을 포함하면, 대개 이런 난관을 극복할 수 있다. 하지만, 이렇게 세세한 수준으로 이루어지는 번역이 일반적이라기보다는 오히려 예외이다. 대개 번역어가 원서의 낱말과 의미상으로 얼마나 차이를 보이는지 단서가 전혀 제공되지 않는다.

또한, 번역자가 틀릴 수도 있으며, 그래서 번역서에서 이상하게 보이는 부분이 실은 번역상의 실수인 경우가 있다. 그리고 원서를 읽을 경우조차도, 인쇄된 내용이 저자의 의도를 엄밀하게 반영하고 있다는 보장이 없을 수도 있다. 때로는 잘못된 활자도 있을 수 있고, 고서를 잘못 베꼈을 수도 있다. 심지어 근대>17 철학자의 저작, 예를 들면, 칸트의 『순수이성비판』

>17 학계에서 '근대철학' (modern philosophy)은 17세기 이후의 모든 철학을 가리키며, 현대철학만을 가리키지 않는다. 그래서 칸트가 18세기 글을 쓰기는 했지만, 이런 전문

에 대해서도 셀 수 없이 많은 주석이 붙어 있는데, 편집자마다 불분명하고 비문법적인 문단에 대해 다양한 해석을 제시했기 때문이다.

지금까지 한 얘기에 비춰서 번역된 철학책을 읽는 일이 불가능하다고 생각할 필요는 없다. 철학적 관념을 이해하는 일은 여러 수준에서 이루어진다. 누구도 학부 학생이 외국어로 된 책을 읽고 그 철학자의 생각에 대해 논증할 수 있어야 한다고 요구하지 않는다. 주변에서 구할 수 있는 번역서를 읽고 공부하면 최고 성적을 받을 수 있도록 교과 과정이 구성된다. 학생들이 받을 수업자료에서 번역과 관련된 문제점이 지적되어 있을 수도 있고 그렇지 않을 수도 있다. 일부 교사는 철학자가 실제로 믿었던 것, 즉 역사적 사실에 중점을 두고, 다른 교사는 그 철학자의 일반적 취지에 더 중점을 두기 때문이다. 어떤 경우든 번역과 관련된 문제점이 있을 수 있으므로, 이 점을 마음에 두는 게 도움이 된다. 특정한 개념을 파악하기 위해서 스스로 부딪히고 몰두하는 경우에는 특히나 도움이 된다.

철학 논증의 개연성 정도에 언어가 어떻게 영향을 미칠 수 있는지 보여주는 좋은 예가 있다. 데카르트는 (라틴어로 쓴) 『원리』 I.14에서 다음과 같이 말했다.

다음으로, 정신은 자신 내부의 다양한 관념을 고찰한다. 그런데 그 가운데 다른 어떤 것보다 두드러지는 관념이 있으니, 바로 전적으로 지적이며, 전적으로 강력하고, 전적으로 완전한 존재라는 관념이 그것이다. 이로부터 깨닫는 바는 이 관념이 실존을 포함한다는 사실이다. 이것은 (각각의 구별되는 개념을 거느리는 다른 모든 것처럼) 단순히 가능하고 우연적인 존재가 아니

적 의미에서 근대철학자이다. (영어의 'modern'은 '현대'의 의미도 함께 갖고 있기 때문에 저자가 이런 말을 하고 있다. / 역주)

라, 무제약적인 필연성과 영원성을 띤 실존이다.

이는 나중에 신의 실존에 관한 '존재론적' 논증이라고 알려진 것이다. 데카르트는 우리 마음속에 신의 본성, 즉 지적이며, 전능하고, 완벽한 존재라는 관념이 있다고 주장한다. 그리고 나서 이런 관념이 실존을 포함한다고 논증한다. 다시 말해서 존재가 전적으로 완벽하려면 존재해야만 한다고 한다. 오로지 관념으로서만 실존하는 존재는 완벽하지 않으며, 만일 이것이 성립한다면, 신은 필연적으로 실존한다.

대다수 사람은 이 논증을 별로 그럴듯하다고 보지 않는다. 우리가 완벽하고 전능한 존재를 상상할 수 있다는 것을 수용한다고 해도, 완벽성이라는 관념이 실존을 포함하는 이유는 알기 어렵기 때문이다. 하지만, '완벽하다'에 해당하는 라틴어 *perfectus*는 그 범위가 다르다. 요즈음은 '완벽하다'의 범위에 도덕적이거나 미적인 완벽만을 포함해 생각하려 들지만, 라틴어 *perfectus*는 '존재의 충만성'을 포함하는 개념이었다. 그래서 데카르트가 (라틴어 원서에서) 말하려는 개념은 실존과 연관성을 갖고 있었다. 어떤 것이 실존하지 않으면 존재의 최대 충만성을 가질 수 없기 때문이다. 이 예를 통해서, 언어의 차이에 마음을 쓸 때, 어떤 개념이나 주장이 가진 논리적 차원을 드러내 줄 수 있다는 사실을 깨닫게 된다. 물론 언어의 차이에 둔감하면 이런 차원을 못 보고 놓치게 된다.

배경 지식의 유무

역사적으로 중요한 서적을 이해하려고 할 경우에 부딪히는 또 다른 난관은 저자가 당연하게 여기는 배경 지식이다. 물론 아예 다른 시대 다른 문화권에서 사는 우리로서는 이런 지식을 갖지 못한다. 예를 들어, 17세기나 18세기에 활동한 철학자들은 책을 쓰면서 철학에 종사하는 대부분 사람이 그리스 철학과 로마 철학, 나아가 중세의 스콜라 철학에 대해서 (원어로) 정통하리라고 가정했다. 요즈음은 거의 대다수가 이런 처지가 아니다. 그래서 교사들은 학생들이 이를 충분히 보충하기 위해서 강의, 유인물, 주석서 등을 통해 도움을 받고 있는지 확인해야만 한다.

이런 난관은 역사적으로 유명한 책에 국한되지 않는다. 현대 철학의 저술 역시 이전의 철학 이론에 관한 배경 지식을 가정하고 작성된다. 예를 들어 앞에서 인용한 콰인의 글을 생각해보자. 경험주의에 관해 이미 알고 있다고 가정했었다. 각자 다른 철학 분야에서 그 분야에 관련된 다른 배경 지식이 요구된다. 예를 들어, 심리철학에서는 심리학에 관한 배경 지식이 가정된다. 그래서 언제나 이런 요구 사항에 대해 주의해야 한다. 하지만 이미 말했듯이 배경 지식에 대해서 너무 큰 부담을 가질 필요는 없다. 수강과목의 담당자가 필요한 배경 지식을 틀림없이 제공할 것이다. (적어도 배경 지식을 채우려면 읽어야 할 자료를 제시해줄 것이다.)

애매성 다루기

아무리 명료하게 작성된 글이라도 달리 해석될 수 있다. 앞에서 본대로 전문용어를 사용하거나 창안해서 그럴 뿐 아니라, 철학자들 역시 자신의 새로운 관념을 펼쳐보이려고 때로 은유, 유비, 사례 등을 사용하며, 이들에 대한 해석방식은 애매하다. 궁극적으로 용어의 의미는 철학 체계 전체에서 차지하는 위치에 의해서 결정되며, 그리고 그 체계 전체를 이루는 용어를 이해할 때만 전체 체계를 이해할 수 있다. 마치 뱀이 제 꼬리를 문 형국이다. 실제로는, 철학적인 글을 이해하기 위한 절차는 '반복적인' 절차이다. 핵심 용어에 대한 부분적 이해에서 출발하여, 이를 밑천 삼아 전체 체계에 관해 대강을 파악한다. 그렇게 되면 다시 해당 용어를 더욱 잘 이해하게 된다. 그 뒤에는 전체에 관해서 더욱 정교한 견해를 갖게 된다.

이런 과정이 계속 반복된다. 이것이 바로 글을 여러 번 읽어야 하는 중대한 이유이다.

철학자라면 모름지기 표현은 잘 못할지라도 자신이 말하고자 하는 바를 명료하게 알아야 한다고 생각할지 모르겠다. 이는 때로는 맞지만, 언제나 지켜지는 바는 아니다. 가장 혁신적인 철학자는 자신이 몸담고 성장했던 사고 양식에서 벗어나고자 몸부림치며, 그래서 때로 그 저작은 오래된 사고방식과 새로운 개념을 동시에 갖고 있어서 부정합성을 띠게 된다. 또는 그들은 서로 다른 방향으로 전개되고 발전해가는 자신의 관념들 사이에서 방황하고, 다시 부정합성에 빠진다. 특정 주제에 대해 어떤 철학자가 믿는 바가 무엇인지 물었을 때, 우리는 직설적이고 단순한 대답이 존재하지 않기도 한다는 사실을 견뎌야만 한다.

최근에 일부 사상가들은 작품에 근거해서 작가의 의도를 발견할 수 있다는 생각을 비판해왔다. 그들에 의하면, 의미란 글과 독자 사이의 상호작용을 통해 솟아나며, 각각의 독자는 서로 다른 지적 배경을 가지고 글에 접근하기 때문에 독자의 수만큼 많은 의미가 존재한다. 글의 작성이 완료되자마자 저자는 다른 독자와 마찬가지의 처지이며, 그래서 '진짜' 의미에 접근하는 어떠한 특권도 갖지 못한다.

다른 철학 이론이 그렇듯이 이런 주장에 대해서 상당한 논란이 존재한다. 이런 주장에서 배울만한 점이 몇 가지 있다는 것만 지적하겠다. 먼저, 독자가 달라지면서 똑같은 글의 의미가 다소 달라질 수 있다. 같은 글을 두 번 읽어서 같은 정도로 파악하지 않는 한 이는 맞는 말이다.

하지만 이런 사실을 토대로 삼아 모든 해석이 동등하게 타당하며, 그래서 어떤 글이든 제대로 해석하지 못하는 일은 불가능하다고 결론지을 수 없다. 어떤 해석이 다른 해석에 비해서 더 합리적이라거나, 뻔히 잘못되었다고 판단할 수 있다.

저자들은 자신이 전달하고자 하는 바를 틀림없이, 지극히 명료하게, 전적으로 정합성 있게 이해하는 것은 아니며, 그래서 단일하며 확정적인 의미가 존재하지 않을 수 있다. 저자들 역시 실수를 범한다. 이를테면, 전문용어의 실제 용법에 맞도록 정의를 제시하지 못하는 실수를 범하기도 한다. 하지만 모든 철학자는 철학적인 글을 쓸 때, 어떤 생각을 소통하고자 하며, 그래서 그들이 전달하고자 하는 것을 이해하려는 노력을 기울이는 게 독자에게 좋다. 그러므로 글 자체, 즉 철학자 자신의 저작에 토대를 두고 논증을 찾을 수도 있고, 또는 우리가 제안하는 해석에 무게를 더해주는 적절한 역사적 정보 등에 의존해서 논증을 찾을 수 있다.

그렇다면 글을 해석해 나갈 절차와 방법은 무엇인가? 첫 단계로 해석이 필요한지를 결정한다. 대개 우리는 글을 문제없이 읽어가다가 이해하지 못하는 문장을 만나는 경험을 한다. 학생이 해득하는 데 문제가 있다고 생각하는 모든 것을 완벽하게 이해하려고 어마어마하게 노력한다면, 특히 여기서 살펴본 여러 난관을 포함하는 글을 읽어가면서 이런 노력을 기울인다면, 수업에서 요구하는 필수적인 독서과제를 전부 해내기에는 시간이 부족할 것이다. 그렇다면 그것이 중요한지를 결정해야만 한다. 예를 들어, 앞에서 살펴본 홉스의 글에서 핵심은 이것이었다. 낱말의 엄밀한 정의는 학문의 발전을 가져오지만, 언어의 남용은 사회의 몰락을 낳는다. 이 초점을 이해하려면 홉스가 'pace'를 정확히 어떤 의미로 사용했는지는 관련이 없다. 중요한 사항과 그렇지 않은 사항을 구분하는 단순한 규칙은 없으며, 그래서 나중에 별로 중대한 의의를 갖지 않는다고 밝혀질 것에다 시간을 낭비할 수 있거나, 중요하지 않다고 무시했던 것을 다시 살펴봐야 할 상황이 생길 수 있다.

글의 어려운 부분이 진정으로 중요한 사항인지 결정할 때, (이차 자료나 자신의 추론에 의존해서) 또 다른 해석을 참작해야 하며, 이 가운데 하나의 해석을 선택할 때 어떤 근거로 선택해야 하는지 생각해야 한다. 이런 결정을 하면서 참작해야 할 근거는 다음과 같이 질문함으로써 확인할 수 있다.

- 어떤 해석이 저자가 다른 곳에서 말한 바와 가장 잘 어울리는가? 저자가 의미하고자 하는 바를 더 선명하고 명백하게 말한 다른 문단이 있는가?
- 역사적으로 중요한 글의 경우, 이차 서적에서 그 당시 사람들이 믿었던 바에 관련된 보충 증거 즉 여러 해석 가운데 하나의 해석을 선택하기 위한 추가 증거가 있는가?
- 다시 한 번, 역사적으로 중요한 글의 경우, 여러 해석 가운데 그 당시에는 사용되지 않던 후대의 개념, 저자가 그 당시에는 가질 수 없던 지식을 전제가정하는 것은 없는가?
- 사전에서 특정 용어의 여러 의미에 관한 설명을 찾을 수 있는가?
- 어떤 해석이 개연성이 큰가? 다시 말해, 지성인으로서 철학자가 내 해석대로 실제로 믿었을까?

이런 질문을 던지면서, 더 나은 실습이 되려면 다음을 유념하라.

- 독서의 초점을 일차 서적에 두고 독서 노트를 작성하라. 자기 자신의 생각에 **도움**이 되도록 이차 서적을 사용해야지, 자신의 생각을 이차 서적으로 대신해서는 안 된다. 만일 이차 서적으로 자신의 생각을 대신한다면, 철학자 되기를 배우지 못하게 된다. 그리고 평가받을 때, 원저자의 글 자체에 대해서 논증을 펼치지 않고, 최근의 해설자의 견해를 요약하는 능력만 보여준다면 좋은 점수를 받지 못할

것이다.

- 해당 문단에 대해서 자신의 해석을 노트에 적을 때, 해석만 쓰지 말고 그 근거 역시 적어두라. 다시 말하지만, 일차 서적이나 이차 서적을 읽으면서 독자적으로 생각한 증거를 보여줄 때야말로, 좋은 점수를 획득할 수 있다.

칸트의 유명한 주장이 있다. 자신이 철학에서 코페르니쿠스와 같은 지적 혁명을 일으키려 한다는 주장이다. 이는 우리가 서로 다른 해석을 지지하거나 반대하는 근거의 종류를 보여줄 뿐 아니라, 철학자를 진정으로 이해하려면 그가 겉으로 말한 것만으로 만족해서는 안 된다는 사실을 보여준다. 그래서 개연성 있는 해석에 도달하려면 반드시 표층 아래를 더 파헤쳐야 한다. 『순수이성비판』 제2판 서문에서 칸트는 다음과 같이 썼다.

여기 제시된 바는 코페르니쿠스가 처음 생각해낸 것과 똑같다. 그는 천체가 모두 관찰자 중심으로 회전한다는 가정에 기반을 두어 천체의 운동을 설명하려 했을 때 빈약한 발전을 이루었을 뿐이다. 그래서 그는 만일 관찰자를 회전시키고 별을 그 자리에 고정한다면 더 나은 진보를 이루지 않을까 하는 의구심을 품었다. 형이상학에서, 당신은 대상의 직관에 관해 유사한 사고실험을 전개할 수 있다. 만일 직관이 대상의 본성에 그 자체로 부합해야 한다면, 나는 어떻게 당신이 그것에 관하여 무엇이 되었든 선천적으로 알 수 있는지 파악하지 못한다. 그러나 만일 (감각기관의 대상으로서) 대상이 우리의 직관 능력의 본성에 그 자체로 부합한다면, 나는 그런 지식이 가능하다는 것을 쉽게 납득할 수 있다.[18]

>18 영어 번역은 로스(George MacDonald Ross)가 했다. http://www.philosophy.

이 인용문을 이해하기 위해서, 칸트가 '직관'을 경험대상에 대한 직접적 파악이라는 뜻으로 썼다는 데 착안해야 한다. 그래서 그가 의미하고자 하는 바는 다음이다. 대상에 관한 지식이 전적으로 감각기관을 통해 들어오는 감각정보에 의존할 뿐이라면, 우리는 그것들의 일반적 특성에 관한 어떠한 지식도 미리(즉 선천적으로) 가질 수 없다. 그러나 감각의 원자료를 가공처리하는 정신 또는 두뇌에 의해서 대상의 일반적 특성이 결정된다면, 그 대상의 일반 특성에 관한 지식을 미리 가질 수 있다.

그렇다면 코페르니쿠스에 빗댄 칸트의 유비를 어떻게 해석할 수 있는가? 사실상 이에 대해 칸트가 말한 바는 거의 없다. '천체가 모두 관찰자 중심으로 회전한다는 가정에 기반을 두어 천체의 운동을 설명하려 했을 때 빈약한 발전을 이루었을 뿐이다.'라는 코페르니쿠스의 진술은 지구가 정지해 있고 나머지 모든 천체는 그 주위를 회전한다는 전통적 견해를 재진술했을 뿐이다. 그에 의해서 전개된 지적 혁명은 '만일 관찰자를 회전시키고 별을 그 자리에 고정한다면 더 나은 진보를 이루지 않을까 하는' 그의 의구심에 있다.

이에 대한 네 가지 다른 해석이 있다.

1. **둘 다 혁명적이고 대단히 중요하다.**[19] 이는 옳지만, 칸트가 자신의 혁명을 다른 과학적 혁명 역시 쓸모가 있었을 텐데 왜 특별히 코페르니쿠스의 천문학상 혁명에 빗댔는지 설명하지 않는다.

2. **둘 다 우주의 중심에서 인간을 제거했다.** 이는 코페르니쿠스에게는 확

---

leeds.ac.uk/GMR/hmp/texts/modern/kant/preface2.html

>19 이 해석은 라파브(Sandra LaFave)의 해석이다. http://instruct.westvalley.edu/lafave/KANT.HTM을 보라.

실히 옳지만, 칸트에게는 적용되지 않는다. 왜냐하면, 칸트의 혁명은 세계 속의 대상의 본질적 특징이 인간인 우리가 대상을 지각하고 개념화하는 방식에 의존한다는 내용이기 때문이다.

3. **태양은 지식의 대상을 나타내고, 지구는 인간 관찰자를 나타낸다. 운동은 지식의 근원을 나타내고, 고정된 상태는 원천의 순응을 나타낸다. 칸트의 혁명적 착상은 이것이다. 인간 관찰자는 지식의 근원이며, 지식의 대상은 인간 지식에 순응해야 한다.**[20] 이는 더 나은 해석이다. 코페르니쿠스의 천문학 이론의 특징을 칸트 철학의 특징과 관련지었기 때문이다. 하지만, 항성에 대한 언급이 없다. 운동을 지식의 근원과 동일시하고, 고정된 상태를 지식의 근원에 순응과 동일시하는 것은 자의적이다. 그리고 이 해석에 따르면, 인간 관찰자가 모든 지식의 근원이다. 하지만, 우리 지식의 일부 측면만이 관찰자에서 비롯된다는 것이 칸트의 기본주장이다.

4. **칸트가 '별'을 언급할 때, 그는 틀림없이 행성을 의미했다. 코페르니쿠스는 겉보기에 불규칙한 행성의 운동이 태양 중심의 행성 원운동과 태양 중심의 지구 원운동의 결과라고 했을 때 잘 설명된다는 것을 증명했다. 칸트에게, 대상의 겉보기는 대상에서 비롯되는 감각자료와 인간 관찰자에서 제공되는 직관 형식의 결과물이었다.**[21] 앞의 해석에 비해서 이는 코페르니쿠스의 이론과 칸트의 철학에 가장 적합하다. 하지만 이 해석의 주된 문제는 칸트가 실제로 이런 **말을 한** 적이 없다는 점이기

>20 이는 팜퀴스트(Stephen Palmquist)의 해석이다. http://www.hkbu.edu.hk/~ppp/ksp1/KSP3.html을 보라.

>21 이는 로스(George MacDonald Ross)의 해석이다. 여기서 다루는 칸트해석 전체는 그의 홈페이지에 있는 상호반응방식의 연습문제에서 찾을 수 있다. http://www. philosophy.leeds.ac.uk/GMR/hmp/modules/kantmcq/p19/p19frame.html

에, 우리는 행간을 읽어야만 한다. 한편, 칸트는 이 때문에 코페르니쿠스의 이론이 혁명이라는 점은 **알았다**. 칸트가 '별'을 모든 천체를 의미하도록 사용했다면, 코페르니쿠스의 이론에 관한 칸트의 서술은 잘못이다. 행성과 달은 고정된 채로 있지 않기 때문이다. 그리고 만일 '별'이 항성만을 의미하도록 사용했다면, 칸트는 행성의 겉보기 운동에 관해서 단순한 설명을 내놓으려 했던 코페르니쿠스 이론의 가장 중요한 측면을 간과하는 셈이다. 결론은 이렇다. 칸트는 자신이 의미했어야만 하는 바를 글에다 써놓지 않았다. 그래서 더 넓은 맥락에 대한 지식과 더불어, 그가 다른 곳에서 말한 내용에 대한 지식이 좀 더 개연성 있는 해석을 찾아내는 데 필수적이다.

이처럼 철학을 읽을 때 언제나 애매성 및 서로 다른 해석을 만날 수 있다. 신중히 연습하고 자신의 견해를 끊임없이 평가하고 정련할 태세가 되어 있어야 한다. 그러나 하나의 '올바른' 답을 찾기 어렵지만, 그렇다고 '그릇된' 답이 없다는 뜻은 아니다. 앞에서 보았듯이, 어떤 해석은 다른 해석보다 더 나으며, 철학도로서 우리는 자신의 견해를 기꺼이 전개하고, 또한 다른 견해에 맞서 자신의 견해를 기꺼이 옹호하려 해야 한다.

요약

지금까지 독자는 단지 철학적인 글을 읽는 데 그치지 않고 **철학적으로** 읽는다는 것의 의미를 잘 파악했을 것이다. 철학적으로 읽는다는 것은 글과 맞붙어서 논증을 확인하고 분석하고, 자신의 해석을 만들고 정련하며, 다른 사람의 생각을 체계적으로 비판할 태세가 되어 있는 것이다. 여기서 제시한 기법은 심층 독서 도구, 관심을 두는 화제에 대한 이해 증진 도구를 제공한다. 또한, 독서는 또 다른 철학 활동에 참여하도록 해주는 도구 역할을 할 것이다. 여러 다양한 철학 활동에 대해서는 이 책의 나머지 부분에서 더 살펴보겠다.

3. 노트 정리

필기의 중요성

강의에 참석하거나 책을 읽을 때 노트 정리를 하는가? 아니면 과제 제출 기간이 다가올 때가 되어서야 급하게 휘갈겨서 대충 모면하는가? 노트 정리를 왜 해야 하는지 (또는 하지 말아야 하는지) 생각해본 적이 있는가? 노트 정리를 해서 얻고자 하는 바를 확인하면, 틀림없이 학업에 큰 도움이 된다. 학습 목적 달성에 효과적인 버팀목이 될 것이다.

수업에 출석하고 교재를 읽으면 철학에 관한 지식과 이해가 증진될 것이고, 결과적으로는 더 좋은 성적을 얻게 된다고 희망하고 기대할 것이다. 노트 정리는 적어도 두 가지 면에서 학생들의 이러한 기대와 희망을 충족시킨다.

학습 내용 기록

듣고 읽은 것을 기록하면, 우리는 나중에 이 자료들을 쉽게 이용할 수 있다. 이는 너무나 뻔해서 말할 가치도 없어 보인다. 하지만, 강의에 참석해서 '나는 들으면 충분하고, 강의 내용을 적을 것까지는 없어.'라고 생각하며 안일하게 앉아 있기만 하는 학생이 의외로 많다. 이들은 과제나 시험이 끝나고 나면 강의의 핵심적인 내용조차도 전혀 기억해내지 못할 것이다. 이 논증은 철학적인 글을 읽는 데도 그대로 적용된다. 앞 장에서 충분히 논의한 대로, 철학을 읽는 일은 시간을 들여야 하고 어려운 일이다. 투자된 우리의 학습 시간과 노력을 최상으로 사용하려면 독서 노트 작성이 중요하다.

자료에 참여하기

학습의 기록을 남기는 일 말고도, 노트는 논의되었던 관념에 대해서 시간을 두고 생각하게 해준다. 철학하면서 접하는 관념에 즉각적으로 맞붙게 되기에, 들었거나 읽은 것을 요약해서 적으려면 수동적으로 흡수하기만 해서는 안 되며, 그 내용을 능동적으로 처리할 수 있어야 한다. 수많은 교육에 관한 연구에 의하면, 수동적으로 학습할 때보다 능동적으로 학습할 때 훨씬 많이 배운다. 노트 정리를 한다면, 강의나 교재의 내용을 훨씬 많이 기억하고, 따라서 더 많이 이해하게 된다. 자기 자신의 말로 적어 보려 했기 때문이다. 이때 이해한 내용이 완벽하지 않다고 해도, 최소한 이해한 것과 이해하지 못한 것을 더욱 명확하게 구분하게 된다. 이는 철학의 복잡한 화제를 이해하는 데 그 자체로 중요한 진보이다. 그래서 노트 정리는 철학에 대한 이해를 심화시키는 가치 있는 도구이다.

내용 — 무엇을 적어야만 하는가?

노트 정리할 때 부딪치는 가장 큰 애로 사항은 포함해야 할 것과 **빼야 할** 것을 정하는 일이다. 관련되어 있고 중요한 사항과 건너뛰어도 좋은 사소한 사항을 어떻게 결정할까?

　지나치게 조심할 수도 있다. 특히 독서 노트를 작성할 때, 수업 시간보다는 시간의 제약을 덜 받기 때문에 중요한 듯 보이는 모두를 적으려 든다. 하지만 이런 전략을 너무 밀고 나가면 역효과를 본다. 정보 수집에 초점을 둘수록 점점 자료에 적극적으로 관여하지 못하게 될 것이다. 우리가 알고 있듯이, 철학에서 이해의 품질은 축적된 지식의 양 못지않게 중요하다. 그래서 선택이 중요하다.

자료의 요약

강의나 글의 모든 핵심(그리고 오로지 핵심만)을 확인하는 것은 연습이 필요한 철학적 기술이며, 표현된 것의 의미에 관해서 주의 깊게 생각해야 익힐 수 있는 철학적 기술이다. 철학적으로 읽는 것이 무엇인지 알고자 할 때, 다시 말해서 철학적인 글을 이해하려는 절차는 다음과 같다.

- 논의되고 있는 철학적 문제에 대해 개관한다.
- 사용된 논증의 구조를 이해한다.
- 논의되고 있는 개념과 관념을 이해하며, 이들이 더 일반적인 수준에서 철학과 어떻게 관계를 맺는지 이해한다.

수업 시간에나 글을 읽으면서 노트 작성을 할 경우, 이런 요구를 만족하게 하도록 해야만 한다.

  노트를 작성하려 할 때, 다음과 같은 질문을 명심하라. '만일 내가 이 강의의 결석자(또는 이 책을 읽지 않는 사람)에게 그 내용을 설명한다면, 설명에 포함할 필요가 있는 본질적인 요점은 무엇인가?' 앞 장에서 우리는 철학적 논의에서 핵심 주장, 이 주장을 지지하기 위한 핵심 증거와 논증을 확인하는 여러 도구를 소개했다. 따라서 이 도구는 논증의 성공을 위해 결정적으로 중요한 측면이 무엇인지 골라내도록 해주며, 마찬가지로 논증의 핵심 요소를 변경하지 않고 생략할 수 있는 측면이 무엇인지가려내는 데도 도움이 된다.

자료의 평가

저자나 강의자의 원래 논증의 핵심을 빈틈없이 파악한다고 해도 이는 오로지 효과적인 노트 정리의 한 측면일 뿐이다. 논의 중인 관념에 자신이 맞붙어 생각한 바를 잡아내야만 한다. 강의나 책에서 제시된 주장에 동의하는가? 아니면 반대 사례를 생각할 수 있는가? 결론은 전제에서 따라나오는가? 아니면 저자가 말하지 않은 가정에 의존하고 있는가? (이렇게 숨겨진 가정을 확인할 수 있는가? 이 가정이 받아들일 만한가?) 저자의 논증을 수용한다면, 같은 전제들로부터 도출될만한 또 다른 결론들을 구상할 수 있는가? 그리고 그것들은 받아들일 만한가?

이런 종류의 비판적 분석과 평가는 철학하는 일의 핵심이다. 그래서 이런 고민이 노트 정리에 포함되는 게 중요하다. 철학책을 읽을 때, 읽기를 멈추고 자문하라. 논증을 이해했는지, 그뿐만 아니라 왜 그 논증이 성립한다고 생각하게 되었는지 물어라. 그리고 저자의 생각을 노트에 정리할 뿐 아니라 자신의 생각을 적어라. 또한, 이해하지 못한 쟁점에 대해서 정리하여 적어라. 강의 중에 또는 심화 독서를 해가면서, 이런 쟁점의 내용을 더욱 명확히 하려고 노력하다 보면, 나중에 이들을 이해하게 된다.

출처의 기록

노트 정리에서 마지막이면서 중요한 사항은 자료의 출처에 대한 완벽한 기록이다. 철학적인 글에 대해서 노트를 작성한다면, 다음 정보를 잘 적었는지 확인하라.

- 저자명

- 책이나 논문의 제목
- (책의 경우) 출판연도, 출판사명, 출판지명
- (논문의 경우) 논문이 실린 책이나 학술지의 제목, 출판일자, 쪽 표시
- 사용하고자 하는 인용문의 쪽수

자신의 글을 작성하면서 어느 경우에나 이런 정보가 포함된 참고문헌목록을 작성을 해야 한다. 그리고 글을 작성하고 참고문헌목록을 작성하면서 그 출처를 정확하게 인정하고 밝혔는지 확인해야 한다. 또한, 이와 관련해서 점검이 필요한 사항이 있다. 책에 대해서 노트를 작성하면서 그 내용을 요약해서 서술한 부분과 그에 대해 평가하는 견해를 명확히 구분하라. 그래야만 원저자 표기를 하지 않은 채 그의 저작을 자신의 글에 포함하는 위험에 빠지지 않는다. (제5장에 '표절을 피하는 방안'을 보라.)

이 비슷하게 강의 노트 작성에서도 출처를 기록하면 좋다. 수강하는 강의가 어떤 과정에 속하는가? 강의의 날짜와 제목은 무엇인가? 누가 강의했는가? 다시 말하지만, 논술문(essay)을 작성하면서 이런 정보를 이용해서 출처를 밝힐 수 있다.

필기의 방법 — 어떻게 적어야만 하는가?

내용을 정리해서 효과적인 방법은 무엇인가? 다시 강조하지만, 노트 정리에 올바른 방도나 그릇된 방도는 없으며, 자신에게 맞는 방법을 찾으려면 여러 방법을 실험해보라고 권하는 도리밖에 없다. 여기서는 다양한 노트 정리 기법을 간략하게 보여주겠다. 물론 이들은 철학에 적합한 접근 방법이나 해결 방법에 초점을 두고 있다. 이런 방법은 노트 정리를 포함

하여 더욱 일반적인 공부 기술, 그리고 자신에게 효과적인 공부 기술을 개발하는 데도 도움이 된다. 어쨌든, 철학 논증의 핵심 주장과 배후 구조를 스스로 명확히 파악할 수 있도록 해주는 기법을 탐색하고 발전시켜라. 명심할 사항이다.

자기 자신의 언어를 사용하라

효과적인 노트 정리를 위한 대강의 규칙은 이미 잘 알려졌다. 강의나 저자가 사용하는 낱말을 그대로 베끼기보다는 주로 자기 자신의 말로 노트를 작성해야만 한다. 어느 경우나 출전을 정확하게 재생하고 싶을 것이다. 대개 이런 전략을 '강의자나 저자는 이 문제에 대해서 사려 깊은 전문가이고 나는 그저 신참자이니, 그녀는 나보다 낫게 말한다.' 라고 말하면서 합리화한다. 이런 생각은 우리 스스로의 힘으로 자료에 맞붙어 고민하지 못하게 한다. 앞에서 말했듯이, 바로 이런 일을 하도록 하는 것이 노트 정리의 목적이다. 해당 쟁점에 대해서 자신의 이해방식을 탐색하려면, 다름 아니라 저자나 강의자의 논증을 자신의 말로 바꾸어 봐야 한다. 원래의 논증을 단순히 대체하는 것보다 더 어려울 수 있지만, 학업에 훨씬 유용하다.

게다가 논증이 자신의 말로 바꿔지지 않는다면, 그 글이나 강의를 아직은 충분히 이해하지 못했다는 뜻이다. 이런 경우, 나중에 논증을 (강의 중의 토론이나 추가적인 독서를 통해) 다시 검토하여 심층적으로 탐구하려고 원래 형태 그대로 베껴서 기록하고 싶을 수 있다. 하지만 아무리 이해가 안 된다고 해도 자신의 언어로 노트를 정리하면 최소한 자신이 이해하지 못한 부분 또는 잘못 이해한 부분을 발견하여 명확히 드러내는 기회가 된다.

인용을 신중히 사용하라

물론 때로 우리는 직접 인용을 하고자 원한다. 아마도 과제에서 원문을 열거하고, 이 진술을 비판적으로 분석하기 위해서 그럴 것이다. 이럴 경우, 저자의 원래 문구를 정확하게 전달하고, 앞에서 소개한 대로 원서에 대한 완벽한 참고문헌을 달아야 한다. 과제에서 사용할만하다고 생각하는 인용구를 베낄 때, 필요하다고 생각하는 것보다 약간 더 적어두는 것이 좋다. 전체적인 맥락을 쉽게 기억하게 되며, 자신의 논증에 끼워 맞추기가 수월하다. 그래도 글을 쓸 때 직접 인용은 가능하면 짧게 하는 게 관례이다. 앞에서 말한 대로, 원문 그대로는 논점에 관한 우리 자신의 이해 정도를 전혀 반영하지 못하기 때문이다. 논증에 대한 나 자신의 해석에 의해서 지지할 수 있을 때 직접 인용문을 사용하는 것이 중요하다.

노트 각 면에 충분한 여백을 두라

노트 정리를 하면서 충분한 여백을 남겨 두면 좋다. 예를 들어, 어떤 사람은 한 줄씩 건너뛰면서 노트 정리를 하라고 권하거나 노트의 한 면만을 사용해서 정리하라고 권한다. 이는 강의시간에 노트 정리할 때 도움이 되는 방법이다. 이미 지나간 내용으로 되돌아가서 빈 부분에 채워넣을 수가 있다. 특히 나중에 배운 내용이 이전에 작성한 것을 명확하게 파악하도록 해준다면 이는 훌륭한 방법이다. 더 중요한 점은, 노트를 통해 복습하면서, 점차 더 명확하게 파악한 사항이나 자신의 견해를 여백에 적어둘 수 있다.

다른 유형의 정보를 구분하라

다른 유형의 정보를 구분하면 도움이 된다. 방금 필기한 진술이 저자나 강의자의 핵심 주장에 대한 요약인가? 그렇다면 사실에 관한 주장, 또는 저자나 강의자의 단순한 의견, 또는 개념 정의, 논증의 결론, 결론을 지지하는 증거, 사례 가운데 어떤 것인가? 아니면 필기자 자신의 의견인가? 만일 그렇다면 질문, 비평, 복습에서 사용할 주석인가?

이런 다양한 유형의 정보를 노트에 정리하면서 사용할 수 있는 '이정표'가 여럿 있다.

- 다른 유형의 자료에 체계적으로 다른 색을 할당한다. 이를테면 사실과 관련된 자료는 검은 잉크로, 개념적 주장은 붉은색으로, 예에 해당하는 것은 파란색으로 작성한다.
- 자신이 쓰는 글의 양식에 변화를 준다. 예를 들어, 핵심 주장을 적을 때는 큰 글씨로 쓰고 다른 핵심 항목에는 밑줄을 긋는다.
- 공간 배치를 이용한다. 예를 들어, 여백이나 세로 열에는 다른 유형의 정보를 적는다.

이런 기법의 예는 다음 절에서 들겠다.

서로 다른 정보의 관계를 파악하라

이런 기법 가운데 일부 또는 전부는 여러 노트끼리의 관계를 파악하는 데 도움이 된다. 예를 들어, 방금 적은 진술이 이전 진술과 어떤 관계인지 묻고 찾을 수 있다. 강의나 책의 서두에서 제시된 진술과의 관계는 무엇인가 물을 수도 있다. 이와 관련해서 특별히 강조할 점은 다음과 같다. 자신의 견해나 생각을 노트에 독창적으로 배치하면 큰 도움이 된다. 때로 단선적인 배치 즉 제시된 순서대로 내려 적는 배치가 논증을 효과적으로 파악하는 데 도움이 된다. 대개 강의자는 논의 중인 철학 이론의 배후 구조를 반영하도록 주의해서 강의를 전개한다. 이런 때에는 단선적 배치가 도움이 된다. 하지만 항상 그렇지는 않다. (앞에서 이미 말했듯이) 논의의 자연스러운 흐름은 전제가 제시되고 결론을 주장하기보다는, 이와 반대로 결론을 제시하고 이를 지지하는 전제가 등장한다. 그러면서 논증의 역사적이거나 문화적인 맥락을 끌어들이기도 하고, 반대나 반박, 다른 이론과 연관성을 포함시키기도 한다. 그렇다면 이런 내용이 제시된 시간적 순서만을 반영해서 정리하기보다는, 여러 관념끼리의 관계를 그려주는 방식으로 내용을 배치하고자 할 것이다. 이때는 순서도를 도입하거나 논증에 대한 찬성과 반대 의견을 서로 다른 세로 열에 정렬하여 작성하는 것이 낫다.

효과적인 필기 사례

노트 정리의 내용과 방법에 관한 여러 이야기를 모아서 살펴보려면, 앞장에서 소개한 흄의 인용문을 다시 떠올려 보자. 어떤 필기가 이루어져야 할까? 흄이 '관념의 관계'를 설명하기 위해서 들었던 다양한 예를 노트에 포함되도록 해야 하는가? 또는 이 개념에 대한 다양한 정의를 적어둠으로써 논증의 취지를 파악할 수 있을까?

다음은 그가 정의한 범주 사이에 관계를 시각적으로 표현해주는 순서도를 사용하여, 논증을 요약하는 방법이다.

원문	노트 정리의 예
인간 이성이나 탐구의 모든 대상은 두 종류 즉 관념의 관계와 사실의 문제로 나뉜다. 첫째 종류[관념의 관계]에 관해서는 기하학, 대수학, 산술학에서 연구한다. 그리고 간단히 말해서, 이들의 모든 주장은 직관적으로 확실하거나 연역적 증명에 의해서 확실하다. 직각삼각형 빗변의 제곱은 다른 두 변의 직각의 합과 동치라는 것은 도형 간의 관계를 표현하는 명제이다. 다섯에 셋을 곱하면 15라는 것은 수 사이의 관계를 표현하는 명제이다. 이런 종류의 명제는 우주에 존재하는 어떤 것에도 의존하지 않은 채 사고 작용만으로 발견 가능하다. 자연에 원이나 삼각형이 절대 존재하지 않더라도, 유클리드에 의해 연역적으로 증명된 진리는 자신의 확실성과 명백성을 영원히 유지한다. 인간 이성의 둘째 대상인 사실의 문제는 첫째와 똑같은 방식으로 그 확실성이 확보되지 않는다. 이들의 진리성에 대한 우리의 증거는 아무리 크더라도 첫째와 비슷한 본성을 갖지 않는다. 모든 사실의 문제에 대한 반대 사례는 여전히 가능하다. 이를 주장한들 결코 모순을 함의하지 않기 때문이다. 또한, 똑같은 정도로 쉽고 명확하게 정신에 의해서 착상될 수 있다. 이렇게 상상한 바를 언제나 실재에 비추어 확인 가능한 듯 보이기 때문이다.	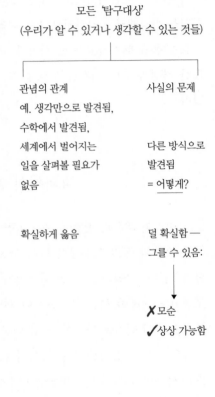

이렇게 지도를 그리면, 흄의 여러 주장이 서로 어떻게 어울리는지 보다

명료해지는가? 다른 방식으로 적어볼 용의는 있는가? 이미 말한 대로, 이는 논증을 정리해서 표현하는 방식 가운데 하나일 뿐이다. 이렇게 적어 놓고 보면 다음 사실에 주의를 기울이게 된다. 이 글에서 비록 흄이 '관념의 관계'를 발견하는 방법에 대해서 긍정 진술을 제시했지만, '사실의 문제'에 대해서는 비교 서술과 부정 진술만을 제시했다. 그래서 이런 식의 방법으로 흄의 논증을 분석하고 평가하는 일이 어떻게 도움이 되는지 알 수 있게 되었다.

자신의 처지에 맞는 방법을 갖춰라

특정 상황에 맞도록 노트 정리 기법을 손봐야 하며, 몇 가지 방법이 있다. 수업 시간이나 독서를 할 때 많은 시간을 노트 정리에 쓰기 때문에, 여기에 주의를 집중해야 한다.

철학 교과 과정을 밟으면서 세미나는 또 하나의 중요한 학습 맥락이다. 그러나 세미나 또는 개별 지도에서 모든 학생이 적극적으로 참여하는 철학 토론이 강조되며, 따라서 이런 토론에 관심을 집중해야 한다. 이 책의 다음 장에서 세미나 토론의 방법에 대해 상세한 안내를 하겠다.

수업 시간의 필기

앞에서는 노트 정리의 필요성에 대해 살펴보았다. 논의된 내용을 스스로 정리하고, 해당 화제에 대한 비판적 사고력을 증진하기 위해 노트 정리가 필요하다. 수업 시간에 이루어지는 필기는 수강자의 주의집중을 유지하는 또 다른 효용이 있다. 여러 연구를 통해서, 수업 시간 내내 단일한 쟁점에 주의를 집중하기 어렵다는 게 밝혀졌다. 그에 비해서 독서를 할 때는 쉬는 시간을 자유롭게 가질 수 있다. 수업 중간에는 이럴 수 없다. 필기하는 신체의 동작이나 정신의 활동은 강의 중인 화제에 마음을 모을 수 있도록 해준다. 그러므로 필기는 대부분 강의의 수강을 도와줄 것이다.

때로 노트 정리가 편한 방식으로 강의가 구성되기도 한다. 예를 들어, 강의 도입부나 끝날 무렵에 강의자가 핵심 요점을 요약하고, 수업 중에 주된 요점을 시간 간격을 두고 반복해서 설명할 것이다. 이처럼 반복되는 진술은 필기해야 할 결정적인 강조점이 출현한다는 '표지판'이다.

물론 강의 중의 필기는 독서 필기와 달리 시간과 장소의 제약을 갖는다. 그래서 노트 정리 방법을 이런 제약에 맞춰야 한다. 예를 들어, 강당과 같이 넓은 장소에서 대단위 강좌를 수강하면서 색색의 필기구를 사용하게 되면 비실용적이다.

수업 시간에 강의자가 거의 혼자 강의를 진행할 수도 있다. 이런 방식에 익숙하지 않으면 어려움을 겪을 수 있다. 강의를 쫓아가기 어렵다면, 몇 가지 요령이 있다.

- 강의자에게 속도를 늦춰달라고 요청하거나, 핵심 요점을 명확하게 해달라고 요청하라. 너무 빠르게 강의를 진행하고 있다는 것을 수강자들이 알려주지 않는다면, 강의자가 자신의 강의 속도에 대해서 깨달을 도리가 없다.
- 노트 정리하면서, 적어야 한다고 생각하는 내용을 심하다 싶을 정도로 버려야 한다. 어디에서나 구할 수 있는 내용을 모두 받아 적고 있지는 않은가? 예를 들어, 유인물이나 교재에 이미 나와 있는 내용을 적고 있지는 않은가? 만일 그렇다면 자신에게 새로운 강의 내용에 집중하라. 또는 다른 곳에서 찾아보기 쉽지 않은 내용에 집중하라. (이를테면 다음과 같은 의문을 가져라. 강의자가 특정 논점이 통상

수용되는 것인지 또는 새롭고 논란을 일으키는 것인지를 따져보라
고 안내하는가?)

- 체계적으로 축약어를 사용하라. 반복해서 사용해갈수록, 개인적이
지만 철학적인 내용을 담아낼만한 자신의 속기법을 개발하게 될 것
이다.

- 앞에서 말한 대로, 강의 후에 자신의 필기를 보면서 복습하는 시간
을 가져서 이해하지 못한 부분을 명확히 드러내고, 배운 내용에 대
해서 비판적으로 생각하는 시간을 갖도록 하라.

시청각자료(즉 강의자의 말, 슬라이드, 유인물 등)로 강의를 들으면서 동
시에 필기를 하는 것은 매우 어렵다. 다음은 이에 해당하는 사례이다. 다
음과 같은 접근 방식은 도움이 되는가? 동일한 목적을 다른 수단으로 달
성할 수도 있는가?

강의 슬라이드

심리철학: 동일론

- 다른 정신 이론의 문제점(개관):
   – 이원주의
      - 비물질적이며 정신적인 실체의 실존에 대한 과학적 증거 부재
      - 설령 존재한다고 해도, 정신적 실체와 물리적 실체의 **관계**를 어
        떻게 설명할 것인가?
   – 행동주의
      - 정신에 관해 순수한 **물리주의자** 설명에 의존해서 이원주의 반
        박, 그러나
      - 심적 **인과**를 설명하는 데 실패

- 심적 인과를 설명(행동주의와 차이)
- 심적 인과에 관한 물리주의자의 설명을 제공(이원주의와 차이)
- **인과적 과결정** 회피
  - 모든 물리적 사건은 완벽하게 충분한 물리적 원인을 갖는다. (인과 **폐쇄성** 원리)
  - 일부 물리적 사건은 심적 원인을 갖는다.
  - 일부 물리적 사건이 어떻게 충분한 물리적 원인을 가지면서 **또한** 정신적 원인을 갖는가?

- 심적 상태는 특정 물리적 상태와 동일하다.
  - 즉 뇌 상태

정신은 오로지 뇌일 뿐이다.

… 그렇다면, 문제가 남습니다. 심적 상태가 어떻게 물리적 사건을 일으킬 수 있는지, 이원주의에 의존하지 않으면서 설명할 필요가 있습니다. 물론 행동주의는 실패했지요. 그리고 우리는 이원주의도 피하고 싶습니다. 왜냐하면, 물리주의를 받아들일 만한 훌륭한 과학적 증거를 갖고 있기 때문이지요. 물리주의는 모든 것이 물리적 것으로 설명될 수 있다는 주장입니다. 이런 유형의 핵심 논증은 물리주의를 지지하는 인과 폐쇄 원리에 따른 논증인데, 이 원리에 대해서 좀 더 알아봅시다.

물리적 상태가 원인을 갖는 모든 경우에, 물리적 상태는 완벽하게 충분한 물리적 원인을 갖는다. 이 과학적 원리는, 앞서 말한 대로, '물리적인 것의 인과적 폐쇄' 원리라고 합니다. 이 원리는 세계의 작동 방식에 관한 우리의 모든 생각에 토대를 이룹니다. 물리적 세계 속에 벌어지는 사건 가운데 아무것이나 택하더라도, 이 사건이 어떻게 벌어지게 되었는지 다른 물리적 사물이나 사건을 통해서 완벽한 이야기 구성이 가능해야 합니다. 이런 완벽한 이야기를 (이를테면, 과학이 충분히 발전하지 못해서) 우리가 모르고 있더라도, 그런 종류의 물리적 설명이 존재하며, 또한 해당 사건의 원인을 설명하는 데 충분하다고 믿습니다.

그러나 일부 물리적 상태의 원인 가운데 심적 상태도 있습니다. 이런 원인을 심리적 원인이라고 합니다. 일상의 예를 생각한다면, 이는 논란의 여지가 없습니다. 예를 들어봅시다. 이 강의 전에 내가 초콜릿을 먹게 한 원인은 무엇인지 설명한다 해봅시다. 나는 배고픔을 느꼈다고 말할 것입니다. 수업 시간에 집중하려면 강의 전에 배고픔의 고통을 없애고 싶었습니다. 그리고 나는 자판기를 이용하면 이 목적을 달성할 수 있다고 믿었습니다. 이 각자의 설명 단계는 나의 심적 상태에 의존해서 성립합니다. 각각 느낌, 욕구, 신념에 해당합니다.

그러면 나의 초콜릿 소비는 완벽한 물리적 원인과 심적 원인을 갖고 있다는 결론에 봉착합니다. 이렇게 되면 이 사건은 인과적으로 과결정되는 것이지요. 다시 말해, 원인이 필요 이상으로 많은 것이지요.

필기의 견본 [만일 강의자의 슬라이드를 입수했다면, 노트에 모든 내용을 베끼기보다는 주석을 달면 충분하다.]

심철: 동일론 — 홍길동 교수 — 6월 30일

M 원인 — 정신 이론은 이를 설명해야 함, 행동주의는 실패함

이원주의 회피 — 왜? 과학 ✓물리주의 = 모든 것 물리적인 것으로 설명됨

과학을 수용해야만? 검토요망: 이원주의 노트

물리주의 Argt — 인과 폐쇄

만일 사건이 원인을 갖는다면,　　　　　　　　　　　　그러나 일부 사건은 M 원인 가짐
　'충분 p 원인'　　　　　　　　　　　　　　　　　　　－ '심리적 원인'
　　　　　　　　　　　　　　　　　　　　　　　　　　　－즉, 초콜릿 먹기의 원인: 허기를
　　　　　　　　　　　　　　　　　　　　　　　　　　　　느낌, 초콜릿이 허기 가시게 한
　　　　　　　　　　　　　　　　　　　　　　　　　　　　다 믿음

　　　→ '인과적으로 과결정됨' — 너무 많은 원인?
　　　= 문제점: 왜?

독서 필기

다시 말하지만, 독서에서 노트 작성은 정보를 기록하고 자료에 맞닥뜨리는 것 이외에도 특정한 목적을 갖는다. 학생들은 세미나 준비라든지, 논문 연구와 같은 특정한 용도 때문에 노트를 작성한다. 이런 다양한 맥락을 고려해야 한다. 세미나에서 사용하는 노트라면, 간결성이 가장 중요하다. 노트에 너무 공을 들이다 보면, 자신이 강조하고자 했던 요점을 찾으려는 사이에 토론의 흐름을 놓치게 된다. 논문 작성을 준비한다면, 참고 문헌에 관한 충분한 정보를 적절하게 적어두는 것이 매우 중요하다.

강좌의 수강과 달리 글을 읽을 때는, 충분하고 완벽한 논증이 독자 눈앞에 펼쳐진다. 이에 대해서 어떻게 노트 작성을 하고 싶은가?

철학적인 글의 내용을 충분히 파악하려면 적어도 한 번 이상 통독이 필요하다고 말했다. 많은 사람이 일차 독서에서 노트 작성을 **하지 말고**, 그 대신에 논증의 골격을 아는 데 주력해야 한다고 조언한다. 그 이유는 이렇다. 처음부터 노트를 작성하게 되면, 독자는 글 전체에 관해서 더 일반적이고 중요한 견해를 얻지 못하고 사소한 사항에 묻히게 된다.

이런 조언을 교리처럼 따를 필요는 없다. 글의 요점이 우리 앞에서 '튀어 오르면' 나중에 이를 참고하기 위해서 적어두어 나쁠 게 없다. 하지만 이 조언에서도 얻을 게 있다. 대개 전체 논증을 한번 검토하고 나면 핵심 요점을 확인하고 이해하기가 쉬워지며, 따라서 이어지는 독서에서는 더욱 필수적인 내용을 잘 선택해서 효율적인 노트 작성을 할 수 있다.

원문이 독자 앞에 이미 기록되어 있다는 사실 때문에 우리는 '대화하면서' 필기할 기회를 얻게 된다. 예를 들어 요약, 명료화, 질문, 비판 등을 문서의 여백에 적어넣는다. 이때 주의사항이 있다.

- 첫째(그리고 가장 뚜렷한) 주의사항: 책이 자신의 소유일 경우에만

여백에 주석을 적어넣어야 한다. 이를테면 도서관에서 빌린 책에는 절대 이런 방법을 사용하지 마라. 타인의 재산에 손상을 주는 문제와 별개로, 책을 돌려주고 나면 자신의 필기 내용을 유지하지 못하게 된다.

- 둘째 주의사항: 책이나 문서는 독자의 필기 내용을 정리하는 데 제약을 준다. 한 면에 노트 작성이 가능한 물리적 공간은 매우 제한되어 있다. 더욱 상세한 내용을 적으려면, 예를 들어 그리고/또는 논증의 구조를 그림으로 그리려고 한다면, 책이나 문서의 여백에 주석을 달기보다는 따로 노트 정리를 하는 게 좋다.

- 마지막 고려사항: 다른 사람에 의해서 이미 주석이 달린 책, 아마도 이차 서적을 읽는다면 어떻게 해야 할까? 이럴 때 주의하라. 이 견해를 자신의 견해에 대한 보충으로 간주해야지, 결코 자신의 견해를 대신한다고 생각하지 않아야 한다. 그리고 원서를 대하듯이, 이런 주석을 비판적으로 분석해야 한다.

이런 사항들을 유념하면서, 다음 문단의 예를 살펴보자. 여기서는 두 가지 기법이 사용되었다. 글 자체에 대해 주석을 다는 기술 즉 중요한 낱말과 어구에 밑줄을 긋고, 여백에 그 의미를 다듬어 적는 방법과 둘째로 추가 노트를 작성하는 방법이다. 이런 식으로 주석을 달면 도움이 될지 생각해보라. 노트 작성자의 해설에 대해서 어떻게 생각하는가? 어떻게 하면 이런 방법을 이용해서 우리 자신의 목적을 더 잘 달성할 수 있는가?

여백 노트	원문 [주석이 있는 곳은 밑줄로 표시함]
철학은 배관과 비슷	철학은 배관과 비슷한가? … 철학하기는 장대하고, 우아하며, 어려울 뿐 아니라 필요하기도 하다. 이는 선택 사항이 아

왜냐   니다. …
— 복잡
— 필요   배관과 철학은 둘 다 우리 것처럼 세련된 문화가 그 표면 아
                     래에 매우 복잡한 체계를 갖고 있기 때문에 생겨난다. 이 체
일이 잘못 되기   계는 대개 인지되지 않은 채 존재하지만 때로 잘못될 수 있
전에는 드러나   다. 두 경우 모두 심각한 결과를 초래할 수 있다. 그 위에 사
지 않음   는 사람들에게 각 체계는 생명유지에 필요한 것을 제공한다.
                     각 체계는 잘못되면 수선하기 어렵기는 마찬가지인데, 어떤
                     것도 의식적으로 한꺼번에 계획된 적이 없기 때문이다. 둘
                     다 새로 건설하려는 야심 찬 시도의 대상이었지만, 그 복잡
                     성이 너무 광범해서 우리가 완전히 새로운 체계를 출발시키
                     기 어렵다.

계획에 의한 체   두 체계 모두 그 체계가 충족시켜야 하는 필요가 무엇인지
계가 아님   정확하게 아는 단일 설계자를 갖지 못한다. 대신에, 둘 다 여
∴ 고치기   러 세기에 거쳐 눈에 띄지 않게 시나브로 성장해왔고, 변화하
                     는 수요에 맞추려고 끊임없이 서서히 변경되었다. … 그러므
                     로 둘 다 이제는 복잡하게 얽히게 되었다. 고장이 발생했을
                     때, 제대로 작동하도록 하려면 전문화된 기술이 필요하다.

철학은 배관과   하지만, 이제 우리는 두 경우 사이에 두드러진 첫째 차이에
비슷하지 <u>않음</u>   직면한다. 누구나 배관에 관해서는 전문가의 필요성을 인정
∵ 필요성이 쉽   한다. … 사람들은 … 철학에 대해서 그 필요성을 의심할 뿐
게 인지되지 않   아니라, 종종 기저의 체계가 존재하기나 하는지도 회의적이
음   다. 철학은 더욱 깊이 감추어져 있다. 우리가 의존해서 사는
                     개념이 제대로 작동하지 못하면, 천장에서 뚝뚝 물이 새듯이
                     표시 나지 않는다. … <u>이 개념은 조용하게 우리의 생각을 왜
                     곡하고 차단할 뿐이다.</u>

문제를 보기 어   종종 우리는 이런 어슴푸레한 불편과 기능불량을 의식하여

려움	눈치채지 못한다. 지독한 악취로 말미암아 불편해야 알아채기 일쑤다. …
바깥 세계에서 문제/해결책을 찾으려는 경향 — 내부 문제를 진단하기 어려움(?)	우리는 당연히 인생이 잘못 풀린다고, 우리의 행동과 관계가 의도하는 대로 돌아가지 않는다고 불평할 것이다. 그러나 이런 일이 발생하는 이유나 이런 일에 대처하려면 어떤 일을 해야 하는지 알기가 몹시 어렵다. 이는 우리 내부보다 외부의 두통거리를 찾는 일이 더 쉽다는 것을 발견하기 때문이다. 널리 알려졌듯이, 우리 자신의 동기, 우리 감정의 구조에 있는 결함을 보는 것은 어려운 일이다. 그러나 우리의 관념과 우리의 사고 구조에 잘못되었을 수도 있는 면에 관심을 돌리는 일은 어떤 방식으로든 더 어렵고 더 자연스럽지 못하다. 관심이란 자연스럽게 우리 주변의 세계에 있는 잘못된 것으로 흐른다. 사고 자체를 비판적으로 바라보도록 사고를 전환하는 일은 몹시 어렵다. …

별도의 노트

Mary Midgley, 'Philosophical Plumbing'. In A. Phillips Griffiths ed. *The Impulse to Philosophise* (Cambridge: CUP, 1992) (미즐리(Mary Midgley), 「철학적 배관」, 그리피스(A. Phillips Griffiths) 편집, 『철학하려는 충동』)

유비: 철학＝배관
- 필요성
- 복잡성
- 감추어져 있음, (작동할 때는) 당연하게
  여김
- 그러나 잘못될 때 실재-세계의 문제

– 고치려면 해당 분야 전문가 필요

'우리가 의존해서 사는 개념이 제대로 작동하지 못하면, … 이 개념은 조용하게 우리의 생각을 왜곡하고 차단할 뿐이다.' (원서 p. 139)
– 관념이나 사고 체계 내의 착오를 확인하기 힘듦
– 착오의 근원을 내부가 아닌 외부 세계에서 찾으려 함

? 전문적 철학자의 기술에 대해 아직 말한 바 없음

이 진술은 옳은가? 만일 그렇다면 반드시 옳아야 하는가?

또는 치료 가능한 정신의 습관인가?

자신의 필기를 최상으로 사용하기

노트를 한번 작성해놓으면, 이들을 최고로 잘 이용하려면 밟아야 할 단계가 더 있다. 지금까지 작성한 노트는 어쨌든 가치 있는 자료로 변모했으며, 이를 작성하는 데 시간과 노력을 쏟았다.

필기 재검토하기

스스로 작성한 노트의 가치를 높이려면 작성 직후에 간단히 재검토하라. 시험 직전에 여섯 달 전의 필기를 꺼내서, 여전히 알아듣지 못할 내용(심지어 암호 같은 내용)만을 찾아본 적이 있다면, 이런 말을 수긍할 것이다. 틈새나 결함 가운데 아무리 초보적인 것이라도 일단 확인하게 되면 도움

이 된다. 예를 들어, 시간이 부족해서 축약해서 쓴 구절이 있는 경우, 다음에 요점을 충분히 다시 파악할 수 있도록 상세한 내용을 채워야 한다. 또한, 노트를 재검토하면 다음에 취할 행동이 무엇인지 확인할 수 있다. 노트에 '이해 못 함'이라는 표지판이 붙어 있는 부분이 있는가? 있다면 이 부분을 고쳐 넣으려면 해야 할 일은 무엇인가? 예를 들어, 다음 세미나에서 이에 대해 질문하거나, 철학 백과사전에서 해당 항목을 찾아야 하는가?

이런 활동은 노트의 정확성과 포괄성을 확보해주는 이상의 도움을 준다. 논의되었던 관념을 다시 생각하도록 자극한다. 노트를 펼치면 여전히 이런 관념이 마음속에서 생생하기 때문이다. 또한, 자신의 생각에 대해서 더 비판적으로 반성하게 해준다. 논증을 통째로 되돌아보면서, 강의나 글의 세부에 침몰당했을 때에는 즉각 명백하게 드러나지 않았던 난점을 새롭게 발견할 수도 있다. 원래 작성할 때 '이것은 그다지 옳은 것처럼 보이지 않는데, 무엇이 잘못되었는지 확신이 서지 않는다.'라고 생각했던 논점에 관해서, 재검토함으로써 작성자 자신이 범한 혼동, 불일치 등을 찾아낼 수 있다. 이렇게 노트를 재검토하면 철학적 분석 기술을 연습하게 된다. 이 기술이야말로 토론할 때나 논술문 작성을 할 때 사용할 주요 기술이다.

필기 비교하기

노트 정리의 효율을 극대화하기 위한 또 하나의 전략은 같은 과목을 수강하는 다른 학생의 노트와 비교하는 것이다. 이들은 나와 학문적 동료이다. 똑같은 강좌나 똑같은 책에서 친구는 나와 똑같은 내용의 요점을 파악했는가? 다르다면 철학적 내용에 대한 자신의 분석을 다듬어주는 가치 있는 재료를 얻을 수도 있다. 예를 들어, 이렇게 자문하라. 친구의 노트에는 논의 중인 이론에 대해서 또 다른 대안의 해석을 담고 있는가? 그래서 새로운 관점을 비교하고 분석하고 평가하게 해주는가?

다른 수강생의 필기는 내용뿐 아니라 형식 역시 훌륭한 자료이다. 다른 학생이 사용하는 노트 작성 방법을 찾아내서 자신의 방법을 보충할 기회를 얻는다. 이를 통해, 자신의 방법을 더 다양하게 만들 수 있다.

주의도 필요하다. 다른 사람의 노트를 참조할 때 사용방법에 유의해야 한다. 자신의 관점으로 작성된 노트 대신에 다른 사람의 노트에 전적으로 의존하지 않아야 한다. 이렇게 남의 노트에 의존하는 것은 정말 어리석은 짓이다. 이미 말한 대로, 타인의 말을 수동적으로 흡수하지 않고 자기 자신의 언어로 노트를 작성해 본다면 훨씬 많은 것을 배울 수 있다. 또한, 다른 사람의 착상을 마치 자신의 것인 듯이 제시하지 말아야 한다. 극단적으로는 자신의 과제에 남의 노트에서 무단으로 빌려온 내용을 사용한다면 공모(collusion)나 표절의 의혹을 받게 된다. (이에 대해서는 제5장의 '표절을 피하는 방안'에서 살펴보겠다.)

노트 보관하기

노트를 최상으로 사용하기 위해서 고려해야 할 마지막 사항은 보관을 효과적으로 해야 한다는 점이다. 다음에 필요할 때, 예를 들어 과제를 준비할 때 관련 정보를 찾는 데 애를 먹는다면 노트는 거의 사용되지 않을 것이다. 앞에서 말했듯이 노트 작성 당시에 정확하게 출처를 적어둬야만 도움이 된다. 노트를 화제, 저자 등 자신이 편한 방식으로 조직화하는 게 중요하다.

어떤 학생들은 노트 작성 일을 기준으로 노트를 보관한다. 이 역시 유용한데, 주요 철학자와 그들의 이론에 관한 노트의 경우, 고학년이 되어가면서 예전의 노트를 다시 들춰봐야 한다. 예를 들어, 학위과정을 마치는 동안 플라톤의 『국가』를 한 번 이상은 읽어야 한다. 1학년 '철학 입문' 과정을 수강하고, 3학년 때 '정치 철학' 과정을 밟으면서 이 책을 읽어야 한다. 1학년 시절에 작성한 노트는 3학년에서도 쓸모가 있다. 물론 같은 철학자에 대해서 3학년 수준에서 다른 부문에 초점을 두고 고민함으로써 예전 내용에 새롭게 추가해도 되고, 또한 더욱 향상된 철학적 분석 능력을 투입해도 좋다. 동일한 책을 읽고 이렇게 달리 작성된 두 노트를 서로 비교하여 그 차이를 확인하는 것도 그 자체로 학업에 큰 도움이 된다.

요약

이 장에서 어떻게 노트 작성이 그 자체로 가치 있는 철학 활동일 수 있는 지 살펴보았다. 그리고 학력 향상에 도움이 될 만큼 충실한 노트 작성의 전략을 살펴보았다. 적절하고 간명한 노트 작성 능력은 반드시 증진시켜야 하는, 결정적으로 중요한 철학의 기술이다. 이런 기술을 잘 연마함으로써 우리는 이 책의 다른 여러 장에서 서술한 철학 활동을 해가면서 더욱 유리한 자리를 차지할 수 있게 된다.

4. 토론

거의 모든 철학과에서는 일정 시간을 토론에 할애하라고 학생에게 요구한다. 대학 입학 이전에는 대다수 학생이 공식적인 토론을 그다지 많이 경험하지 않았을 것이다. 그래서 대학에서, 특히 철학에서 토론의 비중이 큰 이유를 이해해야 한다. 동료 학생과 토론하는 학습 방법이 처음에는 이상스럽게 보일 수 있다. 토론에 참여하는 이유를 수긍하지 못한다면 이를 통해 배울 수 있는 것을 거의 배우지 못하게 된다.

토론의 가치

토론이 이미 자연스럽게 몸에 익어 있다고 생각한다고 해도, 토론에 이바지하는 기술은 따로 있게 마련이다. 졸업 후에 접하게 되는 대다수 직업에서, 회사는 내가 회의에 참석할 뿐 아니라 그 이상으로 공헌하기를 바란다. 내가 그 자리에 없었을 때보다 더 생산적인 회의가 되도록 공헌하기를 기대한다. 회사는 내가 다른 사람의 비판에 맞서 자신만의 견해를 내세우고, 당면한 문젯거리에 대해서 작동 가능한 해결 방안을 만들어내는 데 일조하기를 기대한다. 여기가 토론하는 철학적 기술이 등장하는 대목이다.

　방금 우리는 인생 전반이든 직업 생활에서든 토론 기법을 개발하고 발전시키는 것이 중요하다고 말했다. 더 나아가 우리는 학생이 선생의 말을 일방적으로 듣고만 있기보다는, 적어도 수업 시간 일부에라도 동료 학생에게 말을 한다면 더 나은 학습과 교육의 경험을 하게 된다고 믿는다. 왜 그런가? 일부 이유는 대학 수준에서 이루어지는 모든 좋은 교육에 공통되는 사항이다. 또한, 일부는 인문학에 특수하게 적용되는 사항이다. 그리고 일부는 철학에만 특별히 적용된다. 하나씩 살펴보자.

적극적 학습

교육과 관련해서 이미 널리 증명되어 의심의 여지가 거의 없는 사실이 있다. 적극적 학습은 소극적 학습보다 더 효과적이다. 강의자가 말해준 내용을 외우거나 시험의 압박에 의해서 공부하는 소극적 학습보다, 학생 자신이 직접 활동하며, 그 활동에 대해 반성하고, 그에 대해 때때로 유용한 피드백을 받을 때 더 많은 내용을 깊이 있게 배우게 된다.

토론 집단은 이런 의미에서 이상적인 학습 수단이다. 다른 사람이 말하는 동안 듣고, 그 내용을 이해하려 하는 활동 자체가 적극적인 활동이기 때문이다. 이뿐만 아니라 내가 어떤 말을 할 것인지 생각하고, 이를 실제로 행하는 것 역시 적극적 활동이다. 동료 학생이나 강의자로부터 피드백을 받을 수 있고, 그래서 즉각적으로 수용할 수도 있다. (그에 비해서 서면으로 작성해서 제출한 경우에는 피드백을 받는 데 몇 주가 걸릴 수도 있다.)

논란이 많은 주제

능숙한 토론 능력은 다른 어떤 영역보다 인문학에서 더욱 빛이 난다. 다른 어떤 것보다 인문학의 주제는 논란의 여지가 많기 때문이다. 다시 말해서 주제의 성격 자체에 근본적인 불일치가 존재하며, 두 사람이 전반적인 취지에 의견을 같이하더라도, 특정 서적이나 문서의 해석에서는 의견을 달리할 수 있기 때문이다. 잘 짜인 학습 과정은 다양한 의견을 반영하며, 강의와 독서목록은 다양한 접근 방법과 해석을 대면하도록 해준다. 하지만 강의자 역시 인간이므로, 자신이 찬성하는 견해와 관련된 증거에 더 큰 무게를 둘 수 있다. 토론 집단은 서로 경쟁하는 견해를 탐색하는 기회를 제공한다.

또한 논술문 작성이나 시험에 임할 때 학생에게 요구되는 능력은, 주어진 자료에서 추출한 신조를 옹호하거나 반대하는 논증을 제시하고, 그에 대한 다른 가능한 해석을 옹호하거나 반대하는 논증을 제시하는 능력이다. 혼자 하려면 지극히 어려운 작업이다. 자기 자신의 판단이 두뇌에서 다른 대안을 지워버리는 경향이 있기 때문이다. 글이 의미하는 바를 파악하려고 장시간 힘들게 노력했다면, 성공의 기준은 자신의 해석이 개연성이 크다는 것이다. 하지만 자신의 해석이 **개연성이 크다**고 알게 되면, 그것을 강조하게 되고 그에 대한 반대 논증을 생각해내기가 몹시 어렵다. 다른 사람의 해석이나 비판을 생각해내기 위해서 자신의 지적 상상력을 동원하는 식으로 혼자 따로 작업해도 문제가 해결되지 않는다. 자료의 해석과 비판에 대한 토론이야말로 이런 문제점에 대한 가장 간단한 해결책이다. 나 자신과 다른 지적 배경을 갖고 있고, 그래서 다양한 접근 방법과 비판적인 시각을 가진 동료 학생들과 토론하면 된다. 물론 동료에게 신세 진 관념, 생각에 대해서는 출처를 밝혀야 한다. 게다가 자기 자신의 생각을 제시하면서 빌려온 생각의 출처를 밝혀, 그 생각의 원래 소유자에게 명예를 돌려주는 학문적 관례를 지킨다고 해서 점수가 나빠지지 않는다.

철학의 뿌리

이 단계에서 토론이 철학에서 왜 결정적으로 중요한지 명확히 밝혀야 한다. 철학이 비판적인 작업이며, 그래서 논증이나 반대 논증에 대해 강조하는 점을 생각해보라. 철학은 초기의 출발단계부터 대화로 진행되던 작업이기 때문에 매우 특별하다. 소크라테스는 최초의 철학자는 아니었지만, 어떤 진리 주장(자신의 신념이 옳다는 주장)이든 이성적 논쟁의 장을 거쳐야만 한다고 역설한 최초의 철학자이다. 그는 어떤 형태의 정식 강좌를 개설하지도 않았고 단 한 권의 책도 쓰지 않았지만 뛰어난 교사였다. 그의 가르침은 (그의 제자였던 플라톤에 의해서) 『대화』로 귀결되었다. 요즘 대학 문화에서는 철학자들이 동료나 친구와 더불어 공식적인 세미나와 학회뿐 아니라 비공식적인 방식으로 토론을 나누기도 하지만, 서면으로 이루어지는 논의가 생각이나 주장을 유포하는 주된 방식이 되고 있다.

결론적으로 우리는 철학하는 서로 다른 방식에 대면하고 있다. 소크라테스식 모형에 따르면, 철학이란 집단 활동이다. 그 성과는 활동에 참여한 서로 다른 구성원의 공헌한 바에 의존한다. 소크라테스는 토론 참여자 없이는 아무것도 이룰 수 없었다. 지휘자가 연주 단원 없이 교향악을 연주할 수 없는 것과 마찬가지이다. 고대 아테네만이 소크라테스식 모형이 실행된 유일한 시간과 장소는 아니다. 암흑시대 이후의 중세 유럽에서 대학 교육이 재건될 때, 강의계획서의 핵심부에는 '논쟁'(disputation)이 포함되어 있었다. 학생은 공개석상에서 논란의 여지가 매우 큰 주제에 대해서 자신의 견해를 옹호하는 논증을 펼쳐야 했다.

소크라테스식 모형과 대조되는 (플라톤이 말년에 좋아했던) 철학 모형에서, 철학자는 독주자와 같다. 홀로 생각하고 이를 강의나 책을 통해 배포한다. 토론은 여전히 한 자리 차지하고 있지만, 소크라테스 모형과는 달리 개인이 자신의 논문이나 발표문을 들고 세미나나 학회에 참석하고 청중의 비판을 받으면서 자신의 견해를 방어한다.

이제는 플라톤의 모형이 우세하다. 학생이 받게 되는 많은 교육은 교사의 강의, 다른 학자가 생각한 내용과 생각하는 방법을 제시해놓은 책과 논문에 대한 독서로 이루어진다. 그렇지만 이와 더불어 세미나나 보충강의에서 글과 강의로 배운 내용에 대한 학생 자신의 생각을 내놓고 토론한다. 소크라테스식 대화가 모든 수업 시간에 사용되지는 않겠지만, 철학자로서 성장하려면 철학 논쟁에 적극적으로 참여해야만 한다. 더구나 소크라테스, 홉스, 비트겐슈타인(Ludwig Wittgenstein, 1889~1951)과 같은 일부 철학자는 **생각**(thinking)조차도 일차적으로 사회적 활동이며, 개인의 사적인 사고 능력은 공적 토론에 기생한다고 논증했다. 플라톤은 소크라테스가 생각을 '영혼이 자신과 내적으로 나누는 침묵의 대화'라 보았다고 전한다(『소피스트』 263E). 이는 진리라고 생각된다. 사적인 생각은 단지 공적 논쟁의 갑론을박 과정을 흉내 내고 있을 뿐인 것 같다.

철학 논문에는 약간 인위적으로 보이는 부분이 있다. 단일한 저자의 주장이 전개되고 있지만 여러 관점과 더불어 찬성 논증과 반대 논증이 모두 다뤄지기 때문이다. 학생이 논술문을 작성할 때 부딪치는 난관은 자신이 찬성하지 않는 견해에 대해서 자신의 목소리로 표현해야만 한다는 점이다. 그래서 자신이 찬성하지 않는 견해를 옹호하는 등장인물과 거리를 둘 수 있기 때문에 대화체로 글을 쓰면 더 쉬워진다. 철학에서는 대화체로 책을 쓰는 오랜 전통이 있다. 라이프니츠, 버클리, 흄 등이 유명하다. 그렇기에 수업 중에 제출해야 할 과제를 대화체의 논술문으로 작성해도 괜찮은지 교사와 상의할 수 있다. 대화체로 작성할 때는 지적 상상력을 자유롭게 발휘하여 다른 관점과 대안 논증을 생각해낼 수 있다. 무엇보다도 좋은 점은 자신도 구성원으로 참여하여 실제로 벌어진 토론을 재구성하던 플라톤의 경험을 재현할 수 있는 대목이다. 이 장의 목적은 이런 체험을 잘하도록 돕는 것이다.

토론 세미나

요즈음의 교실에서 플라톤 모형이 채택된 이유는 대학이 아테네 시절의 시장과는 매우 다른 구조로 되어 있기 때문이다. 먼저 토론 집단, 즉 토론 모둠은 소크라테스가 관련되었던 우연한 토론에 비해 그 성격상 매우 공식적이다. 이는 강의계획서상에 시간, 장소, 기간 등이 명시되는 형태로 확정되어 등장한다. 때로 어떤 집단에 속할지 스스로 정할 수 없다. 또한, 불참하면 벌점을 받거나 공헌한 바에 따라 점수를 받게 된다. 소크라테스 시절의 대화와 같은 동시성과 독창성을 확보하는 토론은 생기있고, 마음을 끄는 힘이 있고, 기억에 남을만할 것이며, 그래서 토론 때문에 학생이 강의에 참여하고 싶게 만들 것이다.

토론 모둠은 크기와 구조도 서로 다르다. 그리고 대학마다 다른 명칭을 사용할 수 있다. 어떤 대학에서는 이를 세미나라고 하기도 하며, 다른 대학에서는 강의자 지도 토론(tutorial)이라고도 할 것이다. 대개 다섯에서 열 명 정도의 크기로 조를 편성하여, 강의자의 지도로 정기적으로 모여 강의 과정에서 제기되는 쟁점을 토론하는 방식이 대표적이다. 여기서는 이를 토론 세미나로 부르겠다.

준비

이미 말했듯 철학자가 되려고 배우는 시간 대부분은 교실 바깥에서 진행되며, 토론 준비야말로 바로 이에 해당하는 중요한 부분이다.

왜 준비해야 하는가?

토론 세미나가 학생이 능동적으로 철학할 수 있고, 효과적인 논증 능력을 발전시킬 주된 기회라는 것을 너무 많이 강조하면 안 된다. 준비가 바로 토론 대부분을 차지하는 핵심이기 때문이다. 빈약하게 준비해서 능동적으로 토론에 이바지하지 못하면, 토론 모둠에 참여하는 목적에 전적으로 반하게 된다. 물론 교사도 당황한다. 수업 시간 대부분을 학생의 토론으로 채우려는 계획에 차질이 빚어지기 때문이다. 게다가 준비하지 않으면 자신의 학습 경험뿐만이 아니라 동료 학생들의 학습 경험을 손상하게 된다. 그래서 토론의 성공은 궁극적으로 참여하는 **학생**에게 달렸다.

논술문 작성과 별도로, 자신이 필독서를 읽고 이해한 바를 드러내서 보여줄 기회가 바로 토론이다. 또한, 자신이 읽은 내용에 대한 이해와 비판을 정련하는 소중한 기회 역시 토론이다. 그래서 준비하는 데 정말 많은 시간을 들여야 한다.

준비방법

단독 준비 | 학생은 토론하기 전에 할 일에 대해 지도를 받게 될 것이다. 강좌 대부분이나 과정의 안내 책자에는 세미나 토론 준비에 필요한 독서 목록이 포함되어 있고, 강의자는 읽어야 할 책을 더 소개할 것이다. 때로 기가 질릴 정도로 길다. 그러니만큼 학생은 자기에게 이용 가능한 시간 내에 가능한 독서량에 맞춰서 현명한 결정을 내려야 한다. 제2장에서 이미 결정 방법에 대해 조언했다. 여기서 핵심은 깊이가 넓이보다 중요하다는 점이다. 특정 화제에 대해서 여러 형태의 글이 제시되었다면, 전부를 수박 겉핥기식으로 읽으려고 하기보다는 대표적인 관점을 포함하는 적은 수의 글을 깊이 있게 읽고 분석하는 게 더 낫다.

읽어야 할 책에 대해서 알려주려고 여러 질문이 제시될 것이다. 물론 이 질문에 대한 답을 세미나에 들고 와야 한다. 다시 강조하지만, 독서안내가 이루어지는 정도는 강좌마다 다르다. 적은 안내라면, 자신이 읽은 글을 더욱 충실히 분석할 수 있다. 독서방법 부분에서 조언한 대로 적은 수의 책이나 논문을 읽는다면, 학생은 그 글의 저자가 내세우려는 논증이 자신에게 명료하게 드러나도록 분석을 차분히 밀고 나갈 수 있다.

이미 독서방법이나 노트 작성법에 대해서 일반적인 조언을 했으며, 그래서 여기서는 전체 논술문 작성과정과 대조해서 토론 준비에 필요한 내용만을 말하고자 한다. 지켜야 할 규칙은 이것이다. 준비는 간단히, 그리고 실제로 제시된 질문에 가능한 범위에서 가깝게! (특별한 질문이 제시되지 않았다면, 가장 근본적으로 중요한 사항이라고 생각하는 내용에 가장 가깝게!) 토론 현장에 자신이 쓴 어떤 것이든 가지고 오라. 이를 읽는 동안에 마음속에 떠오른 두드러진 요점을 다시 떠오르게 해주기 때문이다. 그래서 토론 중에 쉽게 찾을 수 있도록 노트 작성을 간결히 하고, 내놓을 요점과 제기하고 싶은 질문을 자신이 언제나 또렷이 알아볼 수 있도록 명확하게 작성해야 한다.

노트를 갖고 토론에 참석해야 하는 또 다른 이유가 있다. 부끄러워하거나 조마조마한 마음으로 토론에 임할 수 있다. 특히 어려운 화제나 모둠의 규모가 크다면 더욱 그렇다. 보통은 교사가 질문을 던지고 누군가 이에 대해 답을 해보라고 요구하며, 아무도 답하지 않으면 아무나 지적해서 답을 해보라고 할 것이다. 바로 이 아무나가 자신이 될 수도 있다. 그리고 직접 선택받지 않았다고 해도, 제대로 준비해서 잘 적어둔 것을 갖고 있다면 토론이 시작되면서부터 학생에 대한 신뢰가 높아질 것이다.

그러므로 간략한 답을 적어두면 훨씬 편하며, 이렇게 했을 때 아무도 대답하지 않는 상황에서도 토론에 이바지할 수 있게 된다. 추가 질문에 대한 준비를 미리 하기는 더 어렵다. 하지만 원래 질문에 대해 준비를 하는 동안 자세히 생각해보면 추가 질문을 어렵지 않게 짐작할 수 있다. "이러-저러한-것이 정확하게 무슨 의미인가?" "이 결론에 대한 그 철학자의 근거는 무엇이라고 생각하는가?" 등이 추가 질문이 되기 쉬울 것이기 때문이다.

공동 준비 | 지금까지는 토론을 혼자 준비한다고 가정했다. 하지만 다른 동료 학생들과 공동으로 준비하는 일이 많이 있으며 또한 훨씬 효율적이다. 토론 중에 아무 말도 않는 이유는 바보가 될까 두려워서이다. 가만히 있으면 중간이라도 간다고 생각하는 것이다. 토론으로 학습하는 데 익숙하지 않은 신입생은 더욱 그렇다. 그러나 내가 심중에는 있으나 감히 소리 내서 말하지 못하는 바를 갖고 있듯이 남도 마찬가지이다. 또한, 토론에서는 좋은 질문이 완벽한 답만큼 값어치가 있다.

　공식 토론에 들어가기에 앞서 격식을 차리지 않은 편안한 상황에서 다른 사람과 얘기를 나눈다면 잠재적인 수줍음을 극복할 수 있다. 일부 학과는 학생 간의 비공식적인 모임을 주선한다. 거기서 신입생은 서로 어렵지 않게 대화하고 질문할 수 있다고 느낀다. 아마도 수업 시간에 내놓았다면 강의자를 당황하게 했을만한 질문도 편한 마음으로 내놓게 된다. 학과나 교사가 이런 식의 비공식 모임을 주선하지 않는다면, 학생끼리 이런 모임을 해도 좋을 것이다. 토론 준비를 혼자 할 때와 공동으로 할 때를 비교한다면, 가장 큰 차이는 혼자 사용하는 기법(즉 읽고 쓰는 방법)이 토론에서는 사용되지 않는다는 점이다. 친구들과 공동으로 준비하면서 사용되는 기법은 정확하게 토론 모둠에서 사용하는 기법(듣기, 말하기, 논증하기 등등)이다. 그래서 비공식 토론은 어떤 것이나 세미나에서 보여줘야 하는 학생의 능력을 **발휘**하고 **연습**하게 해준다.

　비형식적인 모둠에 속하면 이외에도 좋은 점이 있다. 준비하는 부담을 나눌 수 있다. 교사들은 자신이 왕성한 독서욕을 가진 최고의 학생이었기에 현재의 위치에 도달했다. 그래서 당연히 일부 학생은 심각한 철학 책을 읽는 데 교사보다 훨씬 큰 어려움을 겪는다. 그리고 독서를 다룬 장에서 보았듯이, 때로 특정 화제에 관한 독서목록이 비현실적으로 길다. 이런 문제를 우회하는 한 가지 방법은 비공식적 모둠에 속한 학생끼리 독서 과제를 나누는 것이다. 예를 들어, 이차 서적의 독서를 나누어서 자신이 읽고 배운 바를 서로에게 보고하는 것이다.

토론 그 자체

학과에서도 유능한 철학자가 되는 데 필요한 기술을 명시적으로 조언하고 훈련할 수 있다. 여기에는 철학 토론에 참여하는 방법이 포함되며, 학과 특유의 규칙이 있다면 이 책에서 말하는 일반적 방안을 무시하는 게 현명하다. 특히 토론에 참여하여 공헌하는 바가 학점에 관련되어 있다면 더욱 그렇다. 더 좋은 학점을 받는 명확한 기준이 제시될 것이고, 학생은 이 기준에 맞추어야만 한다.

토론에 임하는 어떠한 규칙도 제시하지 않는다면 학생을 수렁에 빠뜨리는 것과 마찬가지이다. 철학자 되기를 배울 때 중심 역할을 하는 것은 다름 아닌 토론 모둠이기에 토론이 원활히 이루어지지 않을 경우 이 모둠이 교사나 학생에게 비슷한 정도로 좌절감을 안기게 된다. 당연한 말이지만, 관련된 누구도 토론에 효과적으로 참여하는 방법에 대해 지침을 받은 적이 없다면, 그것이 성공적으로 작동될 리 만무하다.

논쟁이 성공을 거두려면, 누가 되었든 많은 학생 가운데 한 명이 적극적으로 나서야 한다. 다른 사람의 정보와 의견을 흡수하기만 하기보다는 스스로 생각하는 기회를 진정으로 원한다면, 학생 역시 토론의 진행에 책임을 져야만 한다. 공식적으로 교사는 모둠을 책임지고 지도한다. 하지만 대부분 교사는 자신이 해야 할 바는 토론의 성립 자체라고 보며, 토론만 이루어지면 대단히 만족한다. 그래서 될 수 있는 한 적게 관여하고, 예정된 시간에 마치도록 하면 그만이라고 생각한다.

교사가 말할 수 있는 어떤 것이든 학생도 똑같이 잘 말할 수 있다. 예를 들어, 학생이 무엇인가 근거를 대지 않고 주장한다면, 교사는 그 근거를 제시하라고 요구할 수 있다. 그러나 어떤 학생도 교사 없이 모이는 비공식적 모둠에서 서로 묻곤 하는 똑같은 질문, 이를테면 '너 이런 말하는데, 근거가 뭐야?' 와 같은 질문을 할 수 있다. 진정으로 좋은 철학 토론은 참여자 누구나 두 수준에서 토론에 임할 때 성립한다. 한편으로는 논쟁의 화제 자체에 관해 생각해야 한다. 그리고 또 한편으로 논쟁이 진행되는 방식을 의식하고, 방향 조정이 필요할 때 기꺼이 간섭할 태세가 되어 있어야 한다. 비록 공식적 좌장은 있지만, 모두가 토론의 방향과 힘에 공헌할 수 있다. 이런 자세로 임해야 토론이 성공한다.

철학적으로 토론하는 방법

세미나에서 (철학적인 내용과는 별도로) 공헌한 바에 따라서 학점을 받는 상황에서 도움이 될만한 평가 기준을 열거해보겠다. 이런 식으로 평가받는 상황이 아니더라도 이를 기억하면 유용하다. 그 자체로 철학적 토론의 의미를 잘 보여주고 있기 때문이다.

- 준비를 잘하고 왔음을 보여라.
- 자신을 명확하고 간결하게 표현하라.
- 잘 들리게, 그리고 명료하고 또박또박하게 말하라. (가장 멀리 앉은 사람에게 말하고 있다고 상상하라.)
- 적극적으로 참여하되, 말을 너무 많이 하지는 마라. (시간의 대부분을 말하기보다는 듣기에 보내야만 한다는 것을 기억하라.)
- 남의 말에 끼어들지 말고 들어라. (두 사람은 절대 동시에 말할 수 없다. 서로 상대방의 말을 들을 수 없기 때문이다. 이런 일이 일어난

다면 좌장이나 누군가 말려야 한다.)
- 논점을 유지하라.
- 지지받지 못하는 주장보다는 근거를 거느린 논증을 제시하라. 이는 자신의 주장을 제시하거나 다른 사람의 논증에 응수할 때 모두에 해당한다.
- 타인을 존중하라. (의견을 달리하는 사람에게 예를 갖춰라. 헐뜯는 비평을 한쪽에 제쳐놓지 않고는 토론에 공헌하기 어렵다. 모둠에서 신통찮아 보이는 구성원 역시 많이 공헌할 수 있다는 점을 기억해야만 한다.)
- 타인을 대화에 끌어들여라.
- 요약하고, 지적인 질문을 함으로써 타인이 말한 바를 명료화하라.
- 무관한 화제가 토론에 끼어들지 않도록 조절하라.
- 관련 있으나 무시되었던 고려사항을 끌어들여라.

이와 같은 안내사항을 잘 살려서 토론을 더욱 생산적인 철학적 논쟁이 되게 하고자 한다면, 다음의 조언 역시 필요할 것이다.

- 방 안에 있는 모든 사람의 얼굴을 볼 수 있는 자리를 잡아라.
- 다른 관점에 최대한 공감하는 태도를 가져라. 좋은 철학자는 사람들 사이에 해소 불가능한 차이가 있을 수 있다는 사실을 인정하고 견딜 수 있으며, 그러면서도 여전히 협동하는 사람이다.
- 토론을 하나의 협동 작업이라고 생각하라. 이 안에서는 모든 사람이 승리하거나 패배하는 경쟁자이기보다는 함께 진리를 추구하는 도반(道伴)이다.
- 교사에게 의견을 피력하기보다는 동료 학생에게 의견을 말하라. 그

리고 세미나 참석자 모두와 눈을 마주치려고 노력하라. 교사에게만 말을 한다면, 진정한 대화는 사라지고 권위자인 교사와 질문답변으로 진행되는 수업으로 전락한다.

기록보존하기

토론 모둠에서 노트를 작성한다면? 솔깃한 이야기이다. 쓸만한 얘기를 잊지 않아도 된다. 그러나 노트 작성에 매달린다면 쓰는 동안에 진행된 대화 내용을 놓치게 되고, 그래서 자신이 토론에서 공헌할 수 있는 것, 토론에서 말해야 할 바를 생각해낼 짬을 갖지 못한다. 일부 교사는 기록자를 지명하기도 한다. 각 기록자는 자신의 기록에 모두 접근할 수 있는 웹사이트에 올린다. 이런 전략은 여러 장점이 있다.

- (기록자를 제외하고는) 모두가 듣고 말하는 데 집중할 수 있다.
- 기록자가 중요한 논점에 대해 정확하게 기록하고 있는지를 모둠의 구성원들이 가끔 확인하면 토론의 초점이 더욱 분명해진다.
- 동일 주제를 토론하는 모둠이 병렬적으로 진행되어 서로 다른 의견이 오갔다면, 이들이 모두 기록되었을 때 여러 사람이 공개적으로 비교 검토할 수 있다.
- 이 기록을 이차 자료로 인용할 수 있으며, 인용 없이 자신의 강의 노트를 베끼더라도 표절의 위험을 피할 수 있다.
- 기록은 심층 토론, 또는 전자 토론 즉 인터넷이나 전자우편으로 이루어지는 토론을 형성할 수 있다.

수줍음 극복하기

성공적인 토론에 또 다른 장애물이 있다. 토론 모둠에서 상당히 많은 수의 구성원이 너무나 부끄럼을 타거나, 자신이 파악한 내용에 자신이 없어서 의견을 밖으로 표출하지 않는 상황이다. 이에 대해서는 앞에서 이미 조언했다. 질문에 대한 답변을 써서 준비하면 말하기가 더욱 수월하다. (자신감 결여의 가장 흔한 이유는 준비 부족이다.) 이 밖에도 이런 문제를 극복하는 다른 방법이 있다.

교사가 종종 사용하는 기법은 수강자를 잠시 셋이나 넷으로 나누고(이 모둠을 '분임 모둠'(buzz group)이라 함), 각 모둠에서 한 명을 지정하여, 그 사람을 제외한 나머지 구성원 모두에게 보고하라고 요청한다. 교사와 떨어져서 적은 수의 동료 학생끼리 서로 말하기는 더 쉽다. 그리고 보고자 역할을 해보면, 모둠의 나머지 구성원이 자신을 지지하는 것을 알게 된다.

이 밖에도 사용할 방책은 또 있다. 토론이 시작된 5분 내에 아무리 사소한 것이라도 무엇인가 말을 하라. 이럴 경우, 가장 말 많은 구성원들 사이라 해도 자신이 토론에서 소외되었다는 느낌을 받지 않게 될 것이다.

보다 일반적으로는, 자신의 태도를 세미나 상황에 맞출 수 있다면 도움이 된다. 자신이 말하는 바에 대해 타인이 흠집을 찾으려 든다고 생각하거나 토론을 승자와 패자가 갈리는 경쟁으로 느끼게 되면, 또는 부정적으로 판단 받을 것이라고 걱정하게 되면 말하기를 망설이게 된다. 나와 동료 학생이 경쟁자이기보다는 한 팀의 동료라고 서로 생각하거나, 토론 중에 개진된 의견이 잘못되거나 뛰어난 판단이라고 구별 지으려 들기보다는 긍정적인 공헌이라고 생각할 때, 토론은 더 나아진다. 철학 토론은 자신의 견해와 철학적 기교를 발전시키는 기회이며, 그래서 적극적으로 참여할 때 그 열매를 얻게 될 것이다. 이런 기회를 놓치지 않기 바란다.

다른 형태의 토론

발표

일부 학과, 일부 과정에서는 수업 시간에 한 차례나 그 이상의 공식적 발표(presentation), 그리고 발표 후 청중의 질문에 대한 적절한 답변을 근거로 학생을 평가한다. 이는 좋은 훈련방법인데, 이를 통해 졸업 후에 어떤 직업을 갖게 되더라도 꼭 필요한 기술을 배우기 때문이다. 그러나 발표가 유용하기는 하지만, 토론 세미나와는 사뭇 다르다. 발표라는 형식 자체 말고도 다음과 같은 여러 차이가 있다.

- 청중들끼리 토론은 (대개) 이루어지지 않는다.
- 발표 주제와 무관한 질문이 제기될 수 있다.
- 협동해서 진리를 찾아가기보다는 (반드시 그렇지는 않겠으나) 서로의 입장을 옹호하거나 비판하는 데 초점이 간다.

철학을 내용으로 하는 발표에 대해서 자세한 조언을 하기는 어렵다. 수업의 일부로 발표한다면 강의자가 발표자의 할 일과 평가 방법을 상세하게 안내할 것이기 때문이다. 예를 들어, 자기 개인의 연구 내용을 발표할 수도 있고, 모둠 과제에 관한 발표일 수도 있다. 또한, 몇 분 만에 발표할 수도 있고, 거의 소논문 발표시간에 맞먹을 수도 있다. 미리 작성해서 준비해간 글을 읽으라고 요구받을 수도 있고, 파워포인트나 오버헤드프로젝터, 한 장씩 넘기는 걸이식 도표, 또는 복사한 유인물을 사용하라고 할 수도 있다. 또한 평가의 강조점은 발표 기술일 수도 있고, 발표 내용일 수도 있다. 대다수의 일반적인 학습 기술 안내책자에서는 발표에 관한 조언이 포함되어 있다.

그렇기는 해도 발표를 하면서 자신감을 갖는 측면에서 보나, 필요한 철학 내용을 잘 알고 있어야 하는 측면에서 보나 철저한 준비는 결정적이다. 발표 내용에 포함된 것 이상을 알고 있어야 한다. 그래야 발표 중간이나 이후에 나오는 질문에 잘 대답할 수 있다. 예를 들어, 특정 철학 문제에 대한 특정 철학파에 초점을 두고 발표하면, 해당 논점에 대한 다른 중요 철학 학파의 생각이 무엇인지 알고 있다면 매우 쓸모 있다. 또한 글을 쓸 때처럼 자신의 논증에 대한 가능한 비판을 생각해두고, 그에 대한 대답과 함께 발표에 포함하면 좋다. 이렇게 함으로써 발표에 깊이가 더해진다. 가능한 비판과 대안을 예상해보려면 미리 동료 학생들 앞에서 연습을 해보면 도움이 된다.

전자 토론

대다수의 철학 교사는 학생들이 더 많은 시간을 토론에 할애하기를 바란다. 하지만 정작 현실적 제약은 교사의 시간이다. 교사가 토론을 이끌게 되면, 책임질 수 있는 학생 수에 제약이 있고, 모둠의 크기도 더 커져서 모든 학생이 참여하기 어렵게 될 수 있다. 그러다 보니 더 큰 규모의 토론을 벌일 목적으로 점점 인기를 끌고 있는 방법이 전자 토론이다.

대다수 대학교는 가상학습환경(virtual learning environment, VLE)을 갖추고 있다. 교사는 이를 통해 특정 강좌 수강신청자나 특정 모둠만 접근 가능한 토론 명부(discussion list)를 만들게 된다. 또한 학생끼리 이루어지거나, 철학자가 참여하기도 하는 등 다양한 수준에서 진행되는 공개 토론도 있다. 이들은 참여자의 시각을 확장하는 값진 기회이며, 철학 토론에 참여할만한 인원이 작은 소규모 학과에서 공부하고 있다면 특히나 좋다. 6장에서 이런 가상의 토론 모둠의 예를 소개했다.

물론 전자 토론은 장단점을 모두 갖고 있다. 장점은 다음과 같다.

- 이 토론은 비동기적으로 이루어진다. (다시 말해, 모둠의 구성원이 똑같은 시간대에 가상공간에 출석해야 하는 것은 아니다.) 그래서 참여자 각자에게 어떤 방식으로 기여할 것인지 생각하고, 신중하게 낱말을 고르는 기회를 준다. 교실에서 이루어지는 토론에서는 즉각적으로 답변을 생각해내야 할 것 같은 느낌이 들게 되고, 전자 토론은 이런 느낌 때문에 생기는 압박감을 제거해준다.
- 교실에서 말할 때는 수줍음을 탄다고 해도, 가상공간에서는 자유롭게 글로 써서 기여할 수 있게 된다.
- 교실까지 이동할 필요가 없다.
- 토론한 내용이 영속성을 띠게 된다.

단점은 다음과 같다.

- 단서가 빠져 있다. 다시 말해 표정이나, 목소리의 높낮이 등을 알 수 없다. 이들은 구어의 의미를 결정하는 데 일정 역할을 하므로, 오해가 쉽게 일어난다.
- 난독증이 있다면, 말하기보다 글쓰기가 더욱 큰 압박을 준다.
- 컴퓨터를 갖고 있지 않거나 자신이 사는 지역에 인터넷 시설이 없다면, 토론에 참여하기 위해 학교에 가야만 한다.

일반적으로 말해서, 전자 토론에 참여하기 위한 규칙은 면 대 면(face-to-face)으로 이루어지는 토론과 똑같다. 추가할 유일한 조언은 토론이 철학자로서 성장하는 데 너무 중요하기 때문에 가능한 모든 기회를 잡아야 한다는 것이다. 수강 과목에서 요구하는 정식 토론이든, 비공식적 모둠에서 이루어지는 토론이든, 온라인으로 이루어지는 토론이든, 또한 성적과 무관하게 벌어지는 토론이든 가리지 않고 자신의 발전 기회로 삼기 바란다.

요약

이 장에서는 토론의 핵심 본성에 초점을 두었다. 학과목으로서 철학 자체의 발전을 위해서나, 학생 자신의 철학적 성장을 위해서나 토론은 중요하다. 또한 철학 논쟁에서 토론을 제대로 실행하는 데 필요한 사항이 분석되었고, 여러 토론의 기회를 살리기 위한 전략의 윤곽이 제시되었다.

비록 토론이 처음에는 우리를 움츠러들게 하지만, 철학자가 되려면 본래 필요한 것이며, 철학에서 필요한 여러 기법이 향상되면서 기분 좋게 즐길 수 있는 활동이다.

5. 철학 쓰기

학위과정을 마칠 때까지, 전자우편작성부터 학위논문작성에 이르는 다양한 글쓰기가 필요하다. 이 가운데 일부는 평가의 대상이며 일부는 아니다. 철학을 전공으로 선택했거나 특정 철학과목을 수강하는 학생은 여러 목적으로 다양한 형태의 철학적인 글쓰기를 하게 될 것이다.

이 장에서는 논술문이나 논문을 쓰는 데 초점을 둔다. 대부분 대학에서 과제로 요구하는 논술문이나 시험에서 작성해야 하는 논술문은 학생의 학업 향상도나 성취도를 평가하는 표준적인 방법으로 사용되고 있다. 그래서 논술문 쓰기를 살피는 일은 철학적 글쓰기를 하는 최선의 방식을 탐색하고 보여주는 것이다. 하지만 여기서 계속 논의하게 될 논증의 구조와 명료성에 대한 핵심적 사항은 철학적인 관념을 발표한다는 측면에서 본다면 모든 맥락에 두루 적용된다.

그렇기는 해도 여러 다른 형태의 글쓰기를 수행하면서 여기서 제공하는 조언을 지침으로 삼는다면 좋은 일이다. 짧은 의사소통에는 다른 양식이나 간명한 표현이 필요하며, 학위논문은 더욱 상세하고 창조적인 작업에 접할 기회를 제공한다. 철학과 학부 학생들에게 다양한 유형의 글을 작성하라는 요구가 증가하고 있다. 수업 중에 발표하라는 데서부터 블로그에 참여하라는 요구까지 다양하다. 이들 각각의 글에 맞는 글쓰기 기교가 필요하다. 제6장 '자료'에서는 더 많은 글의 양식을 보여줄 것이다.

글감

신입생에게는 글감(what to write)에 대해서 많은 안내가 따른다. 그러다가 고학년이 될수록 줄어들며, 학위논문을 쓸 때가 되면 대답해야 할 철학적 물음을 스스로 골라야 한다. 이 장에서 우리는 다른 유형의 질문에 답하는 데 필요한 것이 무엇인지 알아보고, 이를 통해 학생들이 글감을 선택하는 데 도움을 주고자 한다.

논제목록

철학 수업에서 과제가 제시될 때, 이 과제를 논제목록의 형태로 받을 것이고 그 가운데 일부를 선택해서 작성해야 한다. 독서목록처럼 약간은 수강자의 사기를 꺾어놓을 것이다. 특히 학기 초에 강의의 주제를 파악하려고 헤매고 있을 때 받아들였다면 더 그렇다. 또한 시험 문제라고 생각하면 기가 질릴 정도일 것이다. 하지만 이런 물음목록을 제시하면서 강의자가 수강 학생에게 기대하는 바를 알게 되면, 써야 할 논술문을 고르는 데 도움이 된다.

　대개 강의자는 다음과 같은 논술문 제목의 목록을 준다. 학생은 이 가운데 선택하면 된다.

윤리학 입문 ― 과제 제목

각 과제에 대해, 다음 제목 가운데 하나를 택하고 1,500자 이내로 논제에 답하시오.

- 과제 1은 11월 15일 5시까지 철학과 사무실에 제출되어야 합니다.
- 과제 2는 1월 15일 5시까지 철학과 사무실에 제출되어야 합니다.

과제는 전적으로 자신이 작성해야 합니다. 표절과 공모에 대한 더 자세한 정보를 보려면 철학과 학생 안내 책자를 참고하세요. 책자는 과제 기준, 논술 과제 제출 요건, 기준미달일 경우에 받게 될 벌점에 대해서도 자세하게 안내하고 있습니다.

과제 1 (11월 15일 제출)

1. '자신의 신체를 학대하는 사람은 대가를 치러야 하는가?' 쿠퍼(Glenda Cooper)의 이 글(1997년 1월 28일 자 *Independent*에 실림)을 분석하시오.

   a. 이 글이 사용한 윤리적 개념과 원리는 무엇인가?

   b. 필자가 의존하는 가정들은 무엇인가? 이들은 정당화될 수 있는가?

   c. 필자의 결론을 확인하고, 이에 도달하기 위해서 동원한 근거를 확인하시오. 이들은 좋은 근거인가?

   d. 필자의 결론을 받아들여야 하는가? 만일 그렇다면, 이 결론이 함축하는 바는 무엇인가?

2. '정직은 최선의 방책이다.' 도덕적인 것은 우리 자신의 이익 속에 있는가? 아니면 도덕적 삶은 그 자체로 값어치 있는가? 이를 이 과목에서 공부하는 적어도 한 명의 철학자를 참조해서 논의하시오.

3. '신이 죽었다면, 모든 것이 허용된다.(도스토예프스키)' 이 말에 동의하는가?

4. 다른 사람을 죽이는 일이 정당화된 적이 있는가? 공리주의를 참조해서 논의하시오.

과제 2 (1월 15일 제출)

5. 안락사가 도덕적으로 그르다는 주장을 비판적으로 평가하시오.

6. '우리는 인간성을 항상 목적으로 대우해야 하며, 결코 수단으로 취급해서는 안 된다.(칸트)' 칸트의 이 말은 무슨 의미인가?

7. 아리스토텔레스의 윤리학은 아직도 현대의 윤리에 유관한 주장인가? 예를 들어서 답변하고, 자신의 답에 대한 근거를 제시하시오.

8. 정서나 이성 가운데 어떤 것이 도덕성에 더 나은 안내자인가? 흄과 칸

트를 참조해서 논의하시오. 누구의 접근 방법이 더 받아들일 만하다고 보며, 그 이유는 무엇인가?

과제로 삼을 질문을 선택하는 일은 순전히 개인적인 일이다. 자신의 흥미나 강점(그리고 학생 자신이 입수하기 편한 참고자료와 관련된 화제가 무엇인지 따져보는 실용적 고려)에 의해서 결정하면 될 일이다. 하지만, 논제를 선택하고 이에 대해서 논술문은 작성할 때 우선 중요한 요소는 질문을 정확히 파악하는 일이다.

각 물음을 더 자세히 살펴보자.

1. '자신의 신체를 학대하는 사람은 대가를 치러야 하는가?' 쿠퍼(Glenda Cooper)의 이 글(1997년 1월 28일 자 *Independent*에 실림)을 분석하시오.
   a. 이 글이 사용한 윤리적 개념과 원리는 무엇인가?
   b. 필자가 의존하는 가정들은 무엇인가? 이들은 정당화될 수 있는가?
   c. 필자의 결론을 확인하고, 이에 도달하기 위해서 동원한 근거를 확인하시오. 이들은 좋은 근거인가?
   d. 필자의 결론을 받아들여야 하는가? 만일 그렇다면, 이 결론이 함축하는 바는 무엇인가?

이는 **구조 물음**이다. 살펴야 하는 자료를 명확히 진술했고, 어떤 점에 착안해서 자신의 견해를 제시해야 하는지를 문제에서 말해주고 있다. 그래서 읽어야 할 글을 자세하게 이해하는 데 초점이 모여야 한다. 또한, 학생은 여러 윤리 이론을 끌어와야 하고 그래서 분석 대상인 글이 놓인 맥락과 이 글이 다루는 쟁점에 대해서 폭넓은 이해를 갖춰야 한다.

질문 2~6은 각각 관련된 **진술**을 먼저 제시하면서, 그에 답하도록 구성되었다. 이런 질문 방식은 철학 과목의 과제에서는 통상적으로 사용되기는 하지만, 이런 일반적 방식은 여러 가지로 변형된다. 이 논제들은 겉보기에 비슷해 보이지만 미묘하게 서로 다른 물음을 던지고 있으며, 그래서 더욱 신중히 질문을 살펴야 한다.

2. **'정직은 최선의 방책이다.' 도덕적인 것은 우리 자신의 이익 속에 있는가? 아니면 도덕적 삶은 그 자체로 값어치 있는가? 이를 이 과목에서 공부하는 적어도 한 명의 철학자를 참조해서 논의하시오.**

이 논제는 첫 진술에 대해서 학생이 해야 할 바를 말하고 있다. 논술문의 논의는 '왜 도덕적이어야 하는가?' 라는 질문에 초점을 두어야 한다. 그리고 수업 중에 배우는 적어도 한 명의 철학자의 견해를 참고해서 두 견해에 대해 논의해야 한다.

3. **'신이 죽었다면, 모든 것이 허용된다.(도스토예프스키)' 이 말에 동의하는가?**

이 물음은 앞과 비교하면 덜 상세하다. 명확히 강의자는 '예' 나 '아니오.' 이상을 기대한다. 인용문에 표현된 견해에 대해서 설명하고 그 근거를 분석해야 한다. 그리고 약간의 반대 근거 역시 분석해야 한다. 또한, 각자의 상대적 강도를 평가해야 한다. 그리고 이런 평가를 이용해서 이 주장에 찬성하는지를 결론지어 제시해야 한다.

4. **다른 사람을 죽이는 일이 정당화된 적이 있는가? 공리주의를 참조해서**

논의하시오.

5. 안락사가 도덕적으로 그르다는 주장을 비판적으로 평가하시오.

앞의 두 물음은 다음에 더욱 자세히 살펴보겠다. 비록 문제 4는 초점을 두어야 할 학파를 명시하고 있고, 이에 비해 문제 5는 학생이 원하는 방식으로 답하라고 열어두고 있지만, 이 두 질문에 답하려면 특정 윤리적 쟁점을 비판적으로 살펴야만 한다.

6. '우리는 인간성을 항상 목적으로 대우해야 하며, 결코 수단으로 취급해서는 안 된다.(칸트)' 칸트의 이 말은 무슨 의미인가?

이 질문은 매우 제한적이다. 다시 말해 칸트의 진술을 설명하라고 요구한다. 그래서 이에 답하는 논술문을 작성하려면 칸트의 논증을 분석하는 데 초점을 두어야 한다. 특히 (그의 주장을 거부하는 다른 사상가의 이유를 논의하기보다는) 칸트가 쓴 글에서 참조되어야 할 특정 문단을 신중히 살펴야 한다.

7. 아리스토텔레스의 윤리학은 아직도 현대의 윤리학에 유관한 주장인가? 예를 들어서 답변하고, 자신의 답에 대한 근거를 제시하시오.

이 질문은 고전 철학자가 현시대를 사는 철학자의 윤리에 대한 사고에 어떤 영향을 주었는지 분석하라고 요구한다. 그래서 학생은 아리스토텔레스의 윤리 이론에 대한 지식을 어느 정도는 보여주어야 하며, 이것이 현대 윤리학에 어떤 관련이 있는지 탐색해야 한다. 이 질문은 열려 있어서 여러 방식으로 답할 수 있다. 예를 들어, 현대 철학자가 윤리에 관한 이론을 전개하면서 아리스토텔레스의 윤리학을 어떻게 응용하는지 예를 들어서 답할 수 있다. 또는 아리스토텔레스의 윤리학을 현대의 도덕적 딜레마에 적용해보고, 이를 통해 그의 접근법이 현대에 어떻게 이용되는지 탐색하는 것을 보여주면서도 답할 수 있다.

8. 정서나 이성 가운데 어떤 것이 도덕성에 더 나은 안내자인가? 흄과 칸트를 참조해서 논의하시오. 누구의 접근 방법이 더 받아들일 만하다고 보며, 그 이유는 무엇인가?

이 질문도 또 하나의 흔한 논제의 방식이다. 이른바 비교 물음이다. 논의 중인 주제 영역에 관해서 이름이 열거된 두 철학자의 저작에 초점을 두어야 한다. 그리고 각자의 상대적인 입장을 평가해야 한다.

이제 질문의 유형에 대해서 조금 더 자세히 살펴보자. 이에 대해 알고 나면 반복해서 과제목록을 제대로 분석할 수 있게 된다. 학부 수준 논술의 유형은 대체로 다음 가운데 하나나 둘 이상의 조합이다.

구조 물음

이런 물음에서 하나의 대답을 완결하려면, 여러 작업을 수행해야 한다. 질문의 답변을 통합시키는 방법을 찾기는 몹시 어렵다. 이를 완수하려면 각 하위 질문에 답하면서 간명하고 논리적으로 논증하는 데 주의를 집중해야 한다. 종종 비판적 사고나 논리학의 시험과 논술과제가 이런 형식을 취한다.

서술 물음

이런 유형의 물음은 대개 '서술하시오(describe)' '그 방법을 보이시오' '증명을 보이시오' '그 이유를 설명하시오' 등의 낱말로 마무리된다. 예를 들어보자. '데카르트의 결론은 유일하게 명석 판명한 관념이 생각하는 나라는 관념밖에 없다는 주장인데, 그가 이 결론에 어떻게 도달했는지 서술하시오.' 문제는 학생 자신의 언어로 다른 사람의 논증이 어떻게 작동하는지 설명하라고 요구하고 있다. 자신의 의견을 진술하기만 한다거나, 논증의 결론만을 제시한다면 충분하지 않다. 하나의 논증에서 전제와 결론이 어떻게 작동하는지 보여줘야 한다. 바로 이 때문에 글을 읽으면서 논증을 찾아내는 게 매우 중요하다.

평가 물음

이런 종류의 논술문은 다른 철학자의 논증을 서술하는 것 이상의 요구를 한다. 제시된 논증과 관념에 대해서 비판적으로 평가할 필요가 있다. 이런 논술을 요구하기 위해서 도입되는 말은 이런 것이 있다. '논의하시오' '평가하시오' '비판적으로 검토하시오' '비판하시오' 등등. 이런 글을 작성할 때 결정적인 요소는 작성자의 의견을 개진하라는 요구이다. 무엇보다도 자신의 의견이 증거에 의해서 뒷받침되어야 한다. 이때 증거는 다른 사람이 말한 것이나, 자신이 스스로 찾아낸 증거일 수 있다. 검토 대상인 논증을 베껴서 재진술하는 데 그치지 말고, 그 논증의 약점이나 다른 사람에 의해서 비판받았던 대목을 보여주는 일도 필요하다. 그리고 작성자 자신의 분석이 논의 중인 논점을 강화시키는 데 기여하는 점을 보여야 한다.

비교 물음

비교 물음은 둘 이상의 입장을 택하여 서로 나란히 놓고 살피라고 요구한다. 두 입장을 '비교하고 대조하라' 고 요구하기도 하며, 또는 '둘 중 하나를 다른 하나보다 낫다고 옹호하라' 고 요구하기도 한다. 모든 경우에, 두 논증이 서로 어떻게 다르고 비슷한지 보이라고 요구하며, 그래서 논술문 작성자는 둘 사이의 논점을 이해하고 있고 두 입장이 작동하는 방식을 이해하고 있다는 사실을 보여야 한다. 또한, 더 낫다고 생각하는 견해에 대해서 근거에 입각한 주장을 할 수 있어야 한다.

글쓰기 준비

이미 확인했듯이, 논제를 택하면 논의하라고 요구받은 것을 찾은 셈이다. 논의 중인 화제를 훌륭하게 뒷받침할 근거가 있는가? 자신이 세워야 하는 지식이나 이해의 토대는 무엇인가? 이런 질문에 답이 '아니' 라거나 '매우 적다.' 라는 등의 부정적이라 해서, 그것을 택하지 말아야 하는 것은 아니다. 그 논제에 특별히 흥미를 느낄 수도 있기 때문이다. 그러나 분명하게도, 익숙한 화제를 택한 경우보다 더 많은 예비 작업이 필요하다.

논술문 작성을 준비하려면 이미 논의한 철학 활동이 어느 정도 포함되어야 한다. 이를테면 강의, 세미나, 개인 학습 상담, 토론 모둠 등에 참석하여 형성한 의견, 거기서 배운 내용 등을 사용할 수 있어야 한다. 이뿐만 아니라, 다른 자료를 택하고 이를 읽으며, 그 자료에 맞붙어 익혀야 하고, 이 내용을 노트에 정리해야 한다. 과제를 시작하면서 새로운 작업을 얼마나 해야 하는지는 선택한 질문, 그 주제에 관해 이미 해놓은 배경 작업의 양에 달렸다. 비록 독서목록에 맞춰 충실히 독서를 진행했더라도, 논술문 작성을 준비할 때는 이미 습득한 철학적 기법과 기술을 이용해서 지식을 확장하고자 할 것이다.

이 모든 종류의 활동에 참가하면서 학생은 이미 '철학을 하고 있다.' 비록 논술문 작성이 하나의 전환점처럼 느껴지더라도, 더욱 성공적인 철학도가 되기 위한 한 걸음일 뿐이다. 독서, 노트 작성, 토론 중에 익힌 비판적 사고 기술과 논증 분석 기술은 논술문 작성에서도 큰 도움이 된다. 이제 문제는 이 기술을 글쓰기 과제에서 어떻게 보여주느냐이다.

글 쓰는 방법

철학의 글쓰기란 무엇인가?

철학적으로 글 쓰는 일은 그 기본이 결국 자기 자신의 생각, 그리고 자기 자신의 언어로 표현된 논증으로 이루어진다. 철학적으로 글쓰기 위해서, 즉 관념을 명료하고 논리적으로 표현하기 위해서, 그리고 새로운 개념과 개념 간의 관계를 창조적이고 정확하게 전달하기 위해서 문어(文語)를 사용하는 일은 매우 중요하다. 다른 사람의 생각을 읽고 이해하는 일은 철학하는 일의 일부일 뿐이다. 가능한 한 철저하게 철학에 맞닥뜨리려면 다른 사람에게 자신이 이해한 바를 보여주고 논증을 제시해야 한다.

물론 세미나에서, 가정에서, 친구와 수다를 떨면서, 논쟁에서 이런 일을 말로도 할 수 있다. 하지만 자신의 생각을 보다 영속적인 방식으로 붙들어두려면 글로 써야 한다. 이렇게 될 때 자신의 논증과 견해가 다른 사람에게 손실 없이 전달될 수 있을 뿐 아니라, 자신의 관점을 명료화하고 재검토할 기회를 준다. 그리고 글로 표현된 자신의 논증을 검토함으로써 비판적 사고력과 기술이 연마된다.

철학 과목에서 성공적인 글쓰기를 하려면 질문을 이해하고 이 질문에 즉각 응답할 수 있어야 한다. 이는 뻔한 얘기처럼 들리며, 학교에서 공부하는 동안 흔하게 듣는 조언인 듯하지만, 철학적인 글쓰기에서 특히 중요하다. 이런 글쓰기에서는 언어의 세밀하고 미묘한 차이가 특히나 큰 의의를 갖는다. 복잡한 관념을 처음 대할 때, 배운 내용을 몽땅 적으려는 유혹을 느끼게 마련이다. 이는 논제가 '아는 모든 것을 적고 …' 로 시작된다면 좋은 전략이지만, 아마도 이런 논술문 작성 과제는 결코 없을 것이며, 그래서 해야 할 바를 명확하게 이해하지 않고는 글을 시작하지 않아야 한다. 논술문은 학생이 논증과 관념에 맞부딪쳐 이해해보려 기울인 노력을 보여주는 좋은 기회이다. 결코 필기내용이나 책을 그대로 베끼거나 재진술하라는 목적을 갖지 않았으며, 그러다가는 표절이 되고 말 것이다. 또한, 근거에 의한 뒷받침도 없이 자신의 단순한 의견만을 표출하라는 요구 역시 철학적 글쓰기의 목적을 반영하지 못한다.

철학은 맞부딪쳐 익히고 참여하는 일이며, 그래서 자신의 견해를 갖는 게 유용하다. 모든 철학 논술문은 이미 말했듯이 비슷한 유형을 갖는다. 글을 작성할 때 타당하고 건전한 논증을 만들고자 한다면 독서할 때 찾으려 했던 똑같은 방식을 따라 검토하라. 무엇이 전제인지, 이들이 얼마나 제대로 결론을 뒷받침하는지, 이들이 논술문 작성자 자신의 견해에 대해 한결같이 설명할 만큼 잘 어울리는지 보여야 한다. 이런 일을 하는 방법은 논술문 작성 절차를 따르다 보면 더욱 명확해질 것이다.

논술문 작성 절차의 구조화

논술문 작성을 착수하는 일 자체가 어려운 일이다. 그래도 해야 할 일이 많아 보이지만 구조를 잡아 논술문 작성 절차를 밟아가다 보면 해볼 만한 일이다. 다음 질문을 스스로 던져보라.

1. **형식**: 요구되는 형식(format)은 무엇이고 글의 길이는 얼마나 되는가?
2. **질문 분석**: 선택한 논제 또는 질문은 무엇인가? 이 질문은 어떠한 부

류인가?

3. **배경 지식과 준비**: 제목의 요점이나 논제를 다루려면 무엇을 알아야 하는가? 어떤 책을 미리 읽었어야 하거나, 특정 쟁점에 대해서 미리 노트를 작성해놔야 했는가?
4. **시간 관리**: 시간을 어떻게 할당할 것인가?
5. **채점 기준**: 강의자가 학생의 과제를 평가할 때 과제의 어떤 특징에 주목하는가?

이런 절차의 구조를 만드는 방법은 상황에 따라 다르다. 특히, 시험에서 논술문 답안을 작성하는 상황이라면, 작성 계획을 너무 상세하게 세우지도 못하고 작성 준비도 너무 세부적으로 할 수 없다. 하지만 아무리 시험 논술이라도 좋은 철학 논술문 작성의 기본 원리는 그대로이다.

논술문 작성의 절차를 어떻게 적용하는지 보려면 앞의 과제목록에서 예를 들어보자.

다른 사람을 죽이는 일이 정당화된 적이 있는가? 공리주의를 참조해서 논의하시오.

형식

글의 길이 제한이 있으며, 물론 목적으로 삼는 길이도 있다. (권장 매수에서 벗어나도 괜찮은지, 어느 정도나 벗어나도 좋은지를 학과에서 정해두고 조언을 해주기도 한다.) 글의 형식도 알고 있어야 하고, 강의자가 워드 프로세서로 작성하라고 하는지도 알아야 한다.

질문 분석

앞에서 보았듯이, 이런 질문은 철학 논제로는 흔한 유형이다. 진술을 제시하면서 이에 반응하라고 요구한다. 언뜻 보기에는 첫 질문이 앞에서 분류한 논술문 유형에 들어맞는 것처럼 보이지 않지만, 둘째 부분을 보면 공리주의에 따른 평가적 접근방법을 사용하라는 요구를 알게 된다. (앞에서 주의를 환기했듯이, 질문 대부분은 이미 제시한 물음의 기본 유형을 조합하거나 변형한 형태를 취한다.) 질문에 대한 답변으로 논술문이 종결되어야 한다. 공리주의에 관해 열린 토론으로 글이 마무리되어서는 안 되며, 그래서 작성자는 하나의 입장을 취하고 이를 옹호하는 논증을 펼쳐야 하며, 이때 논증의 다양하고 미묘한 특징을 이해하고 있다는 점을 부각시키는 일도 잊지 말아야 한다.

배경 지식과 준비

논술문 작성자는 이미 공리주의 기본 주장과 다양한 유형을 파악하고 있어야 하고, 이 화제에 관한 모든 필독서나 논문을 읽었어야 한다. 독서목록의 입수 방법도 알고 있으며, 독서목록을 살펴보면서 논술문 작성에 필요한 제대로 된 자료를 찾는 방법을 알고 있기도 해야 한다.

또한, 작성자는 한 사람이 다른 사람의 목숨을 취하는 중대 사안 때문에 제기되는 철학적 관념을 파악했어야 한다. 이런 행위가 발생할 수 있는 다른 맥락도 생각할 필요가 있다. 또한, 정의(定義)와 관련된 논란도 있다. **살인**이란 분명히 불법적이지만, 그에 비해 죽이는 일이 어떤 상황에서는 정당화될 수도 있기 때문이다. 그러나 논술문 작성자는 이런 사항에 너무 얽히고 싶지 않을 것이다. 이렇게 되면 물음의 요지를 직접적으로 다루지 못하게 되기 때문이다. 그리고 철학적 쟁점을 다루고 있으며 법적 쟁점을 논의의 대상으로 삼고 있지 않다는 점도 명확히 해야 한다.

철학자에게는 법적인 쟁점보다는 도덕적 쟁점, 의도에 관한 물음, 인간성의 요건에 관한 논쟁이 존재한다.

시간 관리

1,500단어 논술문 작성에 걸리는 시간은 얼마인가? 개인의 글쓰기 경험에 의해 좌우된다. 학과나 강의자는 과제의 분량에 대해 안내할 것이다. 학생은 앞에서 말한 여러 준비에 필요한 시간을 계산해야 한다. 정해진 정도의 글을 쓴다면 얼마나 시간이 걸릴지 처음부터 고려해야 한다. 그리고 나서 교정할 시간을 더하고, 이용한 모든 책과 글에 대해 정확하게 참조표시를 했는지 점검하는 데 걸리는 시간도 더한다.

다른 분야의 개념과 마찬가지로, 철학적 관념은 충분히 전개해서 발전시키는 데 시간이 걸린다. 독서를 계획대로 수행했다면 글을 쓸 때는 필수적인 기본 자료 이상을 읽어야 하며, 이렇게 해야 어떤 관념이든 더 깊이 있게 탐색하게 된다. 처음으로 논술문 작성을 시도할 때 충분한 시간을 들이고, 한동안 치워놓았다가 다시 써보는 것이 좋다. 대개는 많지 않은 시간 안에 글의 화제에 관해서 더 나은 착상을 추가할 수 있다. 더 좋은 점이 있다. 약간 거리를 두었을 때 실수나 약점을 잘 찾아낼 수 있게 된다. 물론 이런 고려사항들은 제출일보다 훨씬 전부터 논술문 작성에 착수해야 의미가 있다.

채점 기준

학과에서는 논술문 평가의 채점 기준을 제시한다. 앞에서 보았던 과제목록의 예에서, 철학과 학생안내책자에 이 기준이 인쇄되어 있다고 말했는데, 학생은 이 책자를 입수했는지, 또는 다른 서류에 이 기준이 명시되어 있는지 확인해야 한다. 과제에 착수하기 전에 이를 꼼꼼히 살펴야 한다.

그래야만 채점 기준에 맞춰서 작업을 진행할 수 있다.

다음은 영국의 한 대학에서 학부 철학 논술문을 채점하는 기준을 예로 들었다.[1] 학생의 논술문이 각 등급에 해당하는 점수를 얻으려면 충족시켜야 하는 기초적인 요건을 말하고 있다.

1단계 논술문 채점 기준

다음은 학생의 논술문에 대한 질적 기준이다. 각 등급별 점수차이는 평가 대상인 논술문의 고유한 특성에 의해서 결정된다. 이런 특성은 일반적인 용어로 설명하기 어렵고 설명한다고 해도 별 도움이 안 된다.

일 등급(70+): 다음 서술하는 내용에 적어도 하나를 충족할 때: (i) 결함 없는 글의 전개, 즉 기본주장 주제문을 중심으로 명확하게 구조화된 글. (ii) 깊이 있는 이해를 보여주는 논술문, 즉 쟁점에 대해서 창조적으로 다룬 면이 명확히 드러나는 논술문.

이 등급. 상(60~69): 명료한 글의 전개 즉 화제를 제대로 이해하고 있으며, 기본주장 주제문을 중심으로 구조화되어 있는 논술문. 글의 전개에 부족한 점이 어느 정도 있다고 해도 독립적인 사고를 보이고 있다면 감점 받지 않음.

이 등급. 하(50~59): 적어도 수긍할만한 수준으로 명료한 글의 전개, 즉 이 단계에 속할 수 있다고 볼만한 정도의 이해 수준을 보여주는 논술문.

삼 등급(40~49): 기초적인 수준의 이해를 보여주고 있으나 다음 중 하나를 결여하고 있어서 이 등급. 하에서 제외됨. (a) 전개의 명료성, (b) 구조,

---

[1] 다음이 출처이다. http://www.leeds.ac.uk/arts/studyskills/learningandteachingatuniversity/media/AssCode%20Marking%20criteria%20%20descriptors.doc

(c) 화제의 파악

낙제(39 이하): 해당 교과과정에 대한 약간의 지식만이 보이며, 그 이상
은 없는 논술문.

논술문 작성을 시작할 때, 일 등급을 목표로 한다면 다음 사항을 명심하
라. 예를 들어, 글에서 독립적인 사고 내용과 창조적인 문제처리 방법뿐
아니라 중심 역할을 하는 기본주장을 명료하고 정확하게 전개해야 한다.
채점의 표준에 대해서 명확하게 파악하지 못하겠다면, 강의자에게 선배
들이 작성한 모범 논술문을 보여달라고 부탁하는 것도 좋은 생각이다. 모
범 논술문을 훑어보면 일 등급 논술문의 특징을 보다 상세하게 알게 되
며, 또한 삼 등급 논술문과 어떻게 다른지 파악하게 된다.
　여기서 제시한 평가 기준이 특이한 것만은 아니다. 일 등급 논술문의
기준은 거의 모든 대학이나 과정에 걸쳐 비슷하다. (이를테면, 영국에서
는 외부 검토 제도가 있어서, 한 대학의 채점을 타 대학의 동일학과에서
검토하기도 한다.) 하지만 특정 맥락에서 일 등급 논술문이라고 평가받는
일은 어느 정도는 그 수강과목의 학습목표나 학습결과에 달렸다. 해당 과
목의 강의자도 더 자세한 채점 기준을 제시할 수 있다. 강의자의 요구 사
항을 가능한 한 명확히 파악하려면 더 자세한 지침을 요청하는 게 현명하
다. 채점 기준은 수강하는 과목마다 다를 수 있기 때문이다.

논술문 작성계획

질문 유형도 확인했고, 결론의 종류와 만들어야 할 논증의 종류 또한 알
게 되었다. 그에 따라 글쓰기 일정을 계획했다. 이런 과정에서 관련 자료
를 제대로 입수했는지 점검하려면 더 많은 독서가 필요할 수도 있다고 지

적했다. 이제 논술문 자체에 대해서 개관해보자.

논술문 구조

이제는 논술문의 구조에 관심을 둬보자. 앞에서 들었던 예를 사용하여 논술문의 각 부분이 작동하는 방식을 살펴보자. 논술문에는 다른 요건들도 있지만, 다음이 핵심 성분이다.

- 서론, 논증이 될 기본주장을 명확히 드러내 설명하는 부분
- 본론, 중심 논증을 제시하는 부분
- 결론[2], 논증을 요약하고, 기본 입장을 반복하고, 논술문의 범위를 넘어서지만 확장된 논의가 필요한 사항을 지적하는 부분

각 부분의 분량에 대한 안내는 강의자에 의해 제시되거나 논술문 양식안 내책자에 있겠지만, 대개는 서론과 결론이 각각 전체 글의 일할 즉 10%를 넘지 않는 게 좋다. 앞의 예에서처럼 1,500단어 논술문이라면 서론과 결론이 각각 150단어를 넘지 않으면 된다. 학부과정의 논술문은 더 짧을 수도 있다. 이를테면 1,000단어 논술문의 경우에 자신의 논증을 충분히 명료하게 표현하려면 서론과 결론의 길이를 더 제한해야 한다. 대개 50단어 서론이면 논술문의 본론에서 논증하려는 내용을 적절하고 간명하게 표현할 수 있다.

철학 강좌의 과제로 제출할 논술문의 윤곽 즉 개요를 미리 준비해두는

>2 [역주] 글의 구조에서 결론과 논증의 결론은 똑같지 않다. 전자는 서론-본론-결론이 한 짝이고, 후자는 전제-결론이 한 짝이다. 철학적인 글에서 글의 결론에는 그 글에서 펼치고자 하는 논증의 결론이 등장하게 마련이다. 하지만 이 두 결론은 서로 다르다.

것은 언제나 좋은 전략이다. 이는 자신이 다루거나 내놓을 논증의 구조를 명료화하는 데 도움이 된다. 이 책 전체를 통해 한결같이 강조하는 바대로, 논증의 구조를 파악하는 능력은 철학을 잘하는 데 결정적인 요소이기 때문이다. 하지만 어느 정도나 부지런해야 하는지는 사람마다 다르다. 자신에게 최선의 방안을 찾으려면, 이 장에서 드는 다른 예를 살펴보고 다른 접근 방식을 실험하라.

서론 | 도입부인 서론은 무대를 간명하고 명료하게 설치하는 대목이다. 제목에 나온 말을 서론에서 그대로 재진술하지 마라. 글을 써가면서 논증하게 될 내용을 진술하는 것은 좋다. 이를테면, '이 논문에서 나는 다른 인간을 죽이는 일이 때로는 정당화된다고 논증하겠다.'라는 중심문장은 서론에 등장할 수 있는 좋은 예이다. 적절하다면 논의의 맥락과 역사를 조금이나마 말할 필요도 있다. 또한, 글에서 사용할 논증의 종류나 사용하고자 하는 증거의 종류에 대해 약간 언급할 수도 있다. '나는 밀(J. S. Mill)의 저작을 다루고, 시간 여행자가 아기 히틀러를 죽이는 일이 정당화될 수도 있는지를 살펴보겠다.'

이런 방식으로 자신이 논증의 윤곽을 제시할 필요가 있으므로, 글이 완결될 때까지 서론을 쓰지 말고 남겨두라고 조언한다. 종종 서론을 제외한 글의 나머지 부분이 완결된 뒤에라야 자신이 말한 내용을 명확히 파악하게 되기 때문이다.

본론 | 논술 작성자가 생명을 뺏는 일이 때로 정당화된다는 입장을 옹호하기로 했다고 해보자. 그리고 이를 적었다고 해보자. 이제 질문에 대한 대답이 제시되었다. 하지만, 이는 간단한 물음이 요구하는 바도 충족시키지 못했으며, 게다가 철학적인 답변도 아니다. 자신이 수집하여 정리한

증거에 관심을 두어야 하고, 가장 중요하게는, 논증을 만들어야만 한다. 늘 '어떤 전제가 이런 입장을 뒷받침할 것인가?' 라는 생각을 떨치지 않아야 한다.

가장 단순한 형태의 공리주의에 따르면, 최대 다수 사람의 최고 효용성이나 행복을 최대화해야 한다. 그래서 이 원리를 포함하는 전제가 필요하다. 또한 누군가의 생명을 고의로 빼앗는 일에 대해 무엇인가를 말해야 한다. 논술문 작성자는 다음과 같은 단순한 논증으로 글을 시작할 수 있다.

> **우리는 가능한 한 최대 다수의 행복을 최대화해야 한다.**
> **때때로 많은 사람의 최대 행복은 한 사람의 죽음을 통해 획득된다.**
> **그러므로 한 사람의 목숨을 빼앗는 일은 때로 정당화된다.**

이 대목에서 독서 분석기술을 적용해보자. 결론이 전제에서 따라나오는가? 이 전제에 의해서 결론이 실제로 지지받는가? 다른 뒷받침이 필요하지 않은가? 다른 전제를 가정하고 있지는 않은가? 전제 자체를 정당화할 방도는 있는가? 이 전제들이 다른 논증의 결론 역할을 할 수 있는가? 이런 물음을 제기하고 답하는 과정에서 논술문 작성자는 자신이 옹호하고자 하는 결론에 유리한 논증을 구성하는 셈이다. 다시 말해 자신의 논증을 구성하고 있다. 앞으로 더 자세히 보겠지만, 논증 구성의 과정은 다른 형식을 갖기도 하고, 다른 방식으로 응용되기도 하지만, 논술문 작성을 세부적으로 계획할 때 핵심이다.

논술문의 핵심인 논증을 작성하고 난 다음에는 어디로 갈 것인지 생각해보라.

결론 | 결론은 이제까지 말해온 내용을 단순한 반복을 하지 않는 방식으로 요약하고, 논증이 나중에 확장될 방향을 제시함으로써 논술문을 결말 지어야 한다. 결론에서는 어떤 것도 새로운 내용이 진술되지 않아야 한다. 논술문의 본문에서 이미 논증의 주된 논리적 구조를 모두 제시해야만 한다. 수필 등의 다른 양식의 문예 전통에서 결말부분, 또는 다른 문화권의 논술문 결론은 이야기의 대단원을 표현하는 부분이어서 글의 결말이나 결론에 해당하는 부분에 새로운 내용이 등장하기도 한다. 대체로 보아 이는 철학에서는 나쁜 관습이다. 논술문의 결론이 본문 속에서 이미 알려지지 않은 내용을 포함한다면, 글에 제시된 논증의 구조에 왜곡된 점이 존재하는 셈이다. 독자가 글의 다른 부분을 읽으면서 예상하지 못했던 논술문 작성자의 의견을 결론에서 발견해서는 안 된다.

서론과 마찬가지로 논술문 작성을 시작하기 전에 결론의 주된 내용이 무엇인지 알 수도 있고 알지 못할 수도 있다. 아무튼 마음을 열어놓고 작업하는 게 좋다. 작성자가 글을 써가면서 논증을 상세히 전개하고 분석하다 보면, 더 심도 있는 연구가 진행될 만한 여지가 새롭게 드러나기도 하기 때문이다.

표절을 피하는 방안

논술문 작성에서 표절은 매우 중대한 사안이다. 표절은 다른 사람의 업적을 자기 자신의 것인 양 따오는 것으로 정의될 수 있으며, 모든 대학교에서 매우 심각한 반칙으로 간주한다. 하지만 각 대학교는 표절에 대한 고유한 정의를 갖고 있어서, 학생들은 자기 학교의 정의를 주의 깊게 알아보고 지켜야만 한다.

표절을 피하는 방법을 조언한다는 것 자체가 이상스럽게 보일 것이다. 요컨대, 다른 사람의 재산을 훔치지 않을 방안에 대해서 조언이 불필요한 데, 왜 다른 사람의 지적 재산을 훔치는 일은 이와 달라야 하는가? 사실 상 우리는 실수로 훔칠 수 있다. 예를 들어, 어떤 학생이 동아리의 회계를 맡았는데, 동아리 돈을 자신의 돈인 듯이 흥청망청 써댈 수 있다. 이러면 의도하지 않았을지라도 유용이나 횡령죄를 저지른 것이고, 이 탓에 심한 경우 감옥에도 갈 수 있다. 누구도 표절로 감옥에 가지는 않았지만, 일부 사람은 이로 말미암아 학위를 박탈당하기도 한다. 자신의 경력과 미래의 직업에 심각한 영향을 미치게 된 것이다. 횡령의 예처럼, 표절 탓에 처벌 받은 많은 학생은 일부러 그런 것이 아니지만, 다른 사람의 말이나 글을 자신의 것으로 혼동하도록 부적절하게 각주를 작성했거나, 참고문헌을 제대로 밝히지 않았다. 어떤 경우가 되었든, 시작하기 전에 논술문 작성 을 올바르게 하는 방법을 배울 필요가 있다.

교사가 찾아내려는 것

교사가 학생의 작업을 평가할 때, 두 종류의 판단을 해야 한다. (a) 이 결 과물은 그 자체로 어떤 값어치를 갖는가? 그리고 (b) **제출자 자신의** 지식 과 기술이 얼마나 반영되었는가? 둘째 판단을 의심하게 된다면, 첫째에 대한 긍정적인 판단은 소용이 없다. **제출자**의 작품이 아니라면 아무리 뛰 어난 논술문이라도 무가치하다. 교사는 이중의 역할을 한다. 한편으로 학 생의 학습활동을 돕고 또 한편으로 얼마나 잘 배웠는지 평가한다. 이는 불가피하게 학생의 수행한 바에 대해 어느 정도의 감시와 감독을 한다는 뜻이다. 나중에 표절로 밝혀진 과제에 높은 점수를 부여하게 되면 해당 학과나 대학교는 신망을 잃게 될 것이기 때문이다.

학생 입장에서 바라보면 대학교가 이런 문제에 지나치게 집착한다고 느낄 수 있다. 자세한 규제와 규정을 공표하고, 겁나는 처벌로 위협하고, 표절 추적 소프트웨어로 과제를 검사하고, 무엇인가 제출할 때마다 학문

정직성 선언문에 서명을 요구한다. 대학교 입장에서는 이런 조치들이 자신을 보호하기 위해 필수적이다. 이런 조처를 하지 않으면 표절을 심각하게 취급하지 않는다는 혐의(그래서 이 대학의 학위를 저평가하며, 이에 따라 학생의 학위 역시 저평가된다.), 또는 대학교에서 표절에 대해 내리는 벌칙이 정당하지 않다는 혐의를 받게 된다. 하지만 적어도 두 가지 면에서 부작용이 있다. 표절이 종종 의도하지 않은 채 일어나지만, 표절에 대해서 이렇게 강조하다 보면 학생들이 의도적으로 표절을 저지른다는 인상을 주게 된다. 또 한편으로는 표절이 불법적이기는 하지만 바람직한 좋은 것이라는 환상을 만들어내기도 한다. 그래서 학생들이 표절하지 못하게 하려면 오직 심한 처벌로 가능할 뿐이다. 그러나 이런 규제나 처벌을 떠나서 표절은 그 자체로 좋은 것이 아니다. 학생들은 철학자가 되려고 학위과정을 밟고 있으며, 다른 사람의 작품을 자기 것인 양 제출해서 통과된다면 이런 목적을 달성하지 못하기 때문이다.

철학을 배우는 단계의 학생은 철학자, 이를테면 20세기 오스트리아 철학자 비트겐슈타인(Ludwig Wittgenstein)과 같은 방식으로 글을 써야 하는 것은 아니다. 비트겐슈타인은 다른 저자의 저작에 대한 참조를 달지 않은 채 길고 독창적인 논증을 펼쳤다. 어쨌든 학생은 독서목록을 받았고, 이 책들을 읽고 열심히 작업한 증거를 제시해야 한다. 반면에 독서한 내용을 요약하기만 하는 논술문을 쓴다면, 좋은 점수를 받을 수 없고 아마도 학점 취득에 실패할지도 모른다. 스스로 철학적으로 생각하고 논증할 수 있는 능력을 갖추고 있다는 증거를 제시하지 않았기 때문이다. 철학적인 글을 쓸 때 핵심은 다른 사람에게서 끌어온 바를 절대적으로 명료하게 밝히는 것이다. 이렇게 했을 때 작성자는 출처를 밝히지 않은 나머지 모든 부분은 자기 스스로 생각한 결과물이라는 점을 암암리에 주장하게 된다.

학생은 교사로 하여금 학생 자신의 글을 자신의 작업이라고 온전히 신
뢰할 수 있도록 논술문을 작성해야 한다. 이런 방법을 습득하도록 돕는
것이 이 절의 목적이다.

참조

참조한 사항을 밝히는 방법에 대한 자세한 조언은 여기서 하지 않겠다.
참조를 다는 여러 체계가 있고 학과에 따라 서로 다른 방식을 선호하기
때문이다. 물론 만일 철학 말고 다른 주제를 공부하고 있다면, 두 학과에
서 서로 다른 참조 체계를 요구한다는 사실을 잘 알 것이다. 참조를 다는
방법에 대해서 더 많은 정보는 제6장을 보라. 중요한 점은 학생 안내 책
자에서 특정 양식을 요구하고 있는지 확인하는 일이며, 만일 그렇다면 엄
격하게 그 지침을 고수하라.

특정 양식에 따를 필요가 없다면, 참조의 황금률을 따르라. 내가 작성
한 논술문을 읽는 독자로 하여금 "논술문 작성자가 논술문에서 참조된 저
자에게 귀속시킨 내용을 실제로 썼는지"를 점검할 수 있도록 충분한 정보
를 제공하라. 최소한 독자는 참조에 사용된 도서가 몇 판인지, 인용된 쪽
이 어디인지 (또는 때로 장과 절이나 문단에 번호가 달렸다면, 그 번호가
무엇인지) 알아야 한다. 그래서 다음 사항을 지침으로 삼아 참조를 밝히
면 된다. 저자, 저작물 이름, (적절한 경우) 번역자, (적절한 경우) 편집
자, 출판사, 출판장소, 출판일, 직접 인용한 쪽수나 착상을 빌려온 쪽수를
진술해야만 한다. 다음은 앞에서 등장한 독서목록에서 따온 예이다.

Kant, I. (1993), *Groundwork for the Metaphysics of Morals*, trans. and
    ed. M. Gregor. Cambridge and New York: Cambridge University
    Press, p. 29.

학습내용 이용하기

회색지대는 바로 강의 중에 교사에게 받은 정보, 즉 강의자료집, 유인물, 강의나 세미나 등에서 교사가 말한 내용을 받아 적은 노트 등이다. 이를 어떻게 처리할 것인가? 일부 교사는 자신이 말한 내용을 다른 이차 서적과 똑같은 방식으로 취급하라고 한다. 학생이 배운 내용을 그대로 토해내는 대신 스스로 생각할 수 있는 데에 초점을 두기 때문이다. 물론 이에 대해 덜 엄격한 교사도 있다. 학생은 교사의 방침을 잘 알아야만 한다. 강의자료집에 이에 대해 밝혀놓는 경우가 많다. 그러나 일반적인 조언은 이렇다. 확신이 없다면 자신의 자립적 사고를 보여주는 데 중점을 두는 게 좋다.

자신의 자립적인 생각을 제시하는 방법

앞의 고려 사항 때문에 어떤 학생은 걱정에 빠지게 된다. 이는 표절의 감시와 단속을 제도적 차원에서 강조하다 보니 직접적으로 귀결되었다. 학생들은 마음속에서 이런 추론을 해볼 것이다. '나는 학부 학생일 뿐이고, 만일 내 생각이 가치가 있다면, 숙달된 철학자가 틀림없이 이미 이런 생각을 했을 것이다. 나는 이 화제에 대해서 출판된 내용을 모르는데, 내가 받은 독서목록은 해당 분야의 서적 가운데 일부에 불과하기 때문이다. 그래서 이 생각은 틀림없이 어디에서인가 이미 출판되었고, 만일 내가 이 생각을 출판된 자료에 대한 참조를 붙이지 않고 내 논술과제에 포함하면, 나는 표절했다는 비난을 받을 것이다. 그러므로 나는 안전하게 움직일 것이고, 내가 발견한 범위에서 글을 쓰도록 스스로 제한할 것이며, 독서목록에 있는 저작에 한정해서 내 글의 참조사항을 작성할 수 있다.'

아이러니가 아닐 수 없다. 학생의 과제가 온전히 학생 자신의 작업이 되도록 하려는 대학교의 노력이 일부 학생에게는 스스로 생각하지 못하도록 기를 꺾어놓는 결과를 가질 수도 있다. 그래서 우리는 위의 추론이 잘못된 점이 무엇인지 살펴야 한다.

초점은 이것이다. 학부 수준에서 독창성이란 지금껏 누구도 똑같은 생각을 해낸 적이 없다는 뜻이 아니다. 물론 이런 일은 생길 수 있지만, 생긴다면 덤이지 규범이 아니다. 또한 독창성과 자립적 사고를 구별해야 한다. 학부 수준의 철학 공부에서 요구하는 것은 바로 자립적 사고이다. 예를 들어보기 위해서 철학 대신에 수학을 공부한다고 해보자. 교사가 피타고라스 정리를 증명하라는 과제를 내주면서, 문제를 풀 수 있도록 약간의 단서를 줬다고 해보자. 증명에 도달했다면, 이런 경우는 독창성의 예는 아니다. 피타고라스가 먼저 증명에 도달했기 때문이다. 그러나 학생의 증명은 자립적인 사고의 결과물이다. 반면에 교재를 펼쳐서 피타고라스의 정리를 찾고 그 증명을 베꼈다면, 이런 학생이 보여준 능력은 생각하는 능력이 아니라 복사하는 능력일 뿐이다.

이 예는 또 다른 방식으로도 철학에 상관있다. 수학에서 문제를 풀 때, 답만 제시하지 않고 답에 도달하는 단계를 적는다. 계산을 잘못해서 그른 답을 얻을 수 있으나, 방법이 올바르다면 높은 점수를 받을 수 있다. 이는 철학에도 똑같이 적용된다. 생각만 제시하지 마라. 생각은 어디에서나 올 수 있으며, 검사자는 논술문 제출자의 생각이 제출자 자신의 창작품인지를 알 도리가 없기 때문이다. 대신에 그런 생각에 어떻게 도달했는지 보여야만 한다. 이는 학생이 자신이 생각에 스스로 도달했다는 **틀릴 수 없는** 확고한 증거는 아닐 수 있으나, 제출한 과제가 작성자 **자신의 것**이라는 점을 보이는 본질적인 방식이다.

인용하고 말을 바꾸어 표현하기

더 혼란스러운 대목은 다른 사람의 글을 자기 자신의 말로 바꾸어 표현(paraphrase)하거나 번역하는 상황이다. 저자가 실제로 사용한 언어나,

학생이 이를 고쳐서 다시 쓴 언어는 아무런 차이를 만들지 않는다. 이는 외국어의 번역과 마찬가지이다. 원저자의 저술임을 밝히지 않는다면, 표절이다. 그리고 출처를 밝혔다 하더라도 학생의 논술문은 전적으로 파생적이다. 사실상 말을 바꾸어 표현하는 일은 거의 중요하지 않다. 물론 예외도 있다. 어려운 글을 잘 이해하고 있다는 사실을 보여주어야 할 경우이다. 그에 비해서 요약은 중요하다. 특히 글이 번잡할 때는 더욱 그렇다. 그러나 다시 말하지만, 이런 때에는 언제나 마치 직접 인용과 마찬가지로 신중하게 참조의 출처를 적어야만 한다.

협력과 공모

지금까지는 출판된 글과 강의 자료 사용에 관해 살펴보았다. 또 다른 잠재적인 정보와 착상의 출처는 동료 학생이다. 학과마다 공동 작업을 권장하는 정도는 다르다. 일부는 학생의 글쓰기가 개인적인 산물이어야 한다고 하고, 그래서 동료 학생이 서로의 글을 보지 못하게 하며, 어떤 학생이 다른 학생을 표절하면, 똑같이 벌을 준다. 그에 비해 다른 학과는 다른 입장을 갖고 있다. 이 견해에 따르면, 교사에게 배우듯 다른 학생에게 배울 수 있으며, 학생들이 편하게 함께 작업하라고 격려와 도움을 받는 상황에서는 학습 효과가 크게 증진된다. 대부분 대학은 협력(collaboration)과 공모(collusion)를 구분한다. 전자는 좋은 일이다. 학생은 서로 학습을 돕지만, 자신의 과제를 작성할 때는 각자 작업한다. 후자는 나쁜 일인데, 학생들이 자신의 작품을 만든 것처럼 행동하지만 실은 한 사람 또는 그 이상이 다른 학생의 과제를 베끼는 일이다. 이는 표절이다. 동료 학생의 작품을 자기 것인 듯 속이는 일은 출판된 저자의 작품을 자기 것인 듯 속이는 일과 아무런 차이가 없기 때문이다. 기성의 학자처럼 행동하면 최선이다. 대학의 교사는 출판을 위해 제출하기 전에 동료 연구자들과 토론하며,

이때 받은 도움을 글에 밝혀 출처를 드러낸다. 학생이 동료 학생에게서 받은 도움을 과제에 밝힌다면, 전문가다운 행동 때문에 신뢰를 얻게 되며, 그래서 출처를 정직하게 밝힌다고 해서 점수를 깎이지는 않을 것이다.

출처를 효과적으로 이용하기

표절의 혐의를 피하려면, 출처에 대해 정직하고 스스로 생각한 바를 극대화하면 된다. 자립적인 사고를 많이 하지 못했을 경우, 논술문 작성자가 정직하다면 강의 노트를 개작하고 이차 서적에서 따온 내용을 서로 꿰맞춘 모습이 논술문에 명백하게 드러난다. 그렇다면 강의자료집이나 이차 서적의 사용과 자신의 자립적 사고를 드러내는 일 사이의 균형을 어떻게 잡아야 하는가? 다른 사람의 저작을 사용하여 작성자 자신의 사고를 **대체**하는 대신에, 자신의 사고를 훈련하는 **원재료**로 사용하라. 이것이 답이다.

단순하게 인용만 나열하거나 저자가 말한 바를 서술하기만 한다면 빈 칸만 메운 셈이다. 거기는 자신의 철학적 능력으로 독자에게 감동을 줬을지도 모를 글이 채워질 지면이었다. 그래서 저자의 정확한 말을 논의하려고 하지 않는 한은 인용하지 마라. 이것이 황금률이다. 예를 들어, 어떤 문단이 어떻게 해석되어야 할지 논증하거나, 특정 해석에 대해서 찬성하거나 반대하는 논증을 제시할 수 있다. 다시 말하지만, 이차 서적에서 인용하기만 한다면, 타인의 해석이나 비판을 빌려오는 셈이다. 하지만 논술문을 검사하는 사람은 **학생의** 추론 기술을 평가하기를 원한다. 그래서 이차 서적은 논평을 위한 자료로 이용해야 한다. 그 글의 내용에 대해서 찬성하거나 반대하는 이유를 제시할 수 있거나, 서로 일치하지 않는 둘 이상의 이차 서적을 확인하고 그 가운데 어떤 견해를 선호하며 왜 그러는지 말할 수 있다. 이런 방식으로 논술문은 일관되게 논증적인 성격을 갖게 될 것이고, 읽는 사람에게 어떤 부분이 작성자의 생각인지 명백하게 드러날 것이다.

이제 예를 들어보자. 라이프니츠에 관한 논술문을 작성하는 데 다음을 포함한다고 해보자.

> 라이프니츠는 '필연적' 진리를 달리 될 수 없었던 진리, 그 반대가 모순을 함축하는 진리라고 정의했다. 그래서 삼각형이 세 변을 갖고 있다는 것은 필연적이다. 왜냐하면 세 변을 갖지 않음이란 관념은 세 변을 가진 도형과 모순이기 때문이다. '우연적' 진리로 그는 달리 될 수도 있었던 진리, 즉 그 반대가 비모순인 진리, 또는 논리적으로 가능한 진리를 의미했다.

이는 표절이다. 로스의 저서(1984, *Leibniz*. Oxford: Oxford University Press) 59쪽의 내용을 출처를 밝히지도 않은 채 그대로 베꼈기 때문이다. 그렇다면 다음과 같이 출처를 달았다고 해보자.

> 라이프니츠는 '필연적' 진리를 달리 될 수 없었던 진리, 그 반대가 모순을 함축하는 진리라고 정의했다. 그래서 삼각형이 세 변을 갖고 있다는 것은 필연적이다. 왜냐하면 세 변을 갖지 않음이란 관념은 세 변을 가진 도형과 모순이기 때문이다. '우연적' 진리로 그는 달리 될 수도 있었던 진리, 즉 그 반대가 비모순인 진리, 또는 논리적으로 가능한 진리를 의미했다.(MacDonald Ross (1984), p. 59)

이는 아직 부적절하다. 어느 부분이 실제로 로스가 말한 부분인지 지정되지 않았기 때문이다. 이를 다음과 같이 바꿔 썼다고 해보자.

> '필연적' 명제에 대한 라이프니츠의 정의는 그를 수 없었던 명제인데, 이

명제의 부정은 논리적 불가능성을 포함하기 때문이다. 그래서 삼각형이 세 각을 갖고 있다는 것은 필연적 명제인데, 세 각을 갖지 않은 삼각 도형이란 관념은 논리적으로 불가능하기 때문이다. '우연적' 명제로 라이프니츠는 그를 수도 있었던 것을 의미했는데, 그 그름이 모순 또는 논리적 불가능성을 포함하지 않았기 때문이다.

이 역시 더 나아진 것이 없다. 출처를 밝히지 않은 채 말을 바꾸기만 해서는 여전히 표절로 간주한다. 이런 혐의를 피하려면 인용부호나 괄호를 사용해서 어떤 말이 로스의 것인지 밝힌다.

> 로스(MacDonald Ross (1984), p. 59)에 따르면 "라이프니츠는 '필연적' 진리를 달리 될 수 없었던 진리, 그 반대가 모순을 함축하는 진리라고 정의했다. 그래서 삼각형이 세 변을 갖고 있다는 것은 필연적이다. 왜냐하면 세 변을 갖지 않음이란 관념은 세 변을 가진 도형과 모순이기 때문이다. '우연적' 진리로 그는 달리 될 수도 있었던 진리, 즉 그 반대가 비모순인 진리, 또는 논리적으로 가능한 진리를 의미했다."

이렇게 해도 여전히 이차 인용이다. 라이프니츠가 필연적 진리를 어떻게 정의했는지 명확하게 확인하려면 그의 저작에서 이 구절을 찾아야 한다. 하지만 로스의 해석을 비판함으로써 논술문을 강화할 수도 있다. 예를 들어, 라이프니츠가 필연성을 모든 가능세계에서 옳음으로 정의했다고 믿는 해설과 이 구절을 대조하면 더 좋은 논술문이 될 수 있다.

논술문 쓰기

양식

철학에서 글의 양식(style)에 대해 다음을 주의하라.

- 철학 이외의 다른 분야는 단수 일인칭 표현 즉 '나' '나에게' '나의' 등을 꺼리지만, 철학자는 이런 표현을 많이 쓴다. 논술문을 작성하면서 이 표현을 꺼릴 필요가 없다.
- 철학 이외의 다른 분야에서는 수동형 표현이 선호되지만, 철학자는 이에 비해서 능동 표현을 더 많이 사용한다. 이를테면 '이렇게 믿어진다.'를 '나는 이를 믿는다.'로 표현한 것을 들 수 있다. 다시 말하지만, 이런 방식으로 글을 쓰고, 더욱 직접적이고 간명한 어투를 구사하라.
- 철학 이외의 다른 분야에 비해 일부 철학 저작에서 직접 인용이 적게 사용된다. 철학의 여러 분야 사이에서도 이런 차이가 존재한다. 논증을 전체적으로 인용하기보다는 그 취지를 요약하여 제시하는 것이 낫기 때문이다. 하지만 이미 보았듯이, 유럽 철학에서는 문예의 요소를 더 심각하게 받아들인다. 그래서 유럽 철학자들의 저작에서는 인용을 더욱 광범하게 이용하고 있다. 열심히 학습하기로 마음먹었다면 읽은 자료에 주의를 쏟아야 한다.

논리학을 공부하거나 논리학과 밀접하게 관련된 과목을 수강하고 있다면, 기호를 사용해서 논증을 제시하면 도움이 된다고 느낄지 모르겠다. 하지만 논리 기호를 이용하는 것이 적절한지, 명료성을 증진하는지 확신할 수 있어야 한다. 논증에 보탬이 되지 않는다면 이런 기호를 사용하느라고 고생할 필요가 없다. 일상사를 전달하는 평범한 문장의 경우와 달리, 논술 작성자의 철학적 사고를 독자가 지극히 명료하게 파악하도록 하려면 긴 과정이 필요할 수도 있다.

명료한 글쓰기는 매우 중요하다. 논술문 작성자는 자신의 논증과 이 논증의 전제와 결론이 어떻게 서로 잘 맞아가는지를 채점자로 하여금 이해하도록 해야 하기 때문이다. 철학 전문가처럼 보일까 싶어서 긴 문장이나 복잡하게 얽힌 문장을 사용하지는 말아야 한다. 명심하라. 우리가 읽는 철학의 고전 가운데 일부는 이해하기 어렵고 복잡한 문장 구조로 되어 있기는 하지만, 이들은 명료성을 결여하고 있기 때문에 고전이 된 것이 아니라, 명료하지 않지만 **그래도** 고전이다. 논술문을 작성해놓고 나서 소리 내 읽어보면 이상해 보이는 곳을 찾아낼 수 있고, 그래서 다시 쓰기 쉬워진다.

또한, 철학자들은 언어를 매우 세밀하게 사용하므로, 논술문을 작성할 때도 철학자에게 평가받는다는 사실을 유념하여 문법이나 철자법을 잘 지켜야 한다. 철자법, 문법, 글의 일반적인 양식에 대해서 알려주는 인문학 논술문 작성 안내 책자가 많으니 참고하기 바란다.

내용

글을 시작하면서, 핵심 낱말의 의미를 이해했는지 확인하라. 그리고 자신의 논술문에 이 낱말을 잘못 사용하여 애매성을 띠지 않도록 주의하라. 학생들은 철학자가 '우리는 이 용어를 정의해야 한다.'로 글이나 토론을 시작하는 것을 알고 있을 것이다. 이 점이 중요하다. 언어철학을 공부한다면 의미와 언급(reference, 또는 '지시')의 본성에 대한 여러 다른 주장을 접하게 된다. 또한, 철학자는 사람들이 특정 단어를 사용할 때 의미하는 바를 묻기도 하고, 어떤 단어를 사용할 때 다른 사람과 내가 똑같은 대상을 언급하고 있다는 사실을 어떻게 알 수 있는지 묻는다.

그래서 하는 말이지만, 문제의 핵심 용어에 대한 사전적 정의로 논술문 작성에 착수하고 싶을 것이다. 그러나 자신의 모든 논술문을 '국어대사전에서 정의하기를 … 는 … 라는 의미이다.' 나 'OED는 … 를 … 라고 정의한다.'로 시작할 수는 없는 노릇이다. 이렇게 되면 논란 중인 논점에 대해 이해한 정도나 그 논점을 얼마나 심각하게 비판적으로 검토했는지 보여주지 못하고, 오로지 사전 사용법을 알고 있다는 사실만 보여준 셈이다. 명료성을 추구하고 특정 용어의 의미에 관한 이해를 공유하고자 하는 것은 논술문을 작성할 때마다 사전을 뒤적거리는 것과는 다르다.

면밀하게 계획했다면, 논술문의 본론 부분에서는 뼈대 논증에 살을 붙여야 한다. 자신의 철학적인 솜씨를 여기서 발휘해야 한다. 이 점에 대해서는 바로 다음 절에서 논술문 사례를 제시하면서 더 자세히 살펴보겠다. 논증 구성과 분석이라는 철학의 도구는 이미 살펴본 바와 다르지 않다.

철학적인 글쓰기에서, 어느 정도가 '충분한 깊이'의 분석인지 결정하기는 어렵다. 그래도 어림의 규칙은 이것이다. 논술문에 등장하는 관념을 해당 주제에 사전 지식이 없는 사람도 이해할 수 있는 정도로 자세히 설명하라. 철학적 논증을 다루는 솜씨가 늘어나면서 적절한 깊이로 논의를 진행했는지 판단하기가 더 쉬워진다.

그리고 논술문을 작성하면서 관련된 논점에 초점을 두고, 이에 맞춰 나머지 내용을 선별해야 한다. 그러나 교사가 과제를 내줄 때 통상 시간과 분량을 제한하며, 학생은 이 제한 내에서 주제를 다루어야 한다. 분량 제한 때문에 추가적인 논의를 못 한다면 글에 '이정표'를 세워두라. 이정표는 이런 말을 해준다. 나는 논술문의 논의와 연관된 더욱 넓은 맥락도 알고 있으며, 또한 제시된 논술과제의 목적과 관련해서 어떤 것이 주요 논점이며 부수적 논점인지 구별하고 있다.

논술문의 화제를 논의하려면 먼저 초기 논증이 있어야 하는데, 이 논증의 윤곽이 그려지고 나면, 작성자는 이 초기 논증이 주장하는 바에 반대 논증을 찾을 수 있고, 또 이 공격을 막으려고 초기 논증을 방어하는 방법을 더 생각할 수 있다. 이처럼 반대의견을 일부러 내세우면서 트집을 잡아보는 것은 좋은 철학 논술문 작성의 핵심이다. 논점을 내세우는 능력, 이 논점과 관련된 증거를 제시하는 능력, 글의 주된 논증에 근거를 제시하는 능력, 그리고 반대 논증을 알아보는 능력은 매우 중요하다. 논술문을 작성할 때, 나의 논증에 찬성하지 않는 사람이 무슨 말을 할 것인지, 그에 대해 내가 어떻게 반응할 것인지 생각하라. 좋은 철학적 논증은 테니스 경기에서 공을 계속 주고받는 것과 비슷하다.

초고 완성 뒤에 할 일

초고 작성과 손질을 마쳤을 때, 분량 제한을 어기지 않았는지 확인하고, 써야 할 것을 제대로 작성했는지 확인하기 위해 채점 기준을 다시 본다. 채점자의 입장이 되어서, 자신이 이해하고 비판적으로 검토한 내용이 글에 제대로 드러났는지, 그리고 가장 중요한 사항인 논제에 충실히 답했는지를 점검한다. 앞에서 말한 대로, 강의자는 학생이 어떤 화제에 대해서 아는 모든 것을 쓰기를 바라지 않는다. 그보다는 어떤 화제를 다루려면 등장하게 마련인 핵심 개념을 과제 작성자가 이해했는지, 다루는 쟁점에 관해 어떤 생각을 했는지, 논술문에서 개진하는 의견에 대해 학생 **자신의** 근거가 있는지를 보려고 한다. 이런 사항을 효과적으로 보여준다면, 논술문 과제로 좋은 점수를 획득할 수밖에 없다.

논술문을 작성해가면서, 엄밀한 비판적 사고의 기술을 사용했는지 확인하라. 이에 숙달하려고 다른 철학자들이 쓴 글을 읽으면서 많은 연습을 했을 것이다. 학생이 자신의 논술문 과제를 다시 읽어도 무슨 말인지 불분명하게 느껴진다면, 그 글은 채점자에게도 불분명할 것이다. 논술문에서 자신이 전개했던 논증의 특정 구절이나 단계를 이해하기 어렵다면, 동료 학생이 되었든 다른 친구들이 되었든, 다른 사람에게 그것을 설명해보라. 일반인이 이해할 수 있을 정도로 그 부분을 설명할 수 있다면, 작성자는 논술문의 주제에 관해서 충분히 파악한 셈이다. 그리고 누군가에게 설명하는 과정에서 자기 자신도 더 잘 이해하게 되는 법이며, 과제를 교정할 때 이를 이용할 수 있다.

논술문 사례

이제부터 전형적인 논술 문제, 논제를 살펴보면서 지금까지 말했던 몇 가지 방법을 적용해보자. 어떻게 하면 논술 과제를 보다 효과적으로 수행할 수 있을지 알게 될 것이다.

다음 예들은 논술문을 작성하기 위한 다양한 접근방법이다. 이 가운데 어떤 것도 올바르거나 그릇된 방법이 아니며, 어떤 것도 모범 답안이 아니다. 하지만, 논술문을 작성하라는 요구에 답하는 전략과 자기 자신의 철학적 글쓰기를 실행하는 전략을 보여준다.

우리는 제일 좋은 예를 들기보다는 중상급의 논술문을 제시하겠다. 그리고 이미 말했듯이, 논술문 평가의 기준은 대학마다 다르다. (또한, 철학과의 과정별로 다를 것이다.)

다음 예들은 학부 과정에서 실제로 사용된 논제이다. 이 때문에 여기서 다루는 철학적 주제가 이미 배운 학생들에게는 익숙할 것이며, 아직 배우지 않은 학생에게는 낯선 내용일 것이다. 예를 이해하기 편하도록 내용을 충분히 설명하려고 했다. 그렇지만, 초점은 논의될 철학 지식이라기보다 철학적 글쓰기의 방법이다. 여기서 든 예를 해석하고 또한 논의하는 데 사용된 방법이 어떻게 다른 논제 해결에 적용될지 탐색하자. 이것이 이 절의 목표이다.

논술문 사례 A

> 안락사가 도덕적으로 그르다는 주장을 비판적으로 평가하시오.

어떤 종류의 물음인가?

이는 **평가** 물음이다. 특정 주장 즉 안락사가 도덕적으로 그르다는 주장을 검토하라고 요구하며, 또한 이 입장에 대한 찬성 논증과 반대 논증을 비판적으로 평가하라고 요구한다. 비판적인 평가를 하면서 자신의 의견을 표현하는 것이 중요하다. 그렇지만, 기억하라. 근거를 대서 자신의 생각을 뒷받침하는 것이 철학적 글쓰기의 본질이다.

배경 지식

강좌의 독서목록에는 안락사에 관한 다음 자료가 포함되어 있을 것이다.

- Peter Singer (1979), *Practical Ethics*. Cambridge: Cambridge University Press. 황경식 역(1991), 『실천윤리학』, 서울: 철학과 현실사.

- Helga Kuhse (1991), 'Euthanasia', in Peter Singer (ed.) (1991), *A Companion to Ethics*. Oxford: Blackwell Publishers.

- Philippa Foot (1994), 'Killing and Letting Die', in B. Steinbock and A. Norcross (1994), *Killing and Letting Die*. New York: Fordham University Press.

- James Rachels (1986), ʻActive and Passive Euthanasiaʼ, in Peter Singer (ed.) (1986), *Applied Ethics*, Oxford: Oxford University Press.

- Brad Hooker (1997), ʻRule Utilitarianism and Euthanasiaʼ, in Hugh LaFollette (ed.) (1997), *Ethics in Practice*. Oxford: Blackwell Publishing.

- Tom Beauchamp (1997), ʻJustifying Physican-Assisted Deathʼ, in Hugh LaFollette (ed.) (1997), *Ethics in Practice*. Oxford: Blackwell Publishing.

제2장의 독서목록에 관한 논의를 기억한다면, 거의 모든 항목이 논문 선집에 실린 논문이거나 책의 한 장이라는 것을 알 수 있다. 이런 사실은 일을 수월하게 만들어준다. 관련 부분을 찾으려고 책 전체를 뒤진다고 생각해보라. 이런 목록을 제시함으로써 강의자는 학생의 일을 덜어주었다. 책전체를 읽으면서 헤매지 않도록 가장 적절한 글을 지정해놓았다. 또한 단행본, 이를테면 『실천윤리학』(*Practical Ethics*)을 소개했지만, ʻTaking life: euthanasiaʼ라는 장을 포함하고 있어서 어느 부분을 참고해야 할지 뚜렷하게 드러나며, 그래서 도움이 된다.

이상으로 우리는 논술문을 계획하고 작성하는 데 필요한 모든 정보를 갖고 있다.

논술문 작성 계획

안락사 문제를 포함하여, 강의 주제와 관련된 독서를 이미 마쳤다고 가정하면, 이 문제로 말미암아 문젯거리로 떠오른 관념을 알았을 것이다. 예를 들어, 싱어의 『실천윤리학』(*Practical Ethics*)의 7장을 토론 수업을 준비하기 위해 읽었다면, 안락사의 종류를 알게 된다. 자발적 안락사, 비자

발적 안락사, 반자발적 안락사. 또한, 능동적 안락사와 수동적 안락사의 구분도 알게 된다. 전자는 죽이는 일이고 후자는 죽게 두는 것이다. 강의자나 동료 학생과 여러 각본과 예를 논의하며, 미끄러운 경사길 논증과 같은 안락사 반대 논증을 검토할 뿐 아니라 특정 행위나 방관의 과정에 대해 제시된 정당화를 검토하게 된다.

비록 권장도서를 전혀 읽지 않았다고 하더라도, 싱어의 책이나 철학 백과사전과 같은 이 이 분야의 고전적인 문서를 간단히 훑어보기만 해도 이 논제에 어떤 답을 할 것인지 생각하게 해주는 충분한 정보를 얻게 된다.

1,500단어는 안락사와 같이 큰 주제에 비해서 매우 많은 분량은 아니다. 따라서 간략하게 써야 하며, 어떤 쟁점에 집중할 것인지 결정해야 한다. 큰 주제에 적은 분량은 불가피하게 일부 쟁점을 다루지 못하게 만든다. 하지만 포함 또는 배제를 선택한 데 대해 정당화할 수 있는 한, 하나의 특정 논점에 깊이 초점을 두는 일은 전적으로 합당하다. 이런 접근법은 넓지만 얕파한 논의보다 낫다. 작성자는 능동적 안락사와 수동적 안락사의 구분에 특히 관심을 두기로 할 수 있다. 그렇다면 이것이 바로 작성할 논술문에서 초점을 두어야 할 대목이다. 이런 선택은 좋다. 다만, 다른 측면 대신 안락사의 이 측면에 초점을 두기로 선택한 이유를 설명해야 하며, 분량 제한 때문에 젖혀두었지만, 안락사 논의와 관련된 다른 잠재적 주제가 존재한다고 밝혀둬야 한다.

관련 문헌을 읽었고, 주제에 관한 자신의 견해를 생각해봤다면, 논술문 작성 계획에 착수할 수 있다. 능동적 안락사와 수동적 안락사의 구분에 초점을 두기로 하고, 또한 안락사가 도덕적으로 그르지 않다고 논증하기로 했다고 가정해보자.

앞의 논제에 관한 논술문 작성 계획은 다음과 같을 것이다.

| 안락사가 도덕적으로 그르다는 주장을 비판적으로 평가하시오. |

논술문 작성 계획

서론
- 안락사 정의
- 적극적/수동적 안락사 구분에 초점(선택을 설명)
- 안락사가 도덕적으로 그르지 않음을 논증

본론
- 다른 유형의 안락사 살피기
  - 소극적–한 사람이 죽으리라고 알고 있으나, 그 죽음을 막는 데 실패
  - 적극적–한 사람의 죽음을 의도적으로 일으킴
- 법적 쟁점–간단히 말해, 수동적 안락사 허용, 적극적 불용, 하지만, 여기에 초점을 두지는 않음
- 행위/부작위 신조를 둘러싼 논증을 자세하게: 일정 결과를 일으키는 행위를 수행하는 것과 똑같은 결과를 갖는 무언가를 하지 않음 사이에 중요한 도덕적 차이가 존재 – 싱어, 『실천윤리학』
- 예. 말기 질병으로 고통스러워하거나 극심한 고통에 시달리는 환자라면 치료를 보류함으로써 죽게 만드는 것은 괜찮음 ← 의료계와 법에서 일반적으로 수용
- 그러나 예를 들어, 치명적 주사보다 죽게 내버려두는 게 더 고통을 줄 수 있음 – 레이첼의 다운증후군 아기에 관한 논증. 그의 글 30쪽
- 레이첼의 논증을 자세히: 수동적 안락사보다 능동적 안락사가 보다 우리가 원하는 결과(즉 고통의 감소)를 더 인간적인 방식으로 가져옴. 누군가 느리고 고통스럽게 죽어가는 것을 지켜보는 것은 도덕적으로 그름. 더구나 당신이 도울 수 있는데. 싱어의 언급. 인간과 동물의 차이. 말이 서서히 고통스럽게 죽어가도록 놔두지 않는 상황. 그래서 어떤 상황에서는 죽이는 것이 죽게 내버려두는 것보다 더 나쁘지 않다고 논증. 싱어는 동물과 사람이 도덕적으로 동등하게 간주.
- 풋의 적극적/부정적 권리 구분에 대한 반대 논증–죽이는 것은 죽게

두는 것과 도덕적으로 구분됨. '타인을 해치지 않아야 하는 엄격한 의
무' 때문. 285쪽 – 보다 자세히 다룰 것.
- 풋의 논증에 의문–만일 죽이는 것과 죽게 두는 것 사이의 구분이 권
리와 관련되어 있다면, 우리가 안락사 되기를 원할 때 죽게 내버려둬
서 생기는 고통을 당하지 않을 권리를 가졌는지 논의
- 미끄러운 경사길 논증 언급–이 논증에 찬성/반대 이유를 살필 것.

결론
- 찬성/반대 주 논증 요약
- 각 논증이 어떻게 결론에 도달했는지 설명

계획서에서 볼 수 있듯이 끝 부분보다 출발 부분이 더 자세하지만, 논
술문을 작성해가면서 자신의 논증 노선을 발전시킬 수 있다. 글의 기본
윤곽, 즉 개요가 마련되었기에 작성자는 이 계획을 밀고 나가서 온전한
논술문으로 확장할 수 있다. 이제 논술문 작성이란 이 계획서에 틈을 메
워가는 일이다.

논술문 작성

여기서 찬성 논증을 펴기로 한 주장 즉 안락사는 도덕적으로 수용될 수
있다는 주장과 관련해서, 핵심 용어의 의미를 설명하면 도움이 된다. '안
락사'는 한자말로서 '편안한 죽음'을 뜻한다. (이에 해당하는 영어 단어
'euthanasia'는 그리스어의 *eu*와 *thanatos*에서 온 말로서 '좋은 죽음'을
뜻한다.) 논술문 작성자는 이런 의미와 관련된 사실로 글을 시작하고자
원할 것이다. 그리고 이 용어가 오늘날 일반적으로 어떻게 이해되고 있는
지 설명하고 싶을 것이다. 요즈음 사람들의 안락사 개념은 고통 속에서
비탄에 잠긴 불치병 환자에게 좋은 죽음을 일으키는 일이다. 이런 노선에

따라서 화제의 초점을 정하고 싶을 것이다. 이를테면, 능동적 안락사와 수동적 안락사의 구분을 도입하고 싶을 것이다. 그런 다음에, 안락사가 도덕적으로 그르지 않다는 결론을 내리기 전에, 두 유형의 안락사에 찬성하고 반대하는 논증을 찾는다. 앞에서 말한 대로, 짧은 논술문에서 다 다룰 수 없는 주제를 독서목록과 토론이 다룬다면, 다른 주제를 배제하기로 선택한 이유도 설명하고 싶을 것이다. 예를 들어, 비첨(Beauchamp)의 논문은 흥미롭지만, 새로운 주제인 공리주의를 도입하고 있다. 그래서 작성자는 공리주의를 논의거리로 고려하기에는 지면이 부족하다고 느낄 수 있고, 이를 글에 포함하면 된다.

이제 서론이 짜였다면, 글의 본론부로 갈 수 있다. 논술문 작성 계획서를 보면서, 능동적 안락사와 수동적 안락사의 의미에 대해서 간단히 개관할 필요가 있다. 읽었던 책에서 인용하고 싶을 수도 있으나, 인용의 양을 짧게 하도록 유념하라. 무엇보다도, 논술문 작성의 요체는 교재를 몽땅 베끼는 능력을 보여주는 게 아니라, 논술문의 화제에 관한 작성자 자신의 이해와 비판적 검토를 보여주는 것이다. 다른 저자의 저작을 너무 많이 이용한다면, 원저자가 쓴 글의 양식과 작성자의 양식이 혼합되어 독자에게 혼동을 준다. 인용을 사용할 때는 온당하게 출처를 밝혀야 한다. 하지만, 작성자 자신의 말을 사용해야만 자신이 이해한 바를 가장 잘 보여줄 수 있다. 그리고 다시 한번 자신의 글이 서투르거나 지나치게 복잡하지 않은지 점검하라.

수동적 안락사란 환자가 죽어가게 하려고 치료를 보류함을 말하며, 능동적 안락사란 환자의 생명을 거두기 위한 의도적인 행위를 뜻한다는 것이 명료화되었으니, 이제 이 관념을 둘러싼 논증을 비판적으로 평가할 수 있다. 예를 들어, 행위와 부작위의 신조[3] 때문에 수동적 안락사는 도덕적으로 수용될 수 있지만, 능동적 안락사는 그렇지 않다는 생각에 대한 논의의 여지가 생긴다. 하지만 이 신조는 다른 반대 논증에 의해서 비판받을 수 있다. 이상적으로 보면, 비판의 증거는 몇 단계 더 깊어야 한다.

많은 철학자가 행위와 부작위의 신조에 찬성과 반대의 논증을 내놓았지만, 이를 이용해서 작성하는 논술문은 작성자 자신의 의견을 표현해야 하는 주된 기회이다. 물론 이 의견은 근거에 의해서 뒷받침받아야만 한다. 그나저나 직업 철학자들은 이 쟁점에 대해 수천 년 동안 글을 쓰고 토론해왔으므로, 논술문을 작성한 학생이 아무도 이전에 내놓지 않은 새로운 말을 할 수 있겠는가? 행위와 부작위의 신조에 찬성(또는 반대)하는 완벽히 새로운 논증을 내놓기는 어렵겠지만, 그럼에도 학생 자신의 독창성을 표현할 수 있는 방도는 많다. 예를 들어, 안락사에 관한 논술문을 쓰면서 자신만의 사례를 수집하거나 각본을 창조할 수 있다. 풋(Philippa Foot)이 죽이는 일과 죽게 내버려두는 일이 도덕적으로 다르다고 증명하면서 구출 1과 구출 2에 관한 사례를 지어냈듯이, 이 두 경우가 도덕적으로 차이가 나지 않는다고 논증하기 위해서 자신의 예를 윤색하거나 완전히 새로운 각본을 짤 수 있다.

이 정도 진행되었다면, 원래의 논술문 작성 계획서에서 보이던 많은 틈을 메우게 되었다. 그리고 자신이 원하는 방향으로 논지를 펼쳤다. 앞에서 살펴본 방법을 명심하면 비판적이고 명료한 글쓰기에 도움이 된다.

이제 원래의 계획했던 논점들을 본론에서 모두 펼쳤다면 결론을 쓸 수 있다. 결론에서 명심할 사항은 다음이다. 결론은 글의 본론에서 주장한 논지를 간략하게 반복하고, 이들이 논술문의 기본주장을 어떻게 뒷받침

>3 [역주] 행위와 부작위의 신조(the acts and omission doctrine): 행위자가 결과를 내려고 능동적으로 간여하는지가 윤리적 차이를 가져온다는 신조. 또는 부작위의 결과로서 똑같은 결과가 발생한다는 것을 예상한 상황에서 행위자가 행위하기를 능동적으로 게을리했는지가 윤리적 차이를 가져온다는 신조.

하는지 밝혀야 한다. 본론에서 다루지 않았던 전혀 새로운 내용을 꺼내서 독자를 놀라게 하면 안 된다. 본론의 논증은 글의 결론부분을 모두 지지 하고 이 부분으로 유도되어야 한다.

논술문 사례 B

이제 약간 더 어려운 예를 살펴보자. 환경에 대한 책임은 삶의 모든 국면 과 관련되어 광범위하고 크게 논의되었다. 여기서 살펴볼 논제는 이런 쟁 점과 관련되어 있다.

> '오염이란 악이며, 이를 줄이거나 제거함으로써, 정부는 국민의 생활을 "더 좋게" 만든다. 줄어든 오염 수준의 이득은 사회 구성원이 자신이 원 하는 바의 활동을 제한할 때만 달성된다. 말하자면, 치러야 하는 사회적 비용이 존재한다. … 그럼에도 오염을 방지하고 환경을 보호하려고 시행 되는 정책의 이득이 오염과 환경의 영향을 받는 모든 사람에게 어떻게 분배될 것인가?'[4]
> 정부와 개인은 미래 세대의 이익을 고려해야 하는가? 당신의 답변을 설 명하시오.(2,000자)

환경오염은 이제 우리에게 진짜 문젯거리이다. 모든 사람이 필요와 욕구 를 갖고 있다는 데 착안한다면, 이 사람들의 도덕적이거나 정치적인 이해 관계를 어떻게 생각해야 하는가? 그리고 현재 보살펴야 하는 환경과 현 재 **우리에게** 필요한 것이 있는 상황에서, 아직 존재하지도 않는 사람들의

>4   Gower, Barry S., 'The environment and justice for future generations', in Cooper, David E. and Palmer, Joy A. (eds) (1995), *Just Environments, Intergenerational, International and Interspecies Issues*. London: Routledge, p. 49.

이해관계를 어떻게 고려해야 하는가? 이는 미래의 자녀에 관한 정서에 호소해서 의견을 내놓게 되면 쉽게 답할 수 있을 것 같이 생각되는 질문이다. 또는 세계화, 다국적기업, 생물다양성, 보존, 개도국의 이해관계 등에 관한 뉴스에 근거해서 응답하면 쉬울 것처럼 보인다. 하지만 좋은 철학 논술문은 이 인용문과 질문을 지탱하는 쟁점이나 문젯거리를 명료하게 분석해야 한다. 논술문 작성자는 현재의 정치 논쟁에 들어 있는 철학적 문제를 분석하는 기술을 보여야 한다.

이를테면 다음과 같은 방식으로 의견만 제시하면서 시작한다면 부적절한 글이다.

> 미래 세대는 우리의 자식이고 손자이다. 비록 그들이 아직 태어나지도 않았지만, 우리는 당연스럽게 그들을 보살펴야겠다고 느낀다. 우리는 모두 오염이 나쁘며 과학이 왜 그런지 보여주었다고 생각한다. 그러므로 우리는 우리의 자녀와 후손을 위해서 우리의 환경을 오염시키지 않으려고 노력해야 한다. 이래야만 우리와 마찬가지로 그들도 우리와 똑같은 삶의 표준을 즐길 수 있다.

이 글은 정서에 호소해서 문제에 접근한다. 그러나 이는 철학에서는 부적절하다. 인용문과 논제에 포함된 요소 가운데 철학적 측면을 분리해야 한다. 이 대목에서 노트 작성을 해보면 도움이 된다. 글을 쓰기 전이나 무엇을 읽어야 할지 생각하기 전에도 우리는 여러 다른 질문을 던져볼 수 있다.

1. 오염은 악인가? 이는 무슨 의미인가?
2. '국민의 생활'을 규제하는 것은 정부 또는 개인의 의무인가? 자유는 어떤가? 이때 사회적 비용은 어떤 것인가? 세계가 치러야 하는 비용은 무엇인가?

3. 사회적 이익과 환경적 이익을 현재 사는 사람들에게 지금 어떻게 분배되는가? 이런 분배는 정당한가?

4. 그 밖에 누가 이해 당사자인가?

5. 대개 미래의 이해관계가 고려대상이 되어야 한다고 **가정**한다. 그러나 정말 그래야 하는가? 존재하지도 않는 사람이 어떻게 이해관계를 갖는가? 얼마나 **많은** 미래의 사람을 우리가 고려하는가? 미래라는 시간을 어디부터로 잡을 것인가?

6. 과거 세대의 이해관계와 물질적 필요는 현재의 우리와 달랐으며, 그들은 **우리의** 것을 추측할 수 없었다. 미래 사람들은 어떤 삶의 표준을 물려받아야만 하는가? 우리가 **그들의** 이해관계나 필요를 어떻게 알 수 있는가? 그들이 이해관계를 갖는다면, 그들에 대한 우리의 의무는 무엇인가? 그들을 위해서 우리 자신의 활동을 줄일 의무가 있다고 느껴**야만** 하는가?

명백히 이 각각의 논점은 그 자체로 또 다른 논술문의 주제가 될 수 있다. 때로 우리가 논제를 살필 때 이런 사실은 문제를 일으킬 수 있다. 여기서 중심 물음을 찾아야 한다. 이 경우에는 **중심** 물음을 어렵지 않게 찾을 수 있다. 인용문을 주고 나서 질문이 진술되었으며, 그래서 작성자가 쉽게 질문자의 목적을 파악할 수 있기 때문이다. 지금 초점을 두는 유형의 질문이 바로 이것이다. 이런 단서로 짚어볼 때, 앞의 여러 논점 가운데 4, 5, 6을 심도 있게 살펴야 한다.

더불어 다른 논점 역시 더 완결된 답을 하는 데 도움을 줄 것이며, 그래서 우리는 이들을 다 버리지는 않는다. 어떤 것을 논의 대상으로 포함 시킬지 결정해야 한다. 먼저 오염이 삶을 더욱 나쁘게 만든다는 기본적인 주장을 살펴보자. 이렇게 자문해보라. 이 주장은 그 자체로 이 논술문에서 매우 자세히 설명되어야 하는가? 아마도 답은 '아니다.'일 것이다. 오염이 무엇인지 묻지 않았기 때문이다. 제시문의 저자가 '악'으로 의미하는 바에 대해서 무엇인가 간단히 덧붙일 수 있다. 둘째, 정부의 책임 역시 핵심 고려사항은 아니다. 하지만 우리가 이 부분이 논증의 **성분** 즉 전제라는 것을 알고 있다는 사실을 논술문을 읽는 독자에게 알려야만 한다. 셋째, 정부가 이해관계의 균형을 잡아야 한다고 주목하면서, 우리는 핵심 화제를 다루는 데 착수하며, 또한 우리 자신이 이 부분을 논의의 중요 부분이라고 깨닫고 있다는 사실도 보여주어야만 한다.

다음 글을 검토하면서, 중요성이 덜한 부분이 어떻게 언급되었으며, 논의 초점이 어떻게 주요 화제로 이동되었는지 살펴보라.

이 글의 저자가 오염을 악이라고 말했을 때, 그는 오염이 사람 개인이나 집단의 삶을 전반적으로 나쁘게 만든다는 뜻이었을 것이다. 오염은 선이 아니다. 통상 자유도 선으로 간주된다. 그래서 우리는 이 논의를 위해서 다음과 같은 가정이 필요하다. 정부가 공해를 일으키거나 증가시키는 행동을 제한함으로써 환경을 보호하려는 규제할 때, 자유의 가치와 공해 감소라는 선의 달성 사이에서 발견될 수 있는 균형을 정부가 깨닫고 있다. 이런 가정을 도입한다고 해도, 균형을 잡아야 할 다른 요인도 있다. 다른 선에 대해 염려하는 것처럼, 정부는 사회에서 선을 어떻게 분배할지, 그리고 세계적으로는 선진국과 개발도상국 간에 선의 분배를 어떻게 해야 할지 관심을 둔다. 그러나 환경에 대한 물음과 자연 자원 일반에 관한 물음에 관심을 둘 때, 미래 세대가 고려 대상이 되어야 한다고 가정되곤 한다. 미래 세대는 존재하지 않으며 미지의 필요와 이해관계를 갖는다. 다른 균형문제에 대한 우리의 답변은 누구의 이해관계가 고려되고 어떻게 고려될지에 달렸다. 그러므로 미래 세대를 다루어야 하는 방법을 이해할 수 있다면 우리는 이 모든 논란이 어떻게 표현될 수 있을지를 명확하게 알 수 있다. 왜냐하면, 우리는 환경과 연관된 이해관계 그리고 나

아가 이익 일반에 관한 논의에서 사용될 수 있는 합당하고 정당화될 수
있는 기준이 존재하는지를 볼 수 있을 것이기 때문이다.

우리는 인용문에서 내용을 취하고 그것을 약간 풀어내서, 물음의 중요
성을 이해하고 있다는 점을 보이고 있다. 다음은 이미 말한 세 가지 쟁점
에 대해 더 자세히 살펴볼 필요가 있다. 존재하지도 않는 사람이 **어떤 것
이든** 이해관계를 가질 수 있는가? 미지의 요구 사항을 가진 사람이 어떤
이해관계에 놓여 있다고 가정할 수 있는가? 그리고 그들이 이해관계에
얽혀 있다고 한들, 그들에 대한 우리의 의무는 무엇인가? 이 각각의 의문
은 분리된 문제로 취급될 필요가 있다. 이 단계에서, 작성자는 이런 물음
이 제시된 수강과목이나 과정의 독서목록을 검토하고 이미 읽은 책이 있
다면 그 책을 검토할 필요가 있다. 이해관계는 어떻게 측정되고 결정되어
야 하는가? 기존의 기준이 학기 중에 읽었던 책에 존재하는가? (물론 인
용하려면 정확하게 참조한 곳을 밝혀야 할 것이다.)

주된 물음이 어떻게 여러 다른 물음으로 분해될 수 있는지 알아야 한
다. 이것이야말로 이 논술문의 예를 통해 반드시 숙지할 내용이다. 글을
작성하기 전에 될 수 있는 한 많은 질문을 짤막한 노트 정리 형태로 많이
써보라. 작성자는 논증의 진행 노선, 논점이 분석되는 방식, 더 나아가 논
점을 내세우려면 이를 지지하는 증거도 필요하다는 점을 자각해야 한다.
그런데 이 책에서 소개하는 절차대로 작성한 글은 이를 쉽게 보여줄 수
있다. 명심하라. 확인된 각각의 주된 논점은 논술문을 알맹이를 형성하는
논증에서는 전제 역할을 할 것이다. 전제가 강하지 않으면, 전제를 토대
로 세워진 결론 역시 강하지 않을 것이다.

논술문 사례 C

> '본유관념에 관한 데카르트와 로크의 견해를 비교하고 대조하시오. 어
> 떤 견해가 더 방어하기 좋은 설명인가? 답을 하고 그에 대한 당신의 근
> 거를 제시하시오.'

이 질문은 어떤 면에서는 이전 물음보다 더 어렵다. 두 철학자의 이론에
대한 지식을 요구하고 있으며, 그래서 문제에 관한 (아무리 엄밀하더라
도) 생각만으로 답할 수 없다. 안락사 문제와는 이런 점에서도 다르다. 이
문제의 주제도 더 전문적이다. 다시 말해, 안락사보다 본유관념 문제는
철학계 밖에서 널리 논의되지는 않으며, 그래서 익숙하지 않은 도전이 될
것이다.

이런 이유로, 철학 입문 강좌에서 이런 문제를 과제로 받지는 않을 것
이다. 이 문제를 풀려면 철학과목을 이미 배워서 사전 지식을 갖춰야 하
며, 철학을 배운지 최소 1년이라도 지난 시점이거나, 아니면 학위 취득을
앞둔 고학년이 되어야 한다. 어쨌건 조만간 이런 질문을 붙들고 고민하라
는 요구를 받게 될 것이고, 따라서 학생의 처지에서 이처럼 더욱 도전적
인 과제의 수행 방법을 탐색해둘 만하다.

이미 말했듯이 학생이 문제의 주제를 이미 공부했을 때만 이런 과제가
제시될 것이다. 그래서 여기서는 본유관념에 관한 (다소 불완전한) 안내
를 하겠다.

본유관념
우리는 자신이 믿는 바가 옳다는 것을 어떻게 확신할 수 있는가? 17세기 철학자들은 특히나 이 문제에 마음을 썼다. 그 당시에 교회에 의해서 제공된 교육에서 강조하던 의문의 여지를 두지 않는 신앙을 넘어서고, 인

간의 지식을 위한 독립적으로 안전한 기초를 제공하려고 했다. 데카르트는, 특히, 회의적 의심을 고민했다. 어떤 것도 확실하게 알려질 수 없다.

본유관념은 이런 문제의 가능한 해결책으로 탐구되었다. 만일 우리가 본유적으로 아는(즉 우리가 태어날 때 어떤 방식으로 인가 우리 안에 포함된) 근본 진리가 조금이라도 있다면, 아마도 이는 필요한 안전한 기초, 즉 이를 바탕으로 세계에 관한 우리의 나머지 지식을 지탱하는 기초를 제공할 수 있다.

우리는 이 과제에 어떻게 맞붙을 것인가? 이 물음이 매우 상세하다. 이 점에 주의해야 한다. 다시 말해, 질문의 첫 문장만으로도 논제를 제시할 수 있었다. 'x와 y의 견해를 비교하고 대조하시오.'라는 문제만으로도 충분히 출제할 수 있었다. 하지만 이미 논의한 대로, 철학 학위에서는 x와 y의 견해에 대해 단순히 다시 서술하는 일 이상을 요구한다. 이들을 비판적으로 분석하라고 요구받는다. 앞의 논제에서는 이런 요구를 다음 문장에서 겉으로 드러내서 명백히 밝혔다. 철학에서는 이것이 명시적으로 진술되지 않았다 해도 함축되어 있다.

이 물음이 요구하는 바가 정확히 무엇인지, 그리고 이에 답하려면 말해야 하는 바가 정확히 무엇인지 하나씩 확인해보자.

- **본유관념에 관한 데카르트와 로크의 견해를 비교하고 대조하시오.** 이 질문은 논술문의 초점이다.
  ◦ 화제: 본유관념
  ◦ 핵심 사상가: 데카르트, 로크

  또한, 이 물음은 논술문의 구조를 제안하고 있다. 우리가 요청받은 것은 '비교와 대조'이다. 그래서 우리는 두 견해 사이의 유사성과 차이를 확인할 필요가 있다. 이를 위해, 우리는 먼저 그들의 견해를 서술하고, 그 후에 그들이 어떻게 비슷하고 어떻게 다른지 분석해야 한다.

- **어떤 견해가 더 방어하기 좋은 설명인가? 답을 하고 그에 대한 당신의 근거를 제시하시오.** 이는 두 입장의 상대적 장점을 스스로 평가하여 제공할 필요가 있다는 점을 환기시키고 있다. 우리는 어떤 이론이 더 낫다고 생각하는가? 그리고 왜 그렇게 생각하는가?

학생은 강의를 수강하거나 세미나에 참석하는 동안, 데카르트나 로크의 이론 가운데서 이미 자신의 견해를 택했을 것이다. 또는 이전에는 직접적으로 이를 자각하지 않았거나, 이에 대해 결론을 어떻게 내려야 할지 아직은 확신하지 못했을 수도 있다. 어쨌든 자신의 대답이 무엇인지 몰라도 이 질문에 맞붙을 수 있다. 하지만, 논술문이 끝날 때는 이 질문에 대한 자신의 답변이 무엇인지 결론지어야 한다.

먼저 본유관념에 관한 이 철학자들의 생각을 골라내려고 이들에 관한 강의, 세미나, 독서 노트를 자세히 조사하여, 이에 대해 이미 아는 내용을 모으자. 이 정보는 논술문의 제목과 연결되어야 한다는 사실을 기억하라. 예를 들어, 두 사상가의 생애에 대해 많은 부분을 논술문에 포함되도록 한다 해도, 답에 도움이 되지 않는다. 그래서 점수를 얻는 데 아무런 역할도 못한다.

핵심 용어의 정의로 시작하는 전략은 좋다. 이 경우에, '본유관념이란 무엇인가?' 라고 출발하라. 좋은 정의를 확보하지 못했다면, 연구를 심화시킬 절호의 기회이다. '본유'에 대한 사전적 정의는 '우리가 태어나면서 가진 것'이다. 이는 철학의 목적에 비추어 충분히 정확한가? 정리된 노트나 철학사전을 점검하면 본유관념의 핵심 특징, 경험의 산물이 아니라 우리가 태어나면서부터 갖춘 것이라는 특징을 명확하게 파악하게 된다. 이는 충분히 정확한가? 이를 제대로 파악해야 한다. 중요한 사항이기 때문이다. 본유관념을 오해하면 전체 논의가 길을 잃게 되기 때문이다. 그래서 이 정의를 노트에 써두고 다음에 돌아와서 다듬을 필요가 있는지 점검해야 한다.

본유관념을 앞에서 말한 대로 이해하면 현재 논술문의 나머지 부분을 만들어가는 데 도움이 된다. 인간의 관념이 경험의 결과인지, 또는 어떠한 경험과도 무관하게 정신에 이미 내재하는지에 관한 데카르트와 로크의 견해를 찾아야 한다. 이미 여러 점에서 서로 다를 것으로 예측할 수 있다. 예를 들어, (있다면) 어떤 관념이 본유적인가? 왜 그런가? (또는 왜 아닌가?) 본유관념이 특별한 이유는 무엇인가? 관념의 본유성이 왜 중요한가?

과제를 해가면서, 정보를 요약하고 조직하면 도움이 된다. 예를 들어, 이 논술문을 준비할 때, 두 사상가의 핵심 관념을 인접한 세로줄로 적어가면 비교하는 데 유용하다. 그래서 논술문 작성을 준비하는 노트 정리는 다음과 비슷할 것이다.

논술문 작성 준비 노트

논술문 주제: 본유관념에 관한 데카르트 & 로크 견해 비교 & 대조
본유관념=타고난, 경험의 산물이 아님

데카르트	로크
경험에서 비롯되는 관념은 항상 신뢰할 수 있는 것은 아님 – '의심	데카르트의 설명을 반박함 – 본유관념 없음

의 방법'
- 꿈과 생시를 제대로 구분해주지 못함?
- 그래서 실재에 관한 우리의 '꿈'과 따로 존재하는 실재가 존재하더라도 그에 대해 말 못함?
- → 지식을 뒷받침하는 데 본유관념 필요

본유관념 예
- 코기토: '나는 생각한다. 고로 나는 존재한다.'
- 신
- 수학의 원리

그의 반대 논증
- '본유관념'(예. 신, 수학, 논리학, 도덕)을 누구나 갖지는 않음 —아기들은 어떤가? 학습장애인? + 서로 다른 윤리 규칙을 가진 다른 사회
- 본유관념에 관한 비의식적 지식을 '거의 모순'이라고 거부. 그래서 마음은 '빈 서판' —모든 관념은 경험에서 전개됨
- 외부 세계에 관한 관념(감각) 또는
- 우리 자신의 정신에 관한 관념 (반성).
- 비록 관념을 획득하는 본유적 수용력을 갖고 있지만(예. 이성을 통해 → 신의 관념)

지금까지 진행된 사항을 하나하나 점검해보자. 논제에 답하는 데 이 정보가 어떻게 도움되는가? 과제를 마치기에 충분한 만큼 정보를 갖고 있는가? 아니면 더 해야 할 일이 있는가?

이 시점에서, 논술문 개요의 초안을 잡아보면 좋다. 다시 논제로 돌아가서, 우리가 내놓을 논증의 구별되는 다른 부분을 대충 그려보고, 지금까지 수집한 정보가 어느 대목에 맞아들어 가는지 확인한다. 그리고 메워야 할 틈이 있는지 점검한다.

'본유관념에 관한 데카르트와 로크의 견해를 비교하고 대조하시오. 어떤 견해가 더 방어하기 좋은 설명인가? 답을 하고 그에 대한 당신의 근거를 제시하시오.'

논술문 개요

서론
- 본유관념 정의: =타고난, 경험의 산물이 아님
- 데카르트와 로크의 견해 요약: 전자 옹호, 후자 거부
- 내가 생각하는 것이 최선이며 왜 그런지 요약: [우리가 이 대목에서 결론에 도달한 적이 있는가?]

데카르트 설명을 서술
- 본유관념은 지식의 토대
- 이는 경험에서 오는 관념이 신뢰하기 어렵기 때문(의심의 방법)
- 대부분의 근본적 본유관념: 코기코(나는 생각한다. 고로 존재한다)
- 신의 관념 역시 본유적
- 신이 명료하고 분명한 관념의 진리성을 보증 →
- 다른 본유관념, 예. 수학의 원리

로크 설명을 서술. 데카르트와 유사성과 차이는 무엇?
- 로크는 데카르트의 설명 거부[그래서 유사성은 무엇? 있나?]
- 차이: 본유관념 없음
- 이는 이른바 본유관념이라는 것 모두에 반대사례 존재하기 때문
  - 수학, 논리학 — 아기 & 학습장애인 이런 관념 갖지 않음
  - 신, 도덕적 올바름/그릇됨 — 다른 사회 다른 관념
- 그리고 로크는 우리가 본유관념을 가질 수 있다는 제안을 거부
- → 정신은 '빈 서판'. 우리는 본유적 수용력, 이성을 갖고 있으나, 모든 관념은 경험에 의존해서 세워짐

두 설명의 강점과 약점을 평가. 어떤 것이 나은가? 왜?
- [이 대목은 아직 해놓은 내용이 적음]

결론

지금까지는 논술문의 서술적인 요소에 대해 실질적인 개요를 작성했다. 데카르트와 로크의 본유관념에 관한 생각, 각자의 근거를 확인했다. 그리고 또한 (로크가 데카르트의 접근방법을 반박했기 때문에) 그들 각각의 견해를 자연스러운 순서에 따라 별개의 논증으로 제시하게 되었다. 하지만, (만일 있다면) 데카르트와 로크의 공통점을 밝히려고 추가 작업을 해야 한다. 지금까지는 차이에만 초점을 두었다. 또한, 평가를 위한 자료를 많이 갖고 있지 않다는 사실도 명확해졌다. 그래서 비판적 사고를 더 발휘하고 더 많이 연구해야 한다.

　　이제 공통의 기반을 찾도록 두 입장을 검토해보자. 지금까지 본유관념에 관한 두 사상가의 설명에 대해 세세한 부분까지 관심을 집중했지만, 한발 물러나서 왜 그들이 본유관념을 문제 삼게 되었는지 묻지 않았다. 앞에서 데카르트와 로크가 서로 다를 수 있는 가능한 측면을 확인하기 위해서 던졌던 세 질문을 떠올려보라. (있다면) 어떤 관념이 본유적인가? 왜 그런가? (또는 아닌가?) 본유관념이 특별한 이유는 무엇인가? 관념이 본유적인지가 왜 중요한가? 지금까지 앞의 두 질문을 다루었지만 대체로 셋째 질문은 무시되었다.

　　이 큰 문제에 관한 강의노트를 살펴보면, 데카르트와 로크가 지식에 대한 공통 관심사를 바로 찾게 된다. 그들은 모두 어떤 것이 옳은 지식으로 인정되려면 정당화가 필요하다고 보았다. 바로 이런 공통의 탐구 맥락에서 두 사상가는 본유관념이 지식의 정당화 기초로 사용될 수 있는지, 그리고 정당화의 방법은 무엇인지에 대해서 탐색했다. 그래서 그들이 본유관념 문제의 중요성에 대해서 공통된 지반을 갖고 있었다고 논증할 수 있다. (또한, 다른 공통성도 있을 수 있다. 예를 들어, 본유관념에 관한 두 설명을 뒷받침하는 공통 가정은 있는가?)

　　이제 두 설명이 더 깊이 있게 평가하기 위해서 비판적 분석 기술을 적용해야 한다. 데카르트와 로크의 모든 주장을 지지하는 논증이 있는가? 논증은 얼마나 강한가? 이 각각의 견해에 대해 어떤 반론이 제기될 수 있는가? 그리고 이 반대 논증에 대응한 어떤 논증이 있을 수 있는가? 로크의 많은 논증은 데카르트의 설명을 반박하고 있지만, 논술문이 균형을 가지려면 로크의 견해에 대해 가능한 비판을 탐색해야 한다.

로크의 설명에 대해 요약해놓은 부분을 다시 보자. 그는 하나하나 반대 증거를 제시하면서 '본유적' 관념의 여러 후보를 차례로 비판한다. 예를 들어, 아기나 학습장애를 가진 사람은 논리학이나 수학의 원리에 대한 본유관념을 갖지 않는다. 다른 문화권은 도덕적 올바름과 그릇됨에 관한 '본유적' 양식이나 신에 관한 '본유' 관념을 공유하지 않는다. 그는 본유관념이란 없다고 결론짓는다. 그러나 이 결론은 너무 성급하지 않은가? 로크의 주장은 본유관념을 무의식적으로 갖고 있기가 불가능하다는 가정에 의존하고 있다. 이를 가정하지 않는다면 그에 반대하는 사람은, 예를 들어, 아기가 무모순율이라는 논리적 원리에 관한 본유관념을 갖고 있다고 논증할 수 있다. 아기들은 이 원리를 의식에 떠올리지 못할 뿐이다. 그러나 무의식적 지식을 거부하는 로크의 논증은 무엇인가? 그의 추론을 따라가면서 다른 문제점이 발견되지는 않는가?

더불어 우리는 논증의 결론을 세울 필요가 있다. 아마 데카르트에 대한 로크의 비판에 설득되어, 로크의 설명이 더 낫다고 논증하고자 할 수도 있다. 그렇다면 방금 그의 주장에 제기된 반대에 맞서 그의 설명을 옹호할 수 있어야 한다. 또는 적어도 데카르트의 주장에 대한 반론에 비해 로크에 대한 반론이 약하다는 논증이라도 제시해야 한다. 철학에서는 모든 문제가 해결되지는 않았다고 인정하는 일이 합당한 관행이다. 하지만, 글을 '철학자들은 끊임없이 이 쟁점에 대해 논쟁해왔다.'라는 식으로 진술하고 마무리하면 점수를 얻지 못한다. 문제의 이론이 갖는 상대적 장점에 대해서 근거를 갖춘 자신의 추론을 제시해야 한다.

이제까지 논술문 작성을 위한 뼈대 논증을 완결했으므로, 과제 원고를 쓰면서 살을 붙여야 한다. 글을 써가다 보면, 더욱 명료하게 만들어야 할 부분이 눈에 띌 것이다. 또는 논증의 한 부분을 자세하게 채워가면서, 그때까지 이해한 바가 바뀌기도 하고 이에 따라 다른 부분을 수정하기도 하게 된다. 그래서 이 단계에 많은 시간을 투자하는 게 중요하다. 이미 말했듯이, 바로 이 대목에 자신의 철학을 써보는 가치가 놓여 있다. 문제의 논점에 관해서 진정으로 명료하게 파악하게 되는 것은 오로지 생각을 글로 표현해보려 시도할 때이다.

이를 보이도록 논술문의 결론을 전부 써보자. 오른쪽에 주석은 반대나 반박이 제기될만한 대목을 지적하고 있다.

논술문의 결론 - 주석첨부	
… 따라서 로크는 본유관념에 관한 데카르트의 설명에 상당히 강력한 비판을 제시했다. 하지만 그 자신의 설명 역시 반박 불능은 아니며, 추가 분석이 이를 증명했다. 그는 논리적 원리를 '본유적'이라고 처리한 관념의 분류를 반박하기 위한 반대 사례를 사용하면서 숨겨진 전제에 의존했다. 만일 하나의 관념이 개인에 의해서 의식적으로 알려지지 않는다면, 그녀/그는 그 관념을 갖지 않는다. 다시 말해, 무의식적 지식은 불가능하다. (또는 그가 말한 용어로는, '거의 모순'이다.) 하지만 본유관념이 이런 식으로 이해될 필요는 없다. 예를 들어, 라이프니츠는 이후에 논	조심할 것 — 로크의 논증이 부분적 반론일 뿐인 것이 아니라 명확하게 완벽한 반박인가?
	로크의 반대 사례를 뒷받침하는 배후 가정을 확인할 것 …
	… 그리고 대안의 접근 방법을 확인하기 위해 더 연구할 것.

증하기를 본유관념이 '성향과 태도'라고 했다. 그리고 만일 그의 말이 옳다면, (예를 들어) 아기가 논리적 원리에 관한 본유관념을 가질 수 있다고 말한다 해도 더 이상 모순이 아니다. 비록 아기들이 로크가 가정한 의미로 이런 원리를 '알지' 못한다 해도 말이다.

이런 염려에도, 나는 로크의 입장이 궁극적으로는 데카르트의 것보다 더욱 방어하기 좋다고 생각한다. <u>무의식적 지식이란 개념은, 비록 로크의 판단과는 달리 아주 명백하게 잘못되지는 않았을지라도, 여전히 문제를 일으킬 수 있다.</u> 즉 (예를 들어) 무모순율에 접근하거나 이를 표현할 방도라고는 전혀 갖지 못하는 아기가 어떤 의미로 이 관념을 갖는다고 할지 이해하기 어렵다. 또한, 로크는 정신이 관념을 획득하는 본유적 수용력을 갖는다고 인정하고 있다. <u>그래서 논리적 원리와 그 밖의 본유관념의 후보가 본유적으로 주어지지 않지만, 이성의 훈련을 통해 획득된다고 논증하는 길이 로크에게는 열려 있다.</u>

> 이 결론을 지지하려면 추가 논증이 필요함.

결론적으로, 나는 본유(즉 경험과 무관하게 알 수 있는)관념, 이를테면 자기 자신의 존재, 신, 논리적 원리, 수학적 원리와 같은 관념이 존재한다는 데카르트의 논증을 검토했다. 나는 이를 로크의 주장과 대조했다. 로크는 정신은 '빈 서판'이며, 모든 우리의 관념은 경험에서 도출된다고 주장했었다. 나는 관념의 본유성에

관한 로크의 반대가 강력하다고 논증했으
며, 무의식적 지식이라는 논란 많은 개념
에 의존하는 반대 논증은 로크의 설명을
반박하기에는 부족할 뿐이다. 그러므로
나는 본유관념이 없다고 논증한 점에서
로크가 올바르다고 결론짓는다.

논술문 사례 D

'신은 강제하지 않은 채 우리의 영혼을 내키게 한다. … 우리는 왜 유다
가 죄를 지었는지 묻지 말아야 한다. 이 자유로운 행위는 그의 개념 속에
포함되어 있기 때문이다. 다른 가능한 사람 대신 죄인 유다가 왜 존재하
도록 허용되었는가? 이것이 우리가 제기해야 할 유일한 물음이다' (라이
프니츠). 이에 대해 논의하시오.

언뜻 보기에, 이는 아주 난해한 물음으로 보인다. 인용문에 사용된 언어
가 다소 모호하며, 여기서 어떤 철학적 물음이 논란의 중심인지 즉각적으
로 드러나지도 않기 때문이다. 제시문인 인용문에서 '핵심 낱말' 을 찾아
야 한다. 하지만 이 문제가 강의나 세미나에서 제기될 것이기 때문에, 문
제를 파악하기가 너무 어렵지는 않아야 한다.

처음에는 '핵심 낱말' 이 '신' 과 '죄' 처럼 보이지만, 다시 살펴보면 '죄
인 유다' 는 예로 사용되었을 뿐이라는 것을 눈치챌 것이다. 그리고 이 예
를 통해 드러내고자 했던 논의의 진정한 초점은 자유와 필연성이라는 것
도 깨닫게 된다. 자유의지의 문제는 철학 논쟁의 핵심 화제이다. 내가 달
리 행동하도록 선택할 수 없었다면, 나의 행동이 나의 자유의지의 산물인
지는 의문 사항이다. 그래서 우리는 인용문의 초점, 그리고 작성해야 할

논술문의 초점이 자유의지의 문제라는 것을 알 수 있다.

이 논제는 다른 과제에 비해서 더욱 정해진 결론이 없다. 그래서 처음 해야 할 일은 좋은 답으로 간주할만한 것을 분석하는 일이다. 여기서 요구되는 '논의'의 종류는 무엇인가? 만일 문예작품에 관한 논술문을 쓴다면 이런 형식의 질문은 친숙할 것이다. 그러나 이 질문은 철학 시간에 제출해야 할 과제이다. 문예비평이 아니라 철학적 관념과 논증에 초점이 가야 한다. 이와 마찬가지로, 우리는 죄에 관한 종교 논쟁을 향해 옆길로 새도 안 된다.

그래서 이 질문 속에서 제기된 자유의지와 필연성이라는 철학적 쟁점에 초점을 두어야 한다. 하지만 이 질문에 답하려고 자유의지와 필연성에 접근하려면 여러 방법이 있다. 예를 들어보자.

- 자유의지와 필연성에 관한 라이프니츠의 설명에 초점을 두어야 하는가?
- 라이프니츠의 인용문을 예로 이용하고, 다른 철학자의 접근 방식도 함께 사용하여, 자유의지와 필연성을 조화시키려는 시도를 논의해야 하는가?

수강 과목의 강의자가 선호하는 접근 방식을 확인하라. 충분한 가치가 있다. 예를 들어, 근대철학 과정을 수강하면서 작성해야 하는 과제라면, 라이프니츠의 특정 이론에 관한 해설과 비판적 분석에 초점을 두어야 한다.[5] 하지만 이것이 철학을 배우는 과정에서 부딪치는 더 일반적인 문제

>5 "해설"(exegesis)은 학생이라면 부딪칠법한 전문 학술용어이다. 이것의 의미는 대략 글에 관한 해석과 설명이다.

라면, 앞의 인용된 견해와 다른 철학자의 견해를 비교하고 대조하는 방법도 똑같이 괜찮은 방법이다. 이런 접근법이 적절하다면, 명료하게 서술하라. 질문에 답을 얼마나 잘하는지에 따라 논술문의 등급이 매겨진다. 제대로 해석하지 못하면 점수에 치명적인 지장이 생긴다. 명료성만으로 어떤 해석을 택해야 하는지 결정되지 않는다면, 문제에 접근하려는 자신의 전략을 서론에서 진술하라. 문제에 관한 논술 작성자의 설명은 글에서 전개될 논증이 논제에 대한 답인 이유를 논술문의 독자가 정확히 알게 해줄 것이다.

명심해야 할 또 다른 요인은 분량 제한이다. 짧은 논술문이면 라이프니츠의 견해에 초점을 두고 분석하는 정도만 가능하다. 논술문 작성자는 언제나 어려운 결정에 직면한다. 포함할 내용과 빼야 할 내용을 결정해야 한다. 그리고 이런 결정 과정을 명시적으로 드러내는 것이 유용하다. 예를 들어 이렇게 써보라. '라이프니츠의 입장은 죄의 본성에 관한 흥미로운 철학적 물음을 일으킨다. 이를테면 죄가 불가피한지 여부, 결국에 가서는 어떤 의미로는 죄가 바람직한지 여부 등을 물을 수 있다. 그러나 이는 이 글의 범위를 벗어난다.'

잠시 자유의지와 필연성에 관한 라이프니츠의 설명에 초점을 두고, 이 설명이 어느 정도나 통하는지 살펴보자. 시간과 지면이 충분했다면 다른 이론도 살필 수 있었을 것이다. 논술문의 화제를 명료하게 말했지만, 아직은 논제에 제대로 답하려면 논증의 구조를 확인해야 한다.

논제에 인용이 포함된 데는 이유가 있다. 그래서 이로부터 얘기를 시작하고, 이 인용문을 이해하기 위해서 철학적 독서법을 적용해보자. 이러면 우리는 논증의 핵심 성분을 확인하고, 이 성분들이 서로 어떻게 맞아들어가는지 알게 된다.

1. 인용문의 의미는?
   a. 논의된 핵심 관념은?(필요하면 정의를 제시)
   b. 핵심관념을 서로 어떻게 관련짓는가? — 논증의 구조는 무엇인가?
2. 이런 말을 하는 이유는?
   a. (만일 인용문 자체에 포함되어 있지 않다면) 뒷받침 논증은?
   b. 왜 이 질문이 중요한가?
3. 이것에서 따라나오는 것은?
   a. 이 입장은 성공적인가? 전제가 옳은가? 결론이 따라나오는가?
   b. 이 견해의 귀결은 무엇?
   c. 이것이 어떤 문제라도 일으키는가?
   d. 이 문제는 극복될 수 있는가? 어떻게?

이 질문은 논술문의 기초로 사용될 수 있는 논증 구조를 제공한다. 이제 내용을 채우는 일이 남았다. 이제 첫 부분에 대해서 인용문을 해석하고 분석함으로써, 내용 채우기를 어떻게 할 수 있는지 탐색해보자.

'신은 강제하지 않은 채 우리의 영혼을 내키게 한다. … 우리는 왜 유다가 죄를 저질렀는지 묻지 말아야 한다. 이 자유로운 행위는 그의 개념 속에 포함되어 있기 때문이다. 다른 가능한 사람 대신 죄인 유다가 왜 존재하도록 허용되었는가? 이것이 우리가 제기해야 할 유일한 물음이다.'

여기서 라이프니츠가 하는 말은 무엇인가? 우리는 세 가지 핵심 주장과 두 가지 후속 주장을 찾을 수 있다. 이 후속 주장은 주된 논점을 지지하거나 제한한다.

1. 신은 우리의 영혼을 내키게 한다.

a. 〔그러나〕 강제하지 않은 채

2. 유다가 왜 죄를 저질렀는지 묻지 말아야 한다.

   a. 〔그러나〕 이 자유로운 행위는 그의 개념 속에 포함되어 있기 때문이다.

3. … 그러나 〔우리는 이렇게 물을 수 있다.〕 죄인 유다가 왜 존재하도록 허용되었는가?

명백히 라이프니츠는 인간의 자유의지를 지지한다. (1a)나 (2a)는 강제의 부재와 자유, 필연성의 부재와 '자유로운 행위'를 명시적으로 언급하고 있다. 라이프니츠 논증의 나머지 부분은 더 어렵다. '우리의 영혼을 내키게 한다.' (1)은 무슨 의미인가? '존재하도록 허용된다.' (3)은 무엇인가? '한 사람의 개념에 포함된다' (2a)는? 그래서 이를 충분히 이해하기 위해서, 노트를 다시 뒤적이거나, 연구를 더 해야 한다. 여기서 뼈대 논증의 앞쪽 두 부분 즉 '1. 이 인용문의 의미는? 2. 이런 말을 하는 이유는?'은 서로 방해가 된다. 인용문 자체의 세부를 분석하려면 라이프니츠의 뒷받침 주장을 찾아야 한다.

  좀 더 연구하면, 사고에 관한 라이프니츠의 다른 원리를 찾아낼 수 있다. 예를 들어, 각 사람은 완전한 개념을 가진 통일체이다. 이 완전한 개념이란 각자에게 적용된다고 할 수 있는 모든 각본이다.[6] 이는 (2)를 해석하도록 해준다. (죄를 포함한) 유다의 행동은 이 '각본'의 부분이며, 그래서 '그의 개념에 포함되어 있다.' 그래서 '왜 유다가 죄를 저질렀는지

>6   어쩔 수 없이 이는 라이프니츠의 이론에 대한 **매우** 불완전한 설명이다. 항상 그렇듯이, 자신의 이해한 바를 논증하기 위해서 자신의 연구를 진행해야 한다. 이는 논술문을 위한 윤곽이며, 충분히 전개한 논증이 아니다.

묻는 일'은 무의미하다. 라이프니츠에게 이는 유다의 일부이기 때문이다. 유다가 자신의 죄를 저지르지 않았다면, 그는 유다가 아니었을 것이다. 우리는 또한, 라이프니츠의 또 다른 믿음을 발견한다. 신은 모든 가능한 세계 가운데 최선의 세계를 창조한다. 이런 믿음은 (3)을 해석하게 해준다. 왜 신이 이런 세계의 일부로서 유다를 (즉 죄인으로서의 유다를) 허용했는지 묻는 것은 말이 된다.

이 인용문에 대해서 더 많은 이야기를 할 수 있다. 그러나 논술문의 셋째 부분, 이 인용문의 함축을 비판적으로 평가하는 부분에서 시비를 걸어야 할 필요가 있는 일부 쟁점을 예상할 만큼은 충분히 자료를 모았다. 한편으로 라이프니츠는 '자유로운 행위'를 말했고, 다른 한편으로 이런 행위가 유다(또는 다른 개인)의 '개념에 포함되어 있다.'라고 주장한다. 후자는 그가 달리 행동했더라면, 그는 유다가 아니었을 것이라고 함축한다. 이러한 두 주장을 어떻게 조정할까? 유다가 달리 행동할 수 없었다면, 그의 행위는 어떻게 자유로울 수 있는가? 그의 행위가 '그의 개념에 포함되어 있다'면 그는 어떻게 달리 행동할 수 있었을까? 이로부터 라이프니츠가 자체모순을 범한 주장을 전개했다고 하면 안 된다. (그렇다면 삼 세기가 지난 지금 우리가 여전히 그의 논증을 공부하고 있지는 않았을 것이다.) 그래서 라이프니츠가 이 긴장을 어떻게 해결하고자 했으며, 과연 성공했는지 알고자 한다면, 그의 생각을 더욱 정밀하게 분석할 필요가 있다.

이는 철학 논증을 펼치고 검토하는 과정에서 요점을 명확히 하려면 언어를 정밀하게 사용해야 하는지 잘 보여주는 예이다. 그래서 논술문을 완결하기 위해서 전체 초고를 어떻게 작성할지 탐색해보자.

처음 읽었을 때 이 인용문은 두 가지 상충하는 주장을 하는 듯하다.

- 먼저, 유다의 죄는 '자유로운 행위'이다. 이는 그가 달리 행동하기를 선택할 수도 있었다는 사실을 함축한다.
- 다른 한편, 유다의 죄는 '그의 개념에 포함되어' 있다. 라이프니츠의 철학에서 이것의 의미는 다음과 같다. 유다의 죄는 유다에 관한 완벽한 개념의 일부이며, 그래서 만일 그가 달리 행동했다면, 그는 유다가 아니었을 것이다.

> 이는 앞에서 탐색한 분석을 다시 제시한 것이다. 시간마다 '달리 행동할' 수 있었다는 똑같은 구절을 이용하여 두 진술이 어떻게 상충하는지 명확히 하였다.

확실히 유다는 달리 행동할 수 있었거나, 또는 그는 그럴 수 없었다. 이 두 주장이 직접적인 모순에 부딪히지 않으려면 어떻게 조정되어야 하는가?

라이프니츠는 진술의 논리를 방어하려면, 우리는 유다가 '달리 행동할 수 있었다.'라는 진술의 두 가지 다른 의미를 구분할 필요가 있다. 라이프니츠는 절대적 필연성과 가설적 필연성을 구별했다.

> 여기서 철학적으로 더욱 정밀한 언어사용의 필요성이 부각된다.

- 절대적 필연성: 반대는 자체모순이다.
- 가정적 필연성: 추가 전제의 진리성에 의존한다.
  ○ 신은 존재한다.
  ○ 신은 모든 가능세계에서 최상의 세계를 창조했다.

> 라이프니츠 자신의 이론에 의존하지 않으면서 그와 똑같은 구분을 할 수 있는가? 전문용어가 도움이 될까 아니면 방해가 될까? 논리 기호는 쓸모가 있는가?

◦ X는 모든 가능세계에서 최상 세계의
　일부이다.

이 전제들의 진리성이 주어지면, X라는
것이 필연적으로 도출된다.

　유다의 죄는 절대적으로 필연적인 것은
아니다. 그가 죄를 짓지 않았다고 해도 자
체모순이 일어나지 않는다. 그래서 이런
의미로 그는 달리 행동할 수 있었다. 하지
만, 죄인 유다의 존재는 가정적으로는 필
연적이다. 즉 그의 존재는 '모든 가능세계
가운데 최상'의 일부이다. 그래서 이런 의
미로 그는 달리 행위를 할 수 없었다.

　이는 두 주장 사이의 모순을 제거하며,
그래서 논증을 건전하게 만든다. 우리의
행위와 유다의 행위는 (절대적으로) 필연
적이지 않지만, 세계는 유다가 죄를 선택
할 것이라는 사실이 필연적으로 따르는
바로 그런 것이다. 라이프니츠가 다른 데
서 썼듯이, '이런 우연적 진리의 근거는
필연성 없이 변화한다. 내가 이 여행을 계
속할 수 없을 수도 있다는 것이 옳지만,
내가 계속 여행하리라는 것도 확실하다.'
(『아르노와 주고받은 서신』, *Correspon-
dence with Arnauld*)

　하지만 여기서 제공된 자유는 매우 제
한적이다. 우리의 행위가 절대적으로 필
연적이지 않다 해도, 내가 X를 할 것이라
는 '사실이 확실하다'면 우리는 진정 자

> 앞 문단에서 서술한 이론이
> 여기서 논의한 예에 어떻게
> 적용되는지 설명하라.

> 자신의 논증 분석을 포함시킨
> 다. 결론이 전제에서 따라나
> 오는가?

> 이렇게 추가된 예가 논증에
> 새롭게 덧붙이는 것이 있는
> 가? (단순히 독서한 내용을
> 보이고자 인용을 추가하려는
> 유혹에 넘어가지 마라.) 이 예
> 를 설명하기 위해서 또 다른
> 설명이 필요한가?

> 만일 논증이 건전하다면, 그
> 러나 우리가 이 결론을 거부
> 하고자 한다면, 우리는 전제
> 에서 결점을 찾아야 한다. 이
> 예의 경우는 '달리 행동할 수
> 있었다'는 개념이 부적절하
> 다.

유롭지 않은가? 즉 만일 내가 그렇게 한
다는 것이 '나의 개념 속에 포함되어 있
다' 면 나는 진정으로 자유롭지 않은가?
이것이 자유의 환상일 뿐이라고 논증할
수도 있다. 즉 내 관점에서 보면 내가 달
리 선택할 수도 있었지만, '신의 관점' 에
서 보면 내가 X를 한다는 것이 필연적으
로 뒤따른다. 만일 필연적으로 내가 이 세
계에서 X를 '하기로 선택' 했다면, 내가
다른 가능 세계에서 X를 하지 못했을 것
이라고 믿는 경우 어느 정도 위안이 된다.

여기 사용된 언어는 진정으로
정밀하게 다듬어야 한다. 이
는 논증을 정확하게 다시 표
현한 것인가? 아니면 의미가
변경되었는가? 여기서는 '필
연적' 이라는 용어를 충분히
주의해서 사용하고 있는가?

이 초고는 부분적이기는 하지만 어떻게 논제 분석에서 출발해서 충분히
쓸만한 논증에 도달하는지 예시하고 있다.

논술문 사례 E

다음 글을 읽고 물음에 답하시오.
악의 존재는 적어도 신의 존재를 부정하는 증거라고 간주되곤 한다. 비
록 신의 존재에 대해 다른 강력한 고려사항이 "예"라고 지지표를 던진다
고 하지만, 악은 이 투표에서 명백히 '아니다' 라고 반대표를 던진다는
주장이다. 나는 이를 그릇된 주장이라 생각한다. '악이 존재한다.' 는 진
술을 본질적 전제(즉 이 전제가 없다면 논증이 부당해지는 전제)로 삼고
'신이 존재하지 않는다.' 라는 진술을 결론으로 삼는 건전한 논증이 있을
때에만 악의 존재는 신의 존재를 부정하는 증거이다. (얀델 (1999) p.
125)[7]

---

[7] Yandell, Keith E. (1999), *Philosophy of Religion*, London: Routledge, p. 125.

5. 철학 쓰기 __ 215

(a) 저자가 이 맥락에서 '악의 문제'로 의미하는 바는? (5)

(a) 저자가 이 맥락에서 '악의 문제'로 의미하는 바는? (5)

(b) '건전한 타당한 논증'은 무엇인가? 자신의 예를 사용하여 답하시오. (10)

(c) 위에서 서술된 부류의 논증을 구성하고, 각 전제가 필요한 이유와 어떻게 그 논증이 결론을 입증하는지 설명하시오. (15)

(d) 이런 종류의 논증이 왜 문제가 되는지 그 이유를 제시하시오. (20)

1,500자 이내로 답하시오.

철학적 논란거리에 익숙하지 않은 사람들을 위해서 약간의 배경 설명을 하겠다. 위 문제에서 인용한 얀델은 전통적인 악의 문제에 의문을 제기하고 있다.

주류를 이루는 신 개념에 따르면, 신은

- 모든 것을 알고 있다.
- 모든 능력을 갖추고 있다.
- 모두를 사랑한다.
- 모든 방식으로 완벽하다.

그러나 이를 함께 취하게 되면, 고통을 포함해서 이 세계를 창조할 수 없었고, 고통을 당할 수 있는 피조물이 받게 될 해악을 창조할 수 없었다. 그러므로 전통적으로 존재한다고 믿었던 신은 존재하지 않는다. 이것이 논증의 요지이다. 그래서 악의 문제에 관한 전형적인 반응은 셋 중 하나이다. 전제의 진리성에 의문을 제기하거나, 논증의 구조에서 결점을 찾는다. 그리고 신이 존재한다는 주장을 하는 사람들에게 치명적인 논증으로 받아들인다.

이 논제는 구조 물음의 전형이다. 모든 물음이 구조화되어 있으며, 그래서 구조화된 방식으로 대답해야 한다. 하지만 일부 맥락에서 질문과 더불어 답에 접근하는 방식이 함께 제시된다. 이런 방식의 질문은 만일 작성자 자신이 구성하려는 논증의 논리를 이해하고 있다면 큰 도움이 된다. 그래서 예를 통해 이를 보이겠다.

이런 종류의 구조 질문은 학위과정 초반에 작성해야 하는 논술문 과제나 시험에서 사용될 수 있다. 혹시 대학 입학 이전에 철학을 접해본 적이 있다면 이런 유형의 질문을 받았을 수도 있다. 설령 그렇다 해도 대학교에서는 대학에 맞는 정도의 심도를 갖고 답해야 한다. 철학 논쟁의 특성을 이해하고 있다고 보여줘야 한다. 철학에서는 어떤 논점에 대한 논쟁이 언제나 더 이어질 수 있다. 그리고 그에 대해서 근거에 의해서 비판하고 자신의 논지를 세워야 한다. 이런 철학 논쟁의 특성을 이해하고 있다는 사실이 답안에 드러나야 한다.

각 문제 뒤에 있는 숫자는 답했을 때 얻을 수 있는 최대 점수이다. 이는 낱말 제한을 고려해서 시간의 배분, 분석의 깊이를 계획하도록 해준다. 단순히 점수의 비율대로 낱말 수를 나눈다고 해서 항상 적절하지는 않다는 점도 기억해야 한다. 예를 들어, 질문의 일부가 논증에 대한 해설을 요구한다면, 어쩔 수 없이 일정 수의 낱말을 여기에 배당해야 한다. 논리 기호를 사용하여 낱말수를 줄여서 대답한다고 해도, 문제에 답하려고 분석하는 부분이야말로 점수에서 가장 비중이 크다.

이 질문에 답하려면 종교철학 분야의 지식이 어느 정도 필요하지만, 저자나 문제 출제자는 우리가 논증 자체를 얼마나 잘 이해하고 있는지 궁금할 것이다. 이 질문은 비판적 사고 과정에서 논증 분석의 사례로 사용될 수도 있고, 종교철학 입문 과정에서 사용될 수도 있다. 전자라고 가정하고, 논증과 형식에 집중하면서, 또한 이 쟁점이 제기되는 전후 맥락에 관한 지식에 관심을 기울이겠다.

이제 참고서지가 문제에 밝혀진 대로 정확하다면, 인용의 출처를 확인해서 저자의 다른 생각도 확인할 필요가 있다. 또한, 논증의 본성을 주제로 이미 공부한 내용도 살펴야 한다. 이 책에서는 이 가운데 일부를 살펴보았다. 자기 나름대로 생각한 바를 그대로 적어넣는다면 부적절하다. 학문적으로 충분히 살펴야 하고, 적절한 대목에 참고서지를 제시하며, 뒷받침받는 대답을 제시해야 한다.

질문 전체를 읽고 전반적인 구조를 보라. 글을 시작하기 전에 질문에 전반적인 통일성이 있다는 사실에 주목할 필요가 있다. 즉 우리는 먼저 정의나 내용설명과 관련된 부분을 보고, 그리고 나서 자신의 논증을 구성하며, 마지막으로 그 논증을 비판적으로 검토하라는 요구를 받았다. 이는 더욱 긴 논술문을 작성할 때도 유용하다. 논술문을 쓰려 할 때 이처럼 단 하나의 물음이나 중심 논점을 순전히 논리적인 구조의 측면에만 맞추어 써야 한다면, 문제를 이런 방식으로 잘게 나누어 접근하라. 그러나 이때 잊지 말아야 한다. 이런 유형의 논술문 작성에서 기본 사항은 **자신이 답하기를 원하는 내용이 아니라 질문이 요구하는 대답**을 해야 한다.

답하면서 똑같은 논증, 증거, 또는 이론을 한 군데 이상에서 사용하면 안 된다. 만일 이와 같은 반복적 사용 밖에서는 생각나지 않는다면, 작성자는 다시 한번 자료를 살피고 각 부분에 배당된 점수의 상대적 중요성을 살피며, 물음에 답할 일반적 방향에 주의를 집중해야 한다. 여기서 든 예에서는 명백히 논증의 내용 못지않게 논증의 형식에도 초점을 두어야 한다. 우리가 이런 점을 깨닫고 있다는 사실을 글에서 드러내야 한다.

(a) 부분은 악의 문제에 관한 간단하고 직선적인 설명을 요구한다. 이 대목에서 점수의 10퍼센트를 얻게 된다. 그러니 단 하나의 문장으로 답한다면 부적절하다. 우리 생각에 관련되어 있을 듯싶은 구분에 근거를 두고

초고를 작성해보자.

완벽하게 선의를 갖고 있고, 전능하며, 전지한 신의 존재를 믿는 사람에게 때로 '악'은 문제로 받아들여진다. 이런 신을 믿는 사람에게 때로 '악'은 일련의 질문으로 문제가 제시된다. '사랑하는 신이 어떻게 악이 존재하도록 허용할 수 있는가? 만일 그가 존재한다면 그리고 그가 악과 반대라면, 어떻게 악을 포함하는 세계가 존재할 수 있는가?' 만일 이 질문이 대답 될 수 없다면, 이는 신의 존재에 반대하는 주장으로 간주한다. 악의 존재는 신의 존재, 그리고 그가 가져야 할 속성을 갖고 있다는 사실과 양립 가능하지 않기 때문이다. (288자)

이는 답으로서 합당해 보이지만, 좀 더 자세히 살펴보자. 우리는 질문에 답했는가? 틀림없이 아니다. 왜냐하면, 물음은 저자인 얀델을 참조로서 언급하고 있으며, 심지어 맥락을 보라고 주문했다. 하지만 여기서는 그렇게 하지 않았다. 항상 그렇듯이 우리는 질문에 응해야 한다. 원천으로 돌아가야 한다. 특히 왜 문제에서 해당 문단이 제시되었는지 생각하라. 저자가 악의 문제를 보려고 했던 **방식**에 주의를 기울여야만 한다. 지금부터 더 자세히 살펴보자. 앞에서 주어진 맥락이 말해주듯이, 저자는 문제를 표현하는 방식 가운데 철학적으로 강경한 방식을 택한다. 게다가 출처를 살펴본다면, 그가 나름의 구분을 도입한 사실을 확인할 수 있다. 그는 악의 문제를 **목회자의**(pastoral) 문제, **신정론** 구성 문제, **철학적** 문제로 나눈다. 전자는 우리가 악에 접했을 때 해야 할 바에 관한 문제이다. 둘째는 신이 악을 존재하도록 허용한 이유를 설명하는 신정론 구성의 문제이다. 셋째는 신의 존재 자체에 관한 철학적 문제이다. 이는 신의 본성과 악을 포함하는 세계 사이에 모순이 있다는 주장을 가정했을 때 생긴다. 얀델은 신의 힘을 제한함으로써 문제를 해결하려는 가능한 답이 있다고 논증하며, 신의 본성에 관한 전통적 설명 속에서 자리 잡은 기준을 만족시키는 신을 고려하기로 원한다면 이런 답을 사용할 수 없다고 논증한다. 인용문을 따온 장에서 얀델은 다른 전제와 다른 결론을 거느린 대안 논증을 탐색하고, 각각의 강점과 약점을 검토한다.

　이상을 고려해서, 다시 답을 작성해보자.

　비록 악의 문제가 진술하기 쉬워 보이기는 하지만, 실은 그렇지 않다. 얀델은 이 문제를 철학적 쟁점으로 취급하며 접근하는데, 이는 다른 접근 방법, 즉 우리가 악에 어떤 식으로 대면해야 하는지(목회자의 쟁점)와 악의 본성에 관한 신학적 검토(신정론)와 분리되어야 한다. 우리가 인용문에서 알 수 있듯이, 그는 악의 존재가 신의 존재와 상충한다는 논증을 표현하고 탐색하는 방식 가운데 **논리적으로** 수용될 만한 방식을 찾는 데 관여한다. 그는 이런 논증이 즉각 구성될 수 있다고 생각하지 않는다. 그는 먼저 단순한 정합성 논증을 살핀다. '신은 존재한다.' 와 '악은 존재한다.' 라는 진술은 그 자체로 논리적인 부정합 관계는 아니며 추가 전제가 필요하다. 이런 추가 전제가 무엇인지, 이 전제가 어떻게 사용되어야 하는지 여부 때문에 철학자는 악의 문제에 관심을 둔다. (423자)

이 글에도 아직 더 고칠 대목이 있기는 있다. 이를테면 더욱 간결한 양식으로 고쳐 써야 한다. 하지만 이 정도면 알맞은 정도의 답이라 생각한다.

　이제 (b)에 관심을 기울여보자. 인용된 문장에서 저자는 '건전한 논증' 만이 악의 문제를 제대로 표현한다고 말한다. 우리는 이제 이 말이 무슨 의미인지 드러내서 말하라고 요구받았다. (a)에서 우리는 저자의 용어 사용을 이해했는지 보여야 했다. 여기서 종교철학의 맥락을 드러내지 않고 대답하라고 요구받고 있다. 이미 보았듯이, 논증은 철학에서 핵심이며, 그래서 건전한 논증과 타당한 논증은 좋은 철학의 특징 가운데 하나이다.

그래서 우리는 이미 알고 있고 보여줄 수 있는 세 가지를 점검해야 한다.

- 논증이란?
- 타당한 논증이란?
- 건전한 논증이란?

그런 뒤에야 이 셋이 어떻게 어울리는지 이해한 내용을 보여줄 수 있다. 다시 한번 노트 정리한 내용과 추천 독서목록을 검토해야 한다. 노트나 교재를 그대로 베껴서 표절의 혐의를 쓰지 않고, 적절히 인용하고 이용할 수 있는가?

이미 논증이 우리 자신의 추리를 진술하고 있다는 사실을 알고 있다. 논증을 통해 어떻게 우리 자신이 하나의 사실 진술(즉 서술문)에서 다른 사실 진술인 결론으로 움직였는지 보여준다. 그리고 타당한 논증의 형식 가운데 하나가 무엇인지 말하는 기본적인 방법이 있다. 전제가 옳은데 결론은 그를 수 없는 논증이 타당하다. 그러나 비판적 사고나 논리학 수업을 잘 들었다면, 이것이 **연역적으로** 타당한 논증의 정의임을 기억할 것이다.

이 말이 무슨 뜻인지 지금 모른다고 해서 큰 문제가 되지는 않는다. 글 쓰는 사람의 입장에서 할 일은 우리 자신이 제시문의 내용을 이해했다는 사실을 펼쳐보이는 것이다. 이 경우 제시문의 저자가 상세한 주장을 편 것은 아니므로, 그가 제시한 정도만큼만 우리가 이해하고 있다고 보이면 된다. 이는 제시문이든 논제가 되었든 그것이 의미하는 바의 핵심에 도달하는 사소하면서 결정적인 요점이다. 이런 능력은 더 좋은 논술문을 쓰거나 쟁점에 진정으로 맞닥뜨려 고민한 바를 전달하는 데 좋은 방법이다. 그래서 이런 점을 물음에 대답하면서 진술했는지 확인해야 한다.

건전성은 논증의 속성으로서, 이미 제2장에서 살펴보았다. 어떤 논증이 타당할 수 있지만, 그 전제 가운데 하나 이상이 실제로 그르다면, 그 결론이 옳다고 못 믿는다. 건전한 논증은 타당한 형식을 가졌을 뿐 아니라, 옳은 전제를 가지며, 따라서 옳은 결론을 갖는다.

이제 정의를 제시할 수 있게 되었다. 하지만, 질문은 답을 위해서 예를 사용하라고 요구한다. 이는 또 하나의 난관이다. 예를 구성하기 위한 추가 작업이 필요하기 때문이다. 예는 다른 사람뿐 아니라 우리 자신에게도 논점을 명료하게 만들어주는 나무랄 데 없는 방도이고, 그래서 의욕과 지식을 드러낼 좋은 기회이다.

아마도 (b)에 대한 답은 아래와 비슷할 것이다.

논증은 하나의 서술적 진술 집합인 전제에서 다른 서술적 진술인 결론으로 향하는 추리이다. 여러 형식의 논증이 있다. 두 가지 기본 형식을 논리학에서 찾을 수 있다. 하나는 연역이고 또 하나는 귀납이다. 비록 얀델이 말하지는 않았지만, 악의 문제를 말하는 맥락에서 그는 **연역적으로** 타당하고 건전한 논증을 찾고자 했다. 타당한 논증은 옳은 전제를 갖으면서 그른 결론을 가질 **수 없다**. 건전한 논증은 전제가 세계의 사태에 의해서 만족하게 된다. 즉 전제가 옳다고 간주될 수 있다. 따라서 건전성을 띤 타당한 (연역) 논증은 논증 자체의 형식에 의거해서 옳은 전제에서 옳은 결론으로 향하는 추리를 진술하는 논증이다. 우리는 이런 생각을 다음과 같이 예시할 수 있다.

'오늘은 화요일?' 과 '조심해!' 는 논증의 부분일 수 없는데, 이들이 서술적 진술이 아니기 때문이다. '마틴 쇼는 배우이다.' '흡연은 암을 일으킨다.' '신은 존재하지 않는다.' 는 논증의 부분일 수 있으며, 이들의 옳고 그름은 실재 속에 사물이 어떻게 존재하는가에 달렸다.

타당한 논증:
전제 1: 모든 달렉(dalek)은 온정적이다.

전제 2: 섹(Sec)은 달렉이다.

결론: 그러므로 섹은 온정적이다.

이는 타당한데, 만일 전제가 옳다고 한다면 결론 역시 그래야 하기 때문이다. 이는 그 형식 때문에 타당하지 전제가 사실상 옳은지에 의해서 타당성을 띠지는 않는다.

다음 논증은 타당하며 또한 건전한데, 전제가 옳은 경우에 결론도 옳기 때문이다.

전제 1: 대처(Margaret Thatcher)는 1979년에서 1990년까지 재임한 영국의 수상이다.

전제 2: 영국의 수상은 국무총리이다.

결론: 그러므로 대처는 1979년에서 1990년까지 재임한 영국 국무총리이다.

(845자)

비록 큰 윤곽을 보면서 글을 시작하지는 않았지만, 지금부터 작성자는 대답이 가야 할 일반적 방향을 살펴야 한다. 얀델은 악의 문제를 명료하며 논리적인 방식으로 탐구하고자 했다. 우리는 (a)와 (b)에 답했으며, 문제 자체를 탐색하기 시작했고, 얀델의 처지에서 문젯거리가 될 만한 문제의 형식을 탐색했다. 이제 (c)로 관심을 돌려보자. 이 문제는 (a)와 (b)에서 구체화한 생각을 얀델의 기준에 맞는 좋은 논증을 구성하는 데 적용하라고 요구한다. 여기서 모범 답안을 제시하지 않으려 한다. 어떻게 답을 할지 스스로 생각해보면, 학생들에게 좋은 연습거리가 될 것이다. 다시 말하지만, 기본규칙을 적용하라. 지금까지 써온 글에 비해서 조금 더 깊이 접근해야 한다. 더 좋은 점수를 받을 수 있는 여지가 남아 있기 때문이다. 또한 읽은 내용과 노트를 다시 검토할 필요가 있다. 이미 배운 내용이 도움될 수 있다. 그래서 무엇을 쓰려고 하는가? (c)에서 구성한 논증을 (d)에서 답하면서 비판하라고 요구하고 있다. (c)에서 말한 내용에 대해서 더 깊은 분석이 가능해야 하지만, 아직은 논증에 대한 비판을 쓸 필요가 없다. (d)에서 써야 한다.

(d)는 논술문 작성자가 (c)에서 성공적으로 마친 작업을 평가하라고 요구한다. 이미 탐색한 관념을 사용하여, 악의 문제 논증에 찬성과 반대를 제시하라고 요구받는다.

비교적 짧고 단순한 구조로 된 답을 작성할 때 필요한 정보를 어떻게 얻는지 살펴보았다. 이렇게 단순한 구조의 글은 철학적 논증이나 이론의 특정한 부분에 집중하여 관심을 두게 해준다. 그래서 여기서 소개한 전략은 철학적인 글을 쓸 때 일반적으로 적용할 수 있다.

평가와 피드백

평가의 목적

학생들이 쓰게 될 여러 종류의 논술문은 평가받으려고 작성되기에, 철학에서 평가의 목적이 무엇인지 살펴보는 게 유용하다. 이 장에서 우리는 남들이 우리 자신의 글쓰기를 어떻게 생각하는지 고려해서 자신의 글쓰기 수행능력을 극대화하는 방법을 살펴보았다. 그러나 스스로 자신의 작업을 이해하고 비판적으로 검토하는 일이 글쓰기 본래의 역할이라는 사실을 잊지 말아야 한다. 논술문 작성 시간을 최대로 이용하고 최대한 노력을 기울이고 싶다면, 자신의 작업을 스스로 평가해보는 일 역시 중요하다. 이는 어떤 의미에서는 다른 사람이 내 작업을 평가하는 만큼이나 중요하다.

그래서 평가는 학점을 부여하는 일 이상이다. 이처럼 중요한 평가는 두 종류로 나누어 볼 수 있다.

- **형성**평가(formative assessment): 학생이 제출한 작업과 생각을 살펴보고, 미래에 어떻게 향상시킬 수 있을지 피드백을 준다.
- **총괄**평가(summative assessment): 학생이 수행한 바를 판단하지만 대개 성취 수준을 나타내는 점수를 알려주지 않는다.

이 둘은 상호배타적인 평가가 아니다. 총괄평가는 유용한 피드백이 될 수 있기 때문이다. 물론 글을 썼을 때는 이미 얻은 바가 있지만, 이를 바탕으로 삼아 철학하는 능력을 더 발전시키고 싶다면 평가를 이용해야 한다. 이런 의미에서 기말시험이나 과제에서 작성한 모든 것은, 평가의 대상이 되는지와 무관하게 형성평가로 간주할 수 있다. 그렇다면 강의자가 돌려준 자신의 글을 보면서, '이 글을 통해 무엇을 더 배울 수 있는가?' 곰곰이 생각할 필요가 있다.

왜 피드백을 꺼리는가?

자신의 첫 과제를 마치고 평가받으려고 제출했다고 하자. 시간이 약간 지나고 나서 그 논술문을 돌려받았다. 이제 무엇을 해야 하는가?

몇 점이나 받았는지 건성으로 본 뒤에 던져버리고 싶을 것이다. 어쨌든 과제는 끝났고 무엇이 더 필요한가? 확실히 논술문을 다시 읽어야 할 필요성이 조금은 있다. 특히 점수가 기대했던 것보다 낮다면 더욱 그렇다.

과제를 돌려받고 한쪽으로 던져두기? 흔하지만 잘못된 반응이다. 이미 완료되고 평가받은 과제는 다음에 공부할 때 사용할 수 있는 또 다른 자료이다. 위의 반응은 이런 사실을 간과하고 있다. 강의자는 논술문을 채점할 뿐 아니라, 글이 좋아지기 위한 조언을 적어서 과제를 돌려줄 것이다. 이를 무시한다면, 학생은 강의자의 시간을 허비하게 하였으며, 더 나아가 자신의 학습 향상의 기회를 놓치게 된다. 강의자의 조언은 학습 향상의 주된 원천이기 때문이다. 과거의 경험에서 배울 수 있었던 바를 반영하지 않은 채 새로운 과제에 도전하면 어리석은 일이다. **특히** 기대했던 것보다 적은 점수를 얻었을 때 더욱 그렇다.

이런 경우조차도 과거의 숙제에서 배울만한 것이 거의 없다고 생각할 수 있다. 이전 과제의 논제와는 완전히 다른 것에 대해서 써야 할 경우에 이런 생각을 할 것이다. 예를 들어 칸트의 윤리학에 대한 비판 논술문을 준비하고 있는데, 데카르트의 정신 이론에 관한 해석이 주제였던 과거 과제에 적혀 있는 피드백이 도움이 되겠는가? 그렇다. 데카르트의 이론에 대해서 더 잘 이해한다고 해서 직접적인 도움은 안 된다. 그러나 학기말 시험이나 다음에 수강할 다른 철학 강좌에서 도움이 될 수 있다. 게다가, 이 책을 통해서 계속 강조하는 바인데, 철학하는 일은 중요한 이론에 관해 이해하는 일일 뿐 아니라, 자신의 비판적 분석 기술을 개발하는 일이기도 하다. 더 나아가, 이 기술은 철학의 어느 분야에든 똑같이 적용될 수 있다. 그래서 강의자가 학생의 철학 기술에 대해서 제시한 피드백을 잘 활용하면 학생은 많은 것을 배울 수 있고, 이를 다음 과제에 적용할 수 있다.

지금까지 철학에 기울인 자신의 노력이 어떤 강점과 약점을 가졌는지 될 수 있는 한 많은 피드백을 얻는 게 좋다. 그래서 이를 통해서 앞으로도 계속 향상될 수 있다. 다음 절에서 우리는 자신의 작업에 대해서 쓸만한 피드백을 어떻게 얻을 수 있는지, 그리고 그렇게 얻은 내용을 어떻게 해야 최대한으로 이용할 수 있는지 살펴보겠다.

피드백 공급원

학생의 처지에서 가장 좋은 피드백 공급원은 강의자이다. 제출한 논술문에 대해서 강의자가 첨삭 평언(評言, comment)을 돌려준다. 지금부터 이 평언에 초점을 두겠다. 이 평언은 형성적 피드백을 제공하기 위해서 특별히 고안되었기 때문이다. 그리고 학생이 적절한 상황에서 참조할 수 있는 공식적인 서면 기록이다. 때로는 비공식적이고 가치가 덜 하기도 하겠지만, 여러 경로로 피드백을 얻을 수 있다.

앞 장에서 논의했듯이, 세미나는 철학적 사유를 시험해볼 수 있는 중요한 기회이다. 토론에서 내가 하나의 논점을 제기할 때, 세미나 참석자들이 어떻게 반응하는가? 그들이 내 논점을 이해하는가? 찬성하는가? 나의 문제제기에 반응하면서 그들은 어떤 근거를 제시하는가? 좋은 근거인가? 이런 기회를 통해 생각을 발전시키고 표현하는 효과적인 방법에 도움이 되는 피드백을 받는다.

더불어 명심할 사항이 있다. 동료 학생의 피드백 역시 강의자의 피드백 못지않게 도움이 된다. 누군가 다른 사람에게 자신의 논점을 설명하려고 노력할 때만, 자신이 그 논점을 파악한 정도를 스스로 깨우치게 된다. 철학 교과에서 제시하는 논술 과제의 목표가 바로 이런 깨우침을 주려는 것이다. 그래서 예를 들어, 허물없이 지내는 친구에게 자신의 초고를 읽어 달라고 부탁하라. (그리고 그 친구가 다른 분야 전공이라면, 더 효과적인 시험이 된다.) 그 친구가 내 논증을 이해하지 못한다면, 이는 논증을 좀 더 풀어서 전개해야 한다는 징후일 것이다.

피드백을 구할 때도 창의성을 발휘하라. 아래는 피드백의 가능한 공급원이다. 이외에도 피드백을 얻을 수 있는 또 다른 공급원과 방법은 무엇인가 생각해보라.

		누구?	
		강의자	학생
어떻게?	글	• 과제 평가와 (첨삭) 평언 • 전자우편이나 블로그를 통한 토론	• 초고에 대한 평언(그러나 아래를 보라) • 전자우편이나 블로그를 통한 토론
	말	• 세미나 토론 • 개인지도(정해진 '면담 지도 시간'에 강의자의 지도를 받음)	• 세미나 토론 • 스터디 그룹

여기에는 주의사항도 있다. 피드백의 내용을 얻는 방법이나 사용하는 방법에 주의해야 한다. 과제의 초고를 작성하면서 친구의 노트를 내 노트와 비교하는 일은 괜찮고 좋은 일이다. 하지만 다른 학생의 생각을 마치 자신의 착상인 듯이 사용하면 안 된다. 이는 부정행위, 공모 또는 표절이다. 표절에 대한 자세한 사항은 앞 장을 참고하라. 학과에서도 소속 대학교의 표절에 대한 지침이나 규정을 비치하고 안내할 것이다.

피드백을 이해하기

'그래서 … 이제 피드백을 받았는데 … 이것으로 뭘 해야지?'[8] 우리가 생각하거나 바라는 정도만큼 명확하지 않아서, 이에 대해 더 자세히 살펴보자.

다음에 제시하는 여러 안내는 한마디로 이렇게 줄일 수 있다. '피드백을 철학의 다른 자료와 마찬가지로 대하라.' 다시 말해, 가장 효과적으로

---

[8]   원문인 영어 문장은 대학교 1학년 학생의 말이다. 다음에서 인용한 것을 재인용했다. Burke, Deirdre (2007), 'Engaging students in personal development planning: profiles, skills development and acting on feedback'. *Discourse* vol. 6, no. 2, p. 124.

이용하려면 피드백을 분석할 필요가 있다. 아래에 제시할 조언은 참작해야 할 공통 영역도 확인하면서, 이 분석이 특별히 피드백에 적용될 수 있는 방도를 밝힌다.

대조 후 수정: 원래 기대했던 내용에 비해 어떤가?

동료나 강의자에게 받는 공식적인 피드백과 무관하게 (그리고 이상적으로는 그 이전에) 스스로 자신의 작업을 평가해보면 좋은 연습이 된다. 자신이 생각하기에 좋은 철학 논술문인가? 어떤 측면이 최상이고 어떤 측면이 최악인가? 왜 그런가? 어느 정도의 등급에 해당한다고 생각하는가?

이렇게 검토한 결과를 다른 사람들에게 들은 내용과 비교하라. 강의자의 피드백 때문에 (즐거이 또는 기분 나쁘게) 놀랐는가? 자신의 평가와 어떻게 다른가?

이런 연습을 통해 자신이 자신에게 기대한 바를 더욱 잘 이해하게 된다. 자신의 평가와 강의자의 평가 사이에 큰 격차가 있다면, 철학하는 면에서 자신에게 요구되는 바를 수정하거나 세밀히 조정할 수 있게 된다. 이렇게 했을 때 철학을 보다 효과적으로 공부하게 되고 또한 성장하게 된다.

다음 예를 통해서 대조 및 수정 지침을 더 명확하게 해 보자.

- 문제의 특정 관념을 잘 이해했다고 생각했는데, 강의자가 나의 해석을 교정해주었는가? (아니라면 해당 관념을 파악하느라고 고생했지만, 강의자가 나의 설명을 칭찬했는가?) 이런 질문에 답하려다 보면, 독서나 논술문 작성에서 수행해야 하는 논증 분석의 적정 수준을 자신이 파악했는지 점검할 수 있다.
- 강의자가 내 논술문 한 측면을 칭찬해서 높은 점수를 기대했는데 점

수를 낮게 줬고, 논술문에서 언급되지 **않은** 사항을 비판했는가? (이와 관련된 흔한 상황은 학생이 어떤 이론을 훌륭하게 설명했지만, 자기 자신의 분석을 충분히 제시하지 못한 상황이다. 또는 이 반대도 마찬가지의 감점 상황이다.) 이렇게 질문해보면, 철학에서 서술적 설명과 비판적 평가라는 양면이 차지하는 상대적 비중을 더 잘 알게 된다. 특히 다른 과목 논술문을 쓸 때 이런 감각이 도움된다. 문학이나 심리학에서 좋은 논술문이 좋은 철학 논술문이 아니며, 또한 이 반대도 그대로 성립한다.

- 강의자가 내 글을 잘못 해석했다고 생각하는가? 자신의 생각을 보다 명료하고 애매하지 않게 설명할 책무는 자신의 것이다. 강의자도 논술문이 의미하는 바를 파악하지 못할 수 있다. 그렇다고 해서 채점자가 제멋대로 읽어서 잘못되었다고 하기는 어렵다. 그보다는 제출자 자신이 생각했던 것보다 글을 명확하게 쓰지 못했다는 뜻이다. 과제에는 학생 자신이 이해했다는 사실이 드러나야 한다. 강의자는 제출자 편에 서서 틈을 메워줄 필요가 없으므로, 어떤 것도 당연하다 가정해서 누락시키지 않아야 한다. 오해의 근원을 파악하도록 하라. 예를 들어, 배경 지식 일부를 생략하지는 않았는가? 주장하고자 하는 관념이 내가 생각한 것에 비해서 덜 정확하게 표현되었는가? 이렇게 검토함으로써, 자신의 생각을 다른 사람과 소통하는 데 필요한 감각을 더욱 발전시킬 수 있다.

강점과 약점 파악하기

학생이나 강의자는 잘못된 것에 초점을 맞추기 쉽다. 실책은 '튀어 올라'서 주의를 크게 끄는 경향이 있지만, 별로 문젯거리가 되지 않는 것은 배경으로 사라지게 마련이다. 실책은 또 다른 의미에서 주의를 끈다. 바로 잡으려면 무엇인가 바꾸거나 행해야 하기 때문이다. 그에 비해 이미 바르게 된 일에 대해서는 어떤 행동도 필요하지 않다.

이런 분석을 하면, 피드백이 왜 부정적 측면에 초점을 두는지 이해하게 된다. 부정적인 피드백을 받았을 때 건설적으로 반응하기가 쉽지 않다. 대개 비판은 수용하기 어려우며, 그래서 피하려 한다. 비판받으면 향상하려는 의지가 생기기보다는 힘을 박탈당한 느낌을 받게 된다.

이런 이유로 자신의 작업 결과에서 약점을 확인하려는 노력뿐 아니라 강점을 파악하려고 주력하는 게 중요하다. 제대로 해낸 일은 무엇인가? 무엇 때문에 이런 점수를 얻었는가? 때로 강의자가 '조직화가 잘 되었음'이나 '충분히 연구됨' 등과 같이 강점을 적어주기도 한다. 어떤 경우에는 어떠한 첨삭문도 적지 않은 채 암암리에 칭찬했을 수도 있다. 특히 좋은 점수를 받기는 했지만, 강의자가 써 놓은 평언이 아예 없는 경우라면, 강의자가 보기에, 핵심적인 철학적 논점이 과제에서 이미 제시되어서, 이제는 덧붙일 내용이 없다는 뜻일 수도 있다.

자신의 강점을 파악하려는 노력을 간과하기 쉽지만, 자신의 강점에 주목하는 일은 중요하다. 강점을 토대로 자신의 견해를 세워갈 자신감을 가질 수 있다. 이렇게 든든한 배경을 갖추고서야 자신의 약점을 효과적으로 드러내서 말할 수 있다. 이런 배경도 없이 약점에 접근한다면, 실수한 바를 교정하려는 노력을 위험에 빠뜨릴 수 있다. 다시 말해, 교정에 그치지 않고 자신의 강점을 무너뜨릴 수 있다. 예를 들어, '자신의 생각을 좀 더 말하시오.' 라는 평언에 민감하게 반응하면, 그리고 이렇게 반응하면서 '복잡한 자료를 잘 요약함' 이라는 평언을 무시하면 큰 손해를 보게 된다. 후자의 평언은 철학 과제로서 갖추어야 하는 핵심 기준을 충족시켰다는 뜻이고, 이 때문에 처음에 획득한 점수를 받았기 때문이다.

또 하나 알고 있어야 할 사항이 있다. 일부 강의자는 과제에 더욱 철저히 부딪쳐서 몰두한 학생에게 더 많은 피드백을 준다. 이미 좋은 점수를 받았다면, 강의자는 더욱 비판적이고 깊이 있게 논술문을 검토할 것이다. 그들은 학생이 더 향상되기를 바라기에 더 비판적이고 심각하게 평언을 단다. 거의 동료 학자들의 논문에 대해 논평하듯이 심각한 자세로 임한다. 그래서 강의자가 학생이 신중하게 전개한 논증을 사정을 봐주지 않고 체계적으로 비판을 가한다면, 이는 좋은 점수를 받을 자격이 없다는 얘기가 아니라 존중의 표현이다. (물론, 이는 좋은 점수를 받은 상황에서만 성립된다!)

자신이 받은 피드백을 긍정적인 것과 부정적인 것을 나누면 도움이 된다. 그리고 다른 피드백과 비교하면 역시 도움이 된다. 이렇게 했을 때 자신의 강점과 약점의 유형을 쉽게 파악하게 된다. 대개 학과에서는 표준 '피드백' 양식을 사용할 것이다. 그렇다면 이런 작업은 더 쉽게 이루어진다. 대개 이 양식을 만들 때, 피드백을 핵심 영역별로 분류하고, 이를테면, 각각의 과제에 대해 '표현'이라는 범주를 두어 학생이 자신의 피드백을 직접 비교할 수 있도록 고안한다. 또한, 피드백을 분석할 수 있도록 해주는 여러 일반적 도구가 있다. 제6장에서 확인하기 바란다.

예를 들어보자. 윤리학 강의자의 평언과 근대철학 시간에 데카르트를 주제로 쓴 논술문에 기재된 교수의 첨삭문이 '표현' 항목에서 같은 내용을 지적했다. '좋은 개별적인 논점을 제시했으나, 논증 전개가 불분명함.' 이는 학생이 철학적인 논점을 파악하는 측면에서는 좋았으나, 자신의 생각을 보다 명확하고 정합성 있는 구조로 조직화하는 기술을 발전시켜야 한다는 말이다.

불확실한 지점 공략하기

피드백에 관한 이런저런 조언은 모두 하나의 가정이 성립해야 유효하다.

받은 피드백을 학생 자신이 이해한다는 가정이다. 불행히도 언제나 그렇지는 않다. 과제에 기재된 첨삭 평언은 특히 너무나 간략하다. 심지어 '?'와 같이 기호 하나 달랑 제시된 일도 있다. 때로는 강의자의 난삽한 필체를 해독하려고 애를 써야 한다.

늘 그렇듯이 황금률은 이렇다. 이해가 되지 않으면 물어라! 편하다면 동료 학생들에게 도움을 받아라. 비슷한 피드백을 받았으며, 중요한 첨삭문을 그들도 이해했는가? 또한, 강의자에게 가는 일을 두려워 마라. 그 역시 학생으로 하여금 더 배우게 하려고 첨삭 평언을 달았다. 명료성을 추구할 때 학술적 대화에 참여하게 된다. 이는 일반적으로 대학생활에서 핵심적인 부분이며, 특히 철학에서 핵심적인 활동이니만큼 평언을 명료하게 이해하기 위해서 평가자를 찾는 일은 중요하다.

피드백을 이용하기

이렇게 분석적인 작업을 거치면 자신의 현재 강점과 약점을 파악하게 된다. 그러나 이렇게 파악하는 일만으로 하룻밤 사이에 강점과 약점을 바꿀 수 없다. (철학자들이 좋아하는 말로 표현해보면, 강점과 약점에 대한 이해는 향상을 위한 필요조건이지만 충분조건은 아니다.) 이제 알았으면 **실행**해야 한다.

이런 맥락에서는 '피드**백**'에 관해 말한다면 길을 잘못 가는 셈이다.[9] 뒤가 아니라 앞을 봐야 하기 때문이다. 장래의 학습활동을 발전시키고 이에 활기를 불어넣으려면 이미 획득한 통찰을 어떻게 사용할 것인가?

여기서 초점은 자연스럽게 비판에 대한 대응에 모인다. 물론, 긍정적 피드백을 통해서도 행동 착수 시점을 확인할 수 있는데, 계속 그렇게 실

---

[9] [역주] "feedback"에서 "back"이 "뒤로"를 뜻하기 때문에 이런 말을 하고 있다.

행하면 되기 때문이다. '비판'이란 용어는 그다지 정확한 용어가 아닐 수 있다. 비판적인 피드백의 취지는 사람을 비판하자는 것이 아니라, 향상을 위한 지침을 제공하자는 것이다. 사람을 돕자는 것이지 상처를 주자는 것이 아니다.

때로 필요한 행동이 피드백 자체에 암암리에 포함되어 있다. 강의자의 첨삭 평언에 '주제를 이탈함'(digression)이나 '무관함'(not relevant) 등이 포함되어 있다면, 논제로 제시된 질문이 무엇인지 초점을 더욱 선명하게 모아야 한다. 예를 들어, 제출하는 과제 **모든** 면의 머리말이나 꼬리말에 과제의 제목을 적어 넣는다면, 또는 과제의 **모든** 문단마다 과제의 제목을 적어 넣는다면, 논술문 작성에 도움이 되겠는지 생각해보라. 적절하다면, 필요한 행동을 위하는 데 도움이 될만한 추가 도구를 확인하라. 예를 들어, 학술적 글쓰기를 향상시키기에 관한 강의자의 권고사항을 충족시키기 위해서 참조 절차에 관해서 알아야 하는가? 어디서 이런 사항을 알아내는가? 제6장 '자료'에서 좋은 출발점을 알려줄 것이다.

필요한 일이 무엇인지 명확하게 파악하지 못했다면, 강의자나 교수학습센터에서 더 많은 조언을 구하라. 어떻게 반응해야 할지를 몰라서 피드백을 무시하면 안 된다. 하지만 우선순위를 정해서 일을 처리해야 할 때가 있다.

- 지금까지 받은 피드백에서 가장 빈번하게 지적받는 약점은 무엇인가?
- 글을 쓸 때 가장 심각한 영향을 주는 약점은 무엇인가?

대개는 명백하게 드러난다. 극단적인 예를 들어보자. 철자법상의 실수는 자주 지적받는 사항이다. 하지만 채점자는 이 때문에 심각한 정도를 점수를 깎지 않는다. 그러나 출처를 적절히 밝히지 않은 경우, 표절로 오해받아 점수를 아예 못 받을 수도 있다. 피드백에 관한 대응에 대해서 우선순위를 정할 때, 고려해야 할 또 다른 요인은 이런 물음이다. '이 약점을 수정하기 위해 어느 정도의 작업이 필요한가?' 이런 맥락에서 철자법상의 실책은 좋은 출발점이다. 상대적으로 간단한 작업이기 때문이다. 때로 사안의 심각성이 그다지 명확하지 않을 때도 있다. 예를 들어, 문법상의 약점은 사소할 수도 있지만, 논증의 명료성을 심각하게 해치기도 한다. 다시 한번 강조하지만, 피드백을 받고 반응할 지점을 명확히 모르겠다면, 더 많은 안내를 받는 게 현명하다.

요약

이 장에서 우리는 독서, 노트 정리, 토론 등을 통해 익힌 기술을 바탕으로 이루어지는 철학적 글쓰기의 의미를 개관했다. 자신의 논증을 세우고 자신의 철학적 작품 즉 철학적 글쓰기로 표현되는 것을 창조하는 방법을 보이고자 했다.

그리고 여러 사례를 통해서, 다양한 종류의 논술문 작성 방법, 자신의 글을 철학적 비판의 기술과 논증 분석의 기법을 적용하여 검토하는 방법을 보여주었다. 이를 숙지하고 논술문 과제를 완결해가면 그때마다 철학하는 능력이 향상된다. 이렇게 지속적인 학습 과정을 거치면서 학생들은 철학자의 길을 차분하고 올바르게 밟아가게 된다.

6. 자료

대학생이 되고 나면 거대한 규모의 자료에 대면하게 된다. 이 장에서는 학생들이 사용할 다양한 자료의 종류와 그것을 얻는 방법을 살펴보겠다.

자료를 찾을 때 가장 먼저 눈에 띄는 출발지는 도서관과 인터넷이다. 이와 더불어, 대학교는 여러 학생지원기관을 갖고 있다. 이 기관은 학생이 학위과정을 밟으면서 시간 대부분을 학습에 투여하도록 도와준다.

유용한 철학 용어를 약간 소개하면서 이 장을 마칠 예정이다. 철학 공부를 하는 동안 이 단어들을 만나게 될 것이다.

도서관자료

대학교의 도서관은 광범한 자료를 제공한다. 그 가운데는 서적, 잡지, 시디롬과 같은 전자자료, 가입자만 접근할 수 있는 데이터베이스, 온라인자료가 포함된다. 도서관의 홈페이지를 방문해보면 어떤 종류의 자료가 갖춰져 있는지 알 수 있다. 대개는 전공별로 전문 사서가 근무하고 있어서, 연구자가 찾고자 하는 주제와 수준에 가장 적합한 자료를 안내해줄 것이다. 그들 덕에 특정 자료를 탐색하는 데 걸리는 시간을 절약해준다.[>1]

>1 [역주] 전문 사서제도는 영미권에 해당하는 얘기다.

대학에 입학하자마자 도서관 체재에 익숙해지면 큰 도움이 된다. 학위 과정을 잘 해내고 싶다면 상당한 시간을 도서관에서 보내야 하기 때문이다. 대부분의 도서관은 신입생에게 도서관 사용법을 교육하는 과정을 갖고 있다. 목록을 사용하는 방법, 각자의 전공에 해당하는 서적과 학술지의 위치도 설명한다. 반드시 참석하기를 권한다.

서적

도서관은 많은 철학 서적을 비치하고 있을 것이며, 그래서 철학 교과의 독서목록에 올라가 있는 문서를 도서관이 보유하고 있지 않은 일은 거의 없다. 강의자는 독서목록을 추천하기 전에 도서관이 보유하고 있는지 검토한다. 그리고 특정 서적을 많은 학생이 찾을 것으로 예상할 때 단기대출 서적으로 분류하여 따로 관리하라고 도서관에 요구하여, 모든 학생이 그 자료에 접근할 수 있도록 조치할 것이다.

자료를 얻으려는 데서 생기는 어려움에 대비하려고, 대부분의 대학 도서관은 다양한 문서제공제도를 두고 있다. 학생이 요구하는 특정한 서적이나 논문을 보유하지 않고 있으면, 요구자를 위해서 자료를 도서관이 구입한다. 때로 비용이 많이 들지만, 대부분의 도서관은 이를 사는 데 보조금을 지급하기 때문에, 자료 요구자는 약간의 비용만 내면 된다.

또 다른 방법도 있다. (자신의 소속 대학교 또는 집 주변의 다른 대학교와 같이) 다른 대학교 도서관을 직접 방문할 수 있는데, 그럴 때 그 대학교의 시설을 이용할 수 있는지 미리 확인해두고 허가를 받는 게 좋다. 많은 대학교 도서관은 상호협약을 맺어서 각 대학교의 학생과 교직원이 상대방의 시설을 이용할 수 있게 하고 있다. 각자의 대학교 도서관에서 이에 대한 더 상세한 조언을 들을 수 있을 것이다.

개개의 철학 강좌에서 추천하는 독서목록과 별도로, 다음 서적을 추천

할까 한다. 자신이 선택한 철학 강좌에서 어떤 철학자, 어떤 주제를 다룬
다고 해도 아래에서 추천한 책은 도움이 될 것이다.

철학사전과 백과사전

이 사전류들은 철학의 여러 화제에 대해 개관할 수 있게 해준다. 그리고
그 분야에서 고전적인 글과 더 읽어야 할 자료에 관한 정보를 제공한다.

- Audi, R. (ed.) (1995), *The Cambridge Dictionary of Philosophy*.
  Cambridge: Cambridge University Press.

- Blackburn, S. (2005), *The Oxford Dictionary of Philosophy*.
  Oxford: Oxford University Press.

- Craig, E. (ed.) (1998), *Routledge Encyclopedia of Philosophy*.
  London, New York: Routledge.

- Flew, A. (ed.) (1984), *A Dictionary of Philosophy* (2nd rev. edn).
  London: Pan in association with the Macmillan Press.

- Honderich, T. (ed.) (2005), *The Oxford Companion to Philosophy*.
  Oxford: Oxford University Press.

- Mautner, T. (ed.) (1998), *The Penguin Dictionary of Philosophy*.
  Harmondsworth: Penguin Books Ltd.

온라인 철학 백과사전을 보려면 '인터넷자료' 부분을 보라.

철학입문서

철학 학위과정을 밟아야 하는지 확신이 안 선다면, 다음 책들을 통해 자
신의 관심사에 관한 정보를 얻을 수 있다.

- Blackburn, S. (1999), *Think : A Compelling Introduction to Philosophy*. Oxford : Oxford University Press. 고현범 옮김 (2002) 『생각』, 이소출판사.

- Hollis, M. (1985), *Invitation to Philosophy*. Oxford : Blackwell.

- Nagel, T. (1987), *What Does It All Mean? A Very Short Introduction to Philosophy*. London and New York : Oxford University Press. 김형철 옮김 (1989), 『이 모든 것의 철학적 의미는?』, 서울 : 서광사.

- Warburton, N. (1999), *Philosophy : The Basics* (3rd edn). London : Routledge.

철학학습지침서

다음은 철학 공부에 관해서 더 깊이 있게 살펴보기 위한 안내서이다.

- Guttenplan, S., Hornsby, J. and Janaway, C. (2002), *Reading Philosophy : An Introductory Text with Readers*. Oxford : Blackwell Publishers.

- Martinich, A.P. (1997), *Philosophical Writing : An Introduction*. Oxford : Blackwell Publishers. 장혜영·강성위 옮김 (2007), 『철학적으로 글쓰기 입문』, 서광사.

비판적 사고와 논리학 입문서

많은 학생은 철학의 다른 분야보다 논리학이 더 어렵다고 생각한다. 그렇기는 해도, 이 주제에 더 쉽게 접근하도록 도와주는 여러 책이 있다.

- Fisher, A. (1998), *The Logic of Real Arguments*. Cambridge : Cambridge University Press.

- Tomassi, P. (1999), *Logic*. London: Routledge.

- Walton, D. (1989), *Informal Logic: A Handbook for Critical Argument*. Cambridge: Cambridge University Press.

- Weston, A. (2001), *A Rulebook for Arguments*. Indianapolis: Hackett Publishing Co. 이보경 옮김 (2004), 『논증의 기술』, 필맥.

일반적인 학습지침서

철학 학위 취득을 위한 공부에는 철학 특유의 조언이 있게 마련이다. (그래서 이 책을 쓰고 있다.) 그렇지만 대학교에 다니면서 필요한 학습 기술을 일반적인 관점에서 다룬 책도 이용해야 한다.

- Chambers, E. and Northedge, A. (1997), *The Arts Good Study Guide*, Buckingham: Open University Press.

- Race, P. (1998), *How to Get a Good Degree*. Buckingham: Open University Press.

학술지

도서관에서는 다양한 철학 학술지를 구독하고 있을 것이다. 두 가지 형태로 이용자에게 제공된다. 특정 학술지의 인쇄본이 비치되거나, 온라인에서 사용자 이름과 비밀번호를 입력하고 나서 열람할 수 있는 전자 문서 형태의 학술지가 제공된다.

수강 강좌에서 제공되는 독서목록에 많은 부분은 학술지 논문이며, 논문선집에 재수록 되어 있다. 논문선집을 구하기 어렵다면, 원래 해당 논문이 실렸던 학술지를 탐색해보라.

위에서 말했듯이, 일부 학술지는 인쇄본뿐 아니라 온라인으로 제공되며, 도서관에서는 구독하는 온라인 학술지의 목록과 이 학술지에 접근하는 방법을 공지하고 있다. 다시 말하지만, 자신의 학교에 없는 논문이라면, 이런저런 형태의 자료 제공 제도를 이용할 수 있다.

다음 학술지는 특별히 학부 학생을 겨냥하고 있다.

- *The Richmond Journal of Philosophy*: http://www.rutc.ac.uk/rjp/
- *The British Journal of Undergraduate Philosophy*: http://www.bups.org/pages/bjup.shtml

해마다 많은 철학 학술지가 출판된다. 그러다 보니, 독서목록에 포함되지 않았지만, 관심 대상인 화제에 적합한 논문을 어떻게 찾아야 하는지 궁금할 것이다. 우선은 연구 대상 화제와 관련된 (인쇄본이든 온라인 판이든) 학술지의 목차를 훑어보면 된다. 어떤 학술지를 먼저 찾아야 할지 확신이 안 서면, 필요한 것을 찾도록 도와주는 여러 종류의 데이터베이스가 있다. 이에 접근하는 방법에 관해 도서관에서 조언을 받을 수 있다.

데이터베이스

철학에 관해서 많은 서적, 학술지, 논문이 데이터베이스에서 입수 가능하다. 그래서 데이터베이스는 본질적으로 중요한 도구이다. 다음에 열거한 것은 철학에서 일하는 사람들이 사용하는 주요 데이터베이스이다.[2]

>2 [역주] 학생들이 도서관을 통해서 고급 자료를 입수할 수 있는 한국어 데이터베이스 가운데 다음은 반드시 알고 있어야 한다.
- 정기간행물 및 학술지 논문: http://kiss.kstudy.com
- 단행본 및 학위논문: http://www.riss4u.co.kr

철학자 색인

철학자 색인(The Philosopher's Index)은 철학의 핵심 데이터베이스이다. 정기적으로 갱신되고, 서지정보, 1940년 이후에 전 세계에서 출판된 논문과 서적의 저자가 작성한 초록이 포함되어 있다.

과학 웹

과학 웹(The Web of Science)은 다양한 학문 분야의 논문과 서적에 접근할 수 있는 데이터베이스이다. 이는 과학인용색인(Science Citation Index, 1900~현재), 사회과학인용색인(Social Science Citation Index, 1956~현재), 예술 및 인문학인용색인(Arts and Humanities Citation Index, 1975~현재)을 검색한다. 각 데이터베이스는 매주 갱신된다.

영국 인문학 색인

이 데이터베이스(The British Humanities Index)는 인문학 분야의 320개의 학술지를 검색하며, 이뿐 아니라 주간지와 명망 있는 일간신문까지 검색하도록 해준다. 영국뿐 아니라 다른 영어권 국가의 자료를 제공하고, 한 달 단위로 갱신된다.

저작권

학생은 저작권에 대해 두 측면에 관심을 두어야 한다. 첫째는 학생이 읽어야 하는 책을 지은 저자의 저작권, 또 하나는 자신이 작성한 글의 저작권이다. 저작권이란 글의 소유주로서의 권리이며, 자신 이외 타인의 복제를 금지하는 배타적 권리이다. 저작권법은 파렴치한 출판업자가 저자에게 인세를 지불하지도 않고 해적판을 인쇄해서 생기는 저자의 경제적 손실을 방지하기 위해 도입되었다.

저자의 저작권을 침해하는 일은 일견 표절과 비슷해 보이지만, 본질적인 차이가 있다. 출처를 밝혔다 해도 저작권 침해를 범할 수 있고, 저작권 보호에서 면제된 자료라 해도 표절을 저지를 수 있다. 이는 복사할 수 있는 양이 엄격하게 정해져 있기 때문이다. 논평하려면 저작권 보호 자료를 인용할 수 있지만(그리고 법으로 정해져 있지는 않지만), 400단어 이하로 인용할 수 있는 수준에서 양해가 이루어져 있다. 아마도 철학 논술문에서 이 이상으로 인용할 일은 거의 없을 것이다. 제5장에서 이미 지적했듯이, 글쓰기는 다른 사람의 글 베끼기 실력을 과시하려는 것이 아니라, 자신의 분석 솜씨와 논증 솜씨를 보이는 일이다.

자신의 글에 대해서도 마찬가지로 저작권 의식을 가져야 한다. 예를 들어, 저작권을 대학교에 양도하겠다는 서류에 서명하지 않는 한, 학생이 작성한 글의 저작권은 학생 자신의 소유이다. 통상, 학생이 과제 논술문이나 논술형 답안을 작성해서 제출할 경우, 글이 적혀 있는 종이라는 물질을 제출했으나, 지적 재산은 여전히 학생의 소유이다.

참고서지 작성

강좌나 학과별로 각자의 참고서지 작성요건을 제시한다. 수업 시간에서 참고서지 작성법에 관한 정보를 제공하지 않는다면, 강의자에게 질문해서 확인해 두어야 한다. 아래에서는 주로 사용되는 참고서지 작성법을 소개했다.

하버드 작성법

하버드 작성법을 사용할 때, 논술문에서 자신이 인용한 모든 자료를 저자명 자모의 순서에 따라서 참고문헌목록에 열거해야 한다. 글에서 인용하거나 참조를 한 경우, 해당 부분의 글 뒤에 괄호를 사용하여 서지를 작성한다. 저자의 성(姓, 한국어는 성명/역주), 출판연도, 참고한 면의 순서로 쓴다.

예를 들어, 도덕 이론에 관한 논술문에서 다음과 같은 문장이 등장했다고 하자.

사이먼 블랙번은 '우리는 세계의 한 측면을 서술하는 일인 듯이 도덕과 윤리에 관한 이론을 만들지 말아야 한다.'라고 주장했다(Blackburn, 1996, 83).

참고문헌목록에는 전체 서지 사항이 다음과 같이 등장해야 한다.

Blackburn, Simon, (1996), 'Securing the nots: moral epistemology for the quasi-realist, in Sinnot-Armstrong, Walter and Timmons, Mark, *Moral Knowledge: New Readings in Moral Epistemology*. Oxford: Oxford University Press.

각주

각주를 이용하여 참고서지를 밝힐 경우, 각주에 모든 서지 사항을 기재한다. 그래서 위에 사용한 예를 각주로 나타내면 다음과 같다.

사이먼 블랙번은 '우리는 세계의 한 측면을 서술하는 일인 듯이 도덕과 윤리에 관한 이론을 만들지 말아야 한다.'라고 주장했다.[1]

---

[1] Blackburn, Simon, 'Securing the nots: moral epistemology for the quasi-realist, in Sinnot-Armstrong, Walter and Timmons, Mark, *Moral Knowledge: New Readings in Moral Epistemology*. Oxford: Oxford University Press, 1996, p. 83.

이 참고서지 작성체제를 사용할 때, 처음 등장한 자료에서 전체 서지사항을 모두 제시했고, 동일 저자의 다른 저작을 인용하지 않았다면, 저자의 성(한국어는 성명/역주)과 해당 면만 밝히면 된다. 예를 들어, 위의 글이 등장한 똑같은 논술문에서 블랙번의 같은 글을 또 이용할 때 다음과 같이 서지를 밝히면 된다.

블랙번이 지적했듯이, 상대주의 위협에 대해 올바르게 반응하려면 반대자가 우리에게 가져보라고 요구하는 외적 관점을 살펴보면 된다(Blackburn, p. 89).

이 참고서지 작성법을 사용할 때 하나의 논술문에서 동일 저자의 자료를 두 번 이상 사용했다면, 둘째 인용에서는 제목을 밝혀야 한다. (참고한 자료의 출처가 명확하고, 자료의 제목이 길면서 반복될 때 사용하는 축약 양식이다.)

인쇄본으로 발행되고 있는 학술지를 온라인으로 접근해서 참고했을 때, 인쇄본의 서지사항과 마찬가지로 작성해야 한다. 학술지가 온라인으로만 발행된다면, 인쇄본과 마찬가지의 사항을 기재하지만, 인터넷상의 문서 주소(즉 URL)와 이를 입수한 날짜를 덧붙여 밝혀야 한다.

인터넷자료

인터넷에는 무료로 접근할 수 있는 많은 자료가 있다. (데이터베이스나 전자 학술지 등의 온라인자료가 있지만, 대개 무료로 이용하지 못한다. 때로는 소속 대학교나 도서관에서 부여한 사용자 이름과 비밀번호를 요구한다. 이미 이 부분은 도서관자료 부분에서 다뤘다.) 신입생은 유용하고 품질 좋은 철학자료를 어디서 찾기 시작해야 할지 잘 모른다. 위키피디아와 같은 일반적 자료를 이용하고 싶을 수도 있고, 실제로 이런 종류의 문서가 좋은 정보를 제공하기도 하지만, 결정적이고 최종적인 출처로 이용하면 안 된다. 어떤 인터넷 사이트가 신뢰할만한 정보를 가졌는지, 품질이 떨어지는 자료를 제공하는지를 알기 어렵다. 특정 화제에 대한 자료를 찾으려고 검색 엔진을 사용한다면, 사용하는 사이트가 믿을만한지 확인하려면 다음 물음으로 점검하라.

- 언제 작성되었는지, 누가 작성했는지, 최근 갱신일이 언제인지 밝히고 있는가?
- 개인이 만들었다면, 그 사람은
  - 해당 분야의 전문가에 해당하는 자격과 경험이 있는가?
  - 고등교육기관이나 평판이 있는 다른 교육기관에서 일한 경력을 갖고 있는가?
- 개별 저자가 명시되어 있지 않고 기관이 소유하고 있다면, 그 기관은 어떤 종류의 기관인가?
  - 대학교나 다른 교육기관인가? 후자라면, 그 기관의 웹 페이지를 보라. 좋은 평판을 받는 기관인가? 예를 들어, 정부의 자금지원을 받았는가? 아니면 어떤 수단으로 운영하고 있는가? 이 기관에 대해 검색 엔진으로 검색하면 결과 창의 앞쪽에 열거되는가?
  - 소유자가 고등교육기관이 아니라면,
    - 정부기관인가?
    - 영리기관인가?
    - 비영리기관인가?

- 자선단체인가?
- 개인인가?
- 그 자료의 소유자나 저자에게 무엇이 해당 분야의 전문가 자격을 갖게 해주는가?
- 정보가 균형 있게 제시되고 있는가?
- 문법에 맞게 작성되었는가?
- 인용하여 사용한 자료의 출처를 적절하게 밝혔는가?

논술문을 작성하면서 인터넷자료를 이용한다면, 다른 인쇄본자료를 사용할 경우와 마찬가지로 참고서지를 밝혀야 한다. 학과마다 다른 방식을 사용할 수 있기 때문에, 먼저 자신의 소속 학과에 확인해보라. 항상 기억해둘 것이 두 가지 있다. (1) 자료의 완벽한 주소를 포함해라. (2) 자료를 확보한 날짜를 기재하여라.

온라인상에 많은 자료가 믿을만하고 쓸만하기는 하지만, 여기서 많이 열거하지는 않겠다. 인터넷상에서는 모든 것이 빨라서 소개한다고 해도 쉽게 구식이 되기도 하고, 통째로 사라지기도 하기 때문이다. 다음은 철학 분야에서 길게 유지되었고, 고품질이면서 자주 갱신되는 유명한 곳이다. 우리가 믿기에는 앞으로도 계속 도움이 될 것으로 보인다. 또한, 이들은 많은 유용한 자료의 통로 역할도 하고 있다.

인식연결 http://www.epistemelinks.com

인식연결(Epistemelinks)은 1997년에 시작되어 탄탄하게 자리 잡은 곳이다. 이곳은 자체 제공 자료뿐 아니라, 철학자, 화제, 자료 유형에 따라 철학자료를 분류하여 연결하고 있다.

스탠퍼드 철학백과사전 http://plato.stanford.edu

스탠퍼드 철학백과사전(Stanford Encyclopedia of Philosophy, SEP)은 1995년부터 시작된 온라인 철학백과사전이다. 각각의 표제 항목은 전문가에 의해서 작성되고 유지된다. 편집 운영진이 구성되어 있어 이들 전문가의 글을 심사한다. 그래서 이 사전의 내용은 높은 품질을 유지하며, 많은 강의자가 학생에게 이를 추천한다. 인쇄된 책을 보충하는 데 모자람이 없다.

인터넷 철학백과사전 http://www.utm.edu/research/iep

인터넷 철학백과사전(Internet Encyclopedia of Philosophy, IEP)은 스탠퍼드 철학백과사전 못지않은 품질을 갖고 있다. 표제 항목은 철학 분야의 전문가들이 사전을 위해 작성한 글로 이루어져 있다.

인튜트 http://www.intute.ac.uk

인튜트(Intute)는 여러 교육기관의 공동 자금지원으로 제공되는 곳이다. 여러 다른 주제에 관한 온라인자료의 목록을 만들려고, 주제별로 전문가를 고용하였다. 이곳의 예술과 인문학 부문에서 철학에 관한 쓸만한 항목을 찾을 수 있다.

구글 학자 http://scholar.google.com

구글 학자(Google Scholar)에서 여러 유형의 자료를 찾을 수 있다. 학술 서적 출판사, 전문가 협회, 본보기인쇄 저장기관, 대학, 기타 학술단체 등이 동료끼리 주고받은 논문, 학위논문, 서적, 초록, 기사 등을 제공하고 있다. 핵심 단어나 문장을 입력해서 검색할 수 있다. 이곳은 상세한 다중 검색 기준을 허용하며, 상당히 좋은 검색 성능을 보인다. 인용된 곳, 관련된 기사, 논문 등을 함께 찾아준다.

지원 체제

학생 지원기관

많은 고등교육기관은 학생들이 공부기술을 향상시키기 위한 기관을 운영하고 있다. 학생 센터, 학습 센터, 교수학습센터 등 여러 이름으로 운영된다. 이런 기관은 대개 간단한 교육과정, 문서자료, 학습상의 문제에 대한 일대일 상담 등을 제공한다. 기관 대부분이 웹사이트를 갖고 있으며, 학생은 이를 통해 학습기법향상에 관한 정보, 추가지원에 관한 정보를 얻을 수 있다.

경력개발기관

요즈음 대학교는 대부분 학생의 경력관리 기관을 운영한다. 이런 기관은 행사, 교육과정, 연수, 간담회, 조언과 안내 등의 다양한 지원을 제공한다. 학생이 자신이 원하는 경력을 쌓아가려고 스스로 결정하고 시도할 때, 이런 기관의 도움을 받을 수 있다. 경력 계발과 계획에 관한 정보도 제공하고 있다. 예를 들어 여러 직업에 관련된 자료를 비치하거나, 이력서 작성과 면접을 대비한 연수도 마련하고 있다. 학생이 원하는 직업을 얻으려면 해당 분야의 경험을 축적할 필요가 있는데, 이런 경험을 쌓을 기회와 방법에 관한 정보를 제공한다. 지역사회의 실업가나 고용주의 강연회를 개최하기도 한다. 또한 경력개발기관은 일 년 동안 여러 시점에 대학원생 모집을 위한 설명회를 열기도 한다.

장애인 지원기관

난독증, 시각 장애, 청각 장애, 운동 장애를 갖고 있으면, 대학교의 장애인 지원기관을 이용할 수 있다. 필요한 정보와 안내 등의 지원을 할 것이다. 여기에는 장애인을 위한 전문 소프트웨어라든지, 별도의 시험 시간, 노트 정리, (노트 정리 내용을 점자로 옮기는 등의) 필사, 음성 지원 등이 포함된다. '도움'이 필요한 사람을 깔보는 그릇된 인식에 상처를 받지 않으려고, 이렇게 받는 지원을 꺼리기도 한다. 하지만 이런 지원은 사용되기 위해서 존재하며, 그래서 필요한 경우 이런 지원을 받아들이고, 모자라는 부분을 요구하여 기관으로 하여금 새로운 지원 체제를 갖추게 하여야 한다. 장애를 갖고 있으면 반드시 소속 기관의 장애인 지원기관을 찾아가서 어떤 종류의 지원을 받을 수 있는지 확인해두어야 한다.

철학과 학생회

많은 철학과가 학생 철학회를 갖고 있다. 학생에 의해서, 그리고 학생을 위해서 운용되는 모둠이 있으며, 학생들은 동료 예비 철학자를 사귈 좋은 기회를 제공한다. 행사, 강좌, 심지어 학회까지도 개최하며, 철학적 관심사를 공유해서 마음이 맞는 사람들끼리 만날 자리도 만든다.

철학에 관련된 협회

영국 대학생철학협회 http://www.bups.org

영국 대학생철학협회(The British Undergraduate Philosophy Society)는 2005년에 창립되었다. 이 철학회는 여러 기관에서 공부하는 철학과 전공 학생을 연결 짓게 되었다. 계절마다 학술회의를 개최하고, 학술회의에 제출된 학부 학생의 논술문을 실은 학술지를 출판하며, 각 대학교의 학생 철학회를 지원한다. 학생에 의해서, 그리고 학생을 위해서 운영되며, 영국 전역의 철학 전공 학생을 위한 전자우편 토론목록을 운영한다.

영국대학원철학협회 http://www.bppa-on-line.org/community

영국대학원철학회(The British Postgraduate Philosophy Association)은 1997년에 대학원 철학교육을 향상시키기 위해서 설립되었던 자생적 조직이다. 2005년에 철학의 모든 전통을 다루고, 대학원 재학생뿐 아니라 신입생과 입학 희망자를 지원하도록 확대되었다. 일 년마다 학술회의를 개최하고, 일 년에 두 번씩 상급자를 위한 철학교실을 열며, 온라인 토론 포럼도 제공한다.

영국철학회 http://www.britphil.ac.uk

영국철학회(The British Philosophical Association)의 전신은 국립 철학위원회(The National Committee for Philosophy)였는데, 2003년에 재조직되고 개명되었다. 이 조직은 영국의 고등 교육 기관에서 철학에 종사하는 주된 전문가 집단이다. 회원 자격은 개인적인 전문 철학자, 고등교육기관의 철학과(또는 그에 준하는 기관), 철학회 등에 열려 있다.

유용한 철학 용어

이제부터는 초심자가 철학책을 읽다 보면 만나게 될 일부 기초용어를 안내하고자 한다. 이렇게라도 듣고 나면 나중에 이 용어의 의미가 철학 토론과 논쟁의 주제가 된다는 사실을 알게 되더라도 놀라지 않게 된다. 여기서 제시하는 정의와 다른 곳의 정의를 서로 비교하라. 이를테면, 더욱 포괄적인 철학사전의 정의나, 필독서에서 이 낱말을 보았을 때 파악한 정의와 비교하라.

형이상학 용어

이 낱말들은 세계가 **존재하는** 방식이나 존재할 수 있는 방식에 관해 말하려고 사용된다. 이는 분명히 세계에 관해서 아는 것을 말하거나, 이 세계를 언급하고 지시하기 위한 언어사용법을 말하는 일과는 다르다.

본질과 우유

이 구분의 대상은 속성의 종류이다. 택시를 생각해보자. 이것은 여러 속성을 갖는다. 이를테면 네 바퀴, 색상, 운전석에 운전대, 좌석, 삼차원 등을 갖고 있다. 형이상학자는 이것의 상대적 속성 즉 세계의 다른 부분과 관계를 맺으면서 갖게 되는 속성도 생각한다. 예를 들어 도로에서 일정 거리에 떨어져 있음, 두 나무 사이에 있음, 다른 다섯 대의 택시와 일렬로 늘어서 있음 등의 속성이다. 이제 우리는 이 가운데 어떤 속성이 택시가 택시이기 위해서 결정적인지 물을 수 있다. 택시인 것을 완전히 택시 아닌 것으로 바꾸지 않고서는, 도저히 바꿀 수 없는 속성이 존재하는가? 예를 들어, 런던의 택시는 대개 검은색이지만, 뉴욕의 택시는 노란색이다. 그렇다면 특정 색은 **우유**(遇有, accidental) 속성이다. 속성과 관련지어 말할 때, 우유 속성은 어떤 대상이 갖는 속성 가운데 없어진다고 해도 그 대상 자체이기를 그치지는 않는 속성이다. 이와 대조해서 **본질**(本質, essential) 속성은 어떤 대상이 그 자체이기 위해서 반드시 가져야만 하는 속성이다. 택시는 물질이 아니고서는(즉 물질로 만들어지지 않고서는) 택시가 아니며, 또한 승객을 나를 수 없어서는 택시가 아니다. 이런 부류의 속성은 택시의 본질이다.

무엇이 일정 부류 사물의 본질을 이루는가? 이 질문은 철학자를 오랫

동안 고생시킨 물음이다. 물을 예로 들어보자. 그 분자가 H_2O라는 것은 물의 본질인가? 아니면 그 본질이 다른 속성에 있는가? 독자들은 이를 어떻게 생각하는가?

필연과 우연

속성, 대상, 사건이 달리 될 수 없었다면 **필연적**이다. 다시 말해서, 달리 되는 게 불가능하다면 필연적이다. 예를 들어, 2+2=5이고, 또한 '2', '+', '=', '5'가 지금 그대로의 의미인 것이 가능한가? 2+2=4가 성립하며, 이 밖에는 벌어질 수 없으므로 이와 달리 되기는 불가능하다. 그에 반해서, 내 책상 위에 있던 어떤 컵이든지 흰색 대신에 파란색을 띨 수 있었다. 이 상황에서는 어떤 불가능한 것도 없다. 그래서 세계가 지금과 같은 조건이라면, 컵의 색은 **우연적**(contingent)이다. 철학자는 이 구분에 대해 역시 오랫동안 논쟁을 벌여왔다. 또한 무엇인가를 가능하다거나 불가능하다고 말할 때, 그리고 필연적이라거나 우연적이라고 말할 때, 의미하는 바를 이해하려고 노력해왔다. 필연적으로 존재하는 것이 있는가? 신은 이런 것의 후보인가? 철학을 배우다 보면 이런 구분을 여러 철학 저술과 논쟁에서 접하게 된다.

여기서 본질과 필연성이 겹치고 있지만, 구분된다는 데 주목하라. 물이 필연적으로 존재할 필요는 없으나(그래서 우연적이지만), 존재하는 한은 본질적으로 H_2O이다. 철학사전을 사용하고, 이 용어를 사용하는 책을 뒤져서, 차이를 이해했는지 점검해보라.

인식론 용어

"지식은 무엇이고, 지식의 한계는 무엇인가?" 등의 질문에 표현된 바와 같은 **지식**에 관한 사항을 이해하도록 해주는 낱말과 용어가 있다.

선천성과 후천성

어떤 것을 **선천적**(*a priori*)으로 알려면, 그것이 세계에서 성립되는 바를 점검하지 않은 채로 이성만으로 알면 된다. 예를 들어, 처음에는 여러 사물을 바라보면서(이를테면, 단추를 세면서) 셈을 배우지만, 결코 본 적도 없는 것의 수를 이성만으로 계산할 수 있다. 사물의 숫자를 세어보지 않고도 865,734 + 3,780,007 = 4,645,741이라는 지식에 대해 확신할 수 있다. 수학의 규칙과 이성으로 지식을 얻는다. 마찬가지로, 모든 사각형이 네 변과 네 각을 갖는다(또는 가질 수 있다)는 사실을 선천적으로 안다. 물론, 기하학 규칙을 이용하면 그만이고 세계를 점검할 필요가 없다. 데카르트와 같은 일부 철학자는 이를 토대로 삼아 인간이 선천적으로 아는 것에 대해서 더 강한 주장을 펼친다. 이후에 선천적 지식의 격위에 관한 큰 논쟁이 발생했다. 일부 철학자는 도덕 원리와 신의 존재가 선천적으로 알려질 수 있다고 주장했다. 철학을 배우면서 틀림없이 선천성을 접하게 되고 이에 얽히게 된다.

어떤 것을 **후천적**(*a posteriori*)으로 알려면, 주로 경험을 통해 알면 된다. 예를 들어, 창을 통해 보았기 때문에 오늘은 화창한 날씨라는 것을 안다. 나트륨을 태우면 노란 불꽃이 일어난다는 사실을 관찰과 실험을 통해 알게 된다. 흄은 값어치 있는 모든 지식이 궁극적으로 이런 특성을 갖는다고 논증한다. 이 대목에서, 또다시 세계에 관한 설명에서 후천적 지식이 차지하는 역할에 관한 긴 논쟁도 벌어졌다. 여러분의 생각은 어떤가?

이 구분은 철학의 주요 구분 중 하나이고 여러 문헌에서 반복해서 등장한다. 이 구분을 철저히 이해하고 있는지, 필요한 경우에 이에 관한 토론에 참여할 수 있는지를 확인하라.

의미론적/논리적 용어

이 용어들은 세계와 우리 사이의 관계를 바라보는 제삼의 방식에 관한 것이다. 이 관계는 우리가 세계에 관해 말할 때 사용하는 **언어**와 연관된다. 지금까지는 세계가 어떤 모습인지 또는 어떤 모습일지, 그리고 어떻게 우리가 세계에 대해 알 수 있는지 논의했다. 다음 용어는 언어와 그 의미가 작동하는 방식에 관한 낱말이다.

분석과 종합

이 용어는 진술, 문장, 명제(즉 옳거나 그르다는 주장으로서, 감탄문이나 의문문과 대조된다.)에 적용된다. 진리성을 문장의 속성으로 생각한다면, 이 구분은 진리가 결정되는 방식에 관한 것이다. 세계가 존재하는 방식은 그 자체로 옳지도 그르지도 않다. 세계는 그저 존재할 뿐이다. 그에 비해서, 세계에 관해서 **말하는** 바는 옳거나 그를 수 있다. 에클스턴(Christopher Eccleston)이 TV 연속극 『닥터 후』에서 닥터 역할을 하고 있다는 것은 사실이며, 이것이 '에클스턴이 TV 연속극 『닥터 후』에서 닥터 역할을 하고 있다.'는 **문장**을 옳게 해준다.

　분석(analytic) 진리는 순전히 낱말의 의미에 기반을 두고 옳다고 말할 수 있는 진리이다. 여러 책에서 사용되는 고전적인 예는 '모든 총각은 미혼의 남성이다.'라는 문장이다. 이 진술의 진리성은 '총각'이 '미혼 남성'을 **의미**한다는 사실에 의지한다. **종합**(synthetic) 진리는 낱말이 의미를 갖는 방식에 의존하지 않는다. 세계의 존재 방식과 결맞아서 종합 진리이다. (또한, 진리성이 세계의 속성이 아니라 언어의 속성이라는 점을 기억하라.) 예를 들어, '테넌트(David Tennant)가 TV 연속극 『닥터 후』에서 닥터 역할을 하고 있다.'는 문장은 옳은데, 이 문장이 세계에서 벌어지는 일에 맞기 때문이다.[3] 이는 종합 진리이다. 선천적/후천적 구분에 대해서 벌어졌던 논쟁과 비슷하게 이 구분에 대해서도 수많은 토론과 논쟁이 벌어졌다. 분석적이거나 종합적이라고 하기 어려운 애매한 문장을 생각해낼 수 있겠는가?

>3 [역주] 영국 연속극인 『닥터 후』에서는 시즌별로 주인공을 맡은 배우가 달랐다.

찾아보기

|가

가상학습환경 148
각주 245
감추어진 전제 71
강의자 지도 토론 138
개념 공학 19
개념 배관 19
개념 정의 116
건전성 66
건전한 논증 66, 78, 221
결론 62
결론에 대한 지지력 64
결론의 진리성 66
경험주의 45, 85
「경험주의의 두 독단」 85
공리주의 46, 153, 163, 169, 190
공모 130, 176
과학 웹 243
과학철학 19
관념의 관계 83, 118
교수학습센터 234, 250
교재 41

구글 학자 249
구조 물음 154, 157, 217
구조화된 읽기 53
『국가』 131
귀납 67
'그러므로' 63
그리스 철학 99
그리피스(A. Phillips Griffiths) 127
근대철학 96
글감 152
글쓰기 준비 159
글의 양식 180
글의 형식 162

|나

'내적' 관점 61
네이글(Thomas Nagel) 57
노트 정리 109, 114
『논리적 관점에서』 85
논리학 26, 180, 240
논문 151
논술문 151

논술문 구조 167

논술문 사례 184

논술문 작성 절차 161

논쟁 136

논증 61, 114, 158, 160, 169, 221

논증 분석하기 65

논증 형식 64

논증의 결론 116

논증의 구조 76

논증의 형식 66, 81

능동적 안락사 187, 190

『니코마코스 윤리학』 41, 74

|다|

『닥터 후』 256

단기대출 서적 238

단선적 배치 116

단순한 의견 116

대륙 철학자 87

대상 95

대자 88

대타 88

덕 이론 46

데이터베이스 237, 242

데카르트(René Descartes) 67, 74, 89, 94, 97, 197, 226, 232

도덕철학 25

도서관 45, 48, 237

도스토예프스키 153, 155

동일론 121

|라|

라이프니츠(Gottfried Leibniz) 89, 137, 178, 208

라파브(Sandra LaFave) 104

레이첼 188

로마 철학 99

로스(George MacDonald Ross) 68, 72, 105, 178

로크(John Locke) 89, 197

『리바이어던』 90, 95

|마|

마르크스주의 72

말을 바꾸어 표현하기 175

명료화 160

모범 논술문 166

목회자의(pastoral) 문제 219

무신론자 28

'무엇과 같음' 60

문자 기반의 학문 35

미끄러운 경사길 논증 187

미즐리(Mary Midgley) 20, 127

미학 25

밀(John Stuart Mill) 46, 168

|바|

『박쥐가 된다는 것은 어떤 느낌인가?』 57

반대 논증 182

발표 147
배경 지식 72, 163
백과사전 48
버클리(Berkely) 89, 137
벤 다이어그램 77
벤담(Jeremy Bentham) 46
본유관념 197
본질 253
분석과 종합 256
분석적 진리 86
분임 모둠 146
블랙번(Simon Blackburn) 20
비교 물음 157~158
비첨(Beauchamp) 190
비트겐슈타인(Ludwig Wittgenstein)
　137, 172
비판적 사고 26, 217, 240

|사|

사례 116
사르트르(Jean Paul Sartre) 87
사실에 관한 주장 115
사실의 문제 83, 118
생각 137
서술 물음 158
선 74
선집 42
선천성 255
선천적 94, 104
선험적 94

설득력 66
세미나 138
소극적 학습 134
소크라테스 137
소크라테스식 모형 134
수동적 안락사 187, 190
순서도 117
『순수이성비판』 45, 96
스콜라 철학 99
스탠퍼드 철학백과사전 249
시간 관리 164
신의 존재 215
신정론 구성 문제 219
심리철학 75, 99, 121
싱어 187~188

|아|

『아르노와 주고받은 서신』 214
아리스토텔레스 41, 74, 153, 156
악의 문제 216
안락사 24, 156, 185, 189
애매성 94
얀델 216
언어철학 19, 26, 75, 181
여성주의 72
연역 67
연역적으로 221
예술철학 19, 25
온라인 독서목록 49
올바른 논증 66

'왜냐하면' 64

'외적' 관점 61

우연 254

'우연적' 진리 178

우유(遇有, accidental) 253

『원리』 97

원전 41

위키피디아 247

유럽 철학자 87

유신론자 28

윤리학 24, 42, 45, 46, 152

의미론 256

의미와 언급 181

이성 69

이성주의 45

이원주의 121

이정표 116

이차 서적 42

『인간 이해력에 관한 탐구』 83

인과 폐쇄성 122

인과적 과결정 122

인문학 29, 31, 35

인식론 24, 254

인식연결 248

인용 175

인터넷 철학백과사전 249

인터넷자료 246

인튜트 249

일반적인 관념 56

일차 서적 41

읽는 방법 51

|자|

자립적인 생각 174

자유의지 208

자유의지와 책임에 관한 질문 21

작성계획 166

저작권 243

적극적 학습 134

전문 사서 237

전자 토론 148

전자자료 48

전자책 49

전제 62

전제의 진리성 66, 76

정신-신체 문제 58

정의 163

존재론 88

'존재론적' 논증 98

『존재와 무』 87

종교철학 217

종합적 진리 86

좋은 것 74

좋음 74

주관 95

즉자 88

증거 116

지각의 주관적 특징과 객관적 특징 61

직관 104

직접 인용 115

질문 분석 163

|차|

참조의 황금률 173
채점 기준 164
철학 '벌레' 50
철학 학위 30
'철학'의 사전적 정의 19
철학사전 200, 239
『철학의 원리』 68, 72, 74
철학입문서 239
철학자 색인 243
철학적 글쓰기 151
철학적 독서법 209
철학적 문제 219
「철학적 배관」 127
철학적으로 읽기 52
철학적으로 토론하는 방법 143
『철학하려는 충동』 127
철학학습지침서 240
첨삭 평언 227
초기 논증 182
총괄평가 225
최선의 세계 212
추상적 관념 55
추천 웹사이트 49
축약어 121

|카|

칸트 45, 47, 89, 95~96, 103, 153, 156~
   157, 226

칸트주의 46
코페르니쿠스 103
콰인(W. V. O. Quine) 85, 99
크리습(Roger Crisp) 41

|타|

타당성 66, 78, 80~81
타당한 논증 66, 221
토론 명부 148
토론 세미나 138

|파|

팜퀴스트(Stephen Palmquist) 105
평가 224
평가 물음 158, 185
표절 130
표절을 피하는 방안 170
표지판 120
풋(Philippa Foot) 188, 191
플라톤 89, 131
플라톤의 모형 134
피드백 224, 233
피타고라스 175
피타고라스의 정리 175
필연 254
필연성 208
'필연적' 진리 178

|하|

하버드 작성법 244

학술논문 43

학술지 42, 241

학위과정 238

학위논문 152

함의된 전제 71

핵심 교재 45

핵심 용어의 정의 199

행동주의 121

행위와 부작위의 신조 191

현상학적 존재론 87

'현상학적' 88

협력 176

형성평가 225

형식 논리학 75

형이상학 23, 75, 253

홉스(Thomas Hobbes) 89, 95, 101, 137

회의주의 24

후천성 255

후천적 94

후험적 94

흄(David Hume) 83, 86, 89, 117~118,
　　137, 153, 157

히틀러 168

|기타|

COED 91

ignes fatui 93

OED 182

OED2 91